谢林著作集

先刚 主编

论世界灵魂

Von der Weltseele

〔德〕谢林 著　庄振华 译

图书在版编目（CIP）数据

论世界灵魂 /（德）谢林著；庄振华译. —北京：北京大学出版社，2018.10
ISBN 978-7-301-29699-8

Ⅰ.①论… Ⅱ.①谢… ②庄… Ⅲ.①谢林（Schelling, Friedrich Wilhelm Joseph von 1775-1854）—哲学思想 Ⅳ.① B516.34

中国版本图书馆 CIP 数据核字（2018）第 155332 号

书　　　名	论世界灵魂 LUN SHIJIE LINGHUN
著作责任者	[德]谢　林 著　庄振华 译
责任编辑	王晨玉
标准书号	ISBN 978-7-301-29699-8
出版发行	北京大学出版社
地　　　址	北京市海淀区成府路 205 号　100871
网　　　址	http://www.pup.cn　　新浪微博：@北京大学出版社
电子信箱	pkuwsz@126.com
电　　　话	邮购部 010-62752015　发行部 010-62750672　编辑部 010-62752025
印　刷　者	北京中科印刷有限公司
经　销　者	新华书店
	890 毫米 ×1240 毫米　16 开本　18.75 印张　190 千字 2018 年 10 月第 1 版　2022 年 1 月第 2 次印刷
定　　　价	78.00 元

未经许可，不得以任何方式复制或抄袭本书之部分或全部内容。
版权所有，侵权必究
举报电话：010-62752024　电子信箱：fd@pup.pku.edu.cn
图书如有印装质量问题，请与出版部联系，电话：010-62756370

中文版"谢林著作集"说明

如果从谢林于1794年发表第一部哲学著作《一般哲学的形式的可能性》算起,直至其1854年在写作《纯粹唯理论哲学述要》时去世为止,他的紧张曲折的哲学思考和创作毫无间断地整整延续了60年的时间,这在整个哲学史里面都是一个罕见的情形。[①] 按照人们通常的理解,在德国古典哲学的整个"神圣家族"(康德—费希特—谢林—黑格尔)里面,谢林起着承前启后的关键作用。诚然,这个评价在某种程度上正确地评估了谢林在德国古典哲学的发展过程中的功绩和定位,但另一方面,它也暗含着贬低性的判断,即认为谢林哲学尚未达到它应有的完满性,因此仅仅是黑格尔哲学的一种铺垫和准备。这个判断忽略了一个基本事实,即在黑格尔逐渐登上哲学顶峰的过程中,谢林的哲学思考始终都与他处于齐头并进的状态,而且在黑格尔于1831年去世之后继续发展了二十多年。一直以来,虽然爱德华·冯·哈特曼(Eduard von Hartmann)和海德格尔(Martin Heidegger)等哲学家都曾经对"从

[①] 详参先刚:《永恒与时间——谢林哲学研究》,第1章"谢林的哲学生涯",北京:商务印书馆,2008年,第4—43页。

康德到黑格尔"这个近乎僵化的思维模式提出过质疑,但真正在这个领域里面给人们带来颠覆性认识的,乃是瓦尔特·舒尔茨(Walter Schulz)于1955年发表的里程碑式的巨著《德国唯心主义在谢林后期哲学中的终结》①。从此以后,学界对于谢林的关注度和研究深度整整提高了一个档次,越来越多的学者都趋向于这样一个认识,即在某种意义上来说,谢林才是德国古典哲学或德国唯心主义的完成者和终结者。②

我们在这里无意对谢林和黑格尔这两位伟大的哲学家的历史地位妄加评判。因为我们深信,公正的评价必须而且只能立足于人们对于谢林哲学和黑格尔哲学乃至整个德国古典哲学全面而深入的认识。为此我们首先必须全面而深入地研究德国古典哲学的全部经典著作。进而言之,对于研究德国古典哲学的学者来说,无论他的重心是放在四大家里面的哪一位身上,如果他对于另外几位没有足够的了解,那么很难说他的研究能够获得多少准确而透彻的认识。在这种情况下,对于中国学界来说,谢林著作的译介尤其是一项亟待补强的工作,因为无论对于康德、黑格尔还是对于费希特而言,我们都已经拥有其相对完备的中译著作,而相比之下,

---

① Walter Schulz, *Die Vollendung des deutschen Idealismus in der Spätphilosophie Schellings*. Stuttgart, 1955; zweite Auflage, Pfullingen, 1975.
② 作为例子,我们在这里仅仅列出如下几部著作:Axel Hutter, *Geschichtliche Vernunft: Die Weiterführung der Kantischen Vernunftkritik in der Spätphilosophie Schellings*. Frankfurt am Main 1996; Christian Iber, *Subjektivität, Vernunft und ihre Kritik. Prager Vorlesungen über den Deutschen Idealismus*. Frankfurt am Main 1999; Walter Jaeschke und Andreas Arndt, *Die Klassische Deutsche Philosophie nach Kant: Systeme der reinen Vernunft und ihre Kritik (1785-1845)*. München, 2012.

谢林著作的中译仍然处于非常匮乏的局面。有鉴于此,我们提出了中文版"谢林著作集"的翻译出版规划,希望以此推进我国学界对于谢林哲学乃至整个德国古典哲学的研究工作。

中文版"谢林著作集"所依据的德文底本是谢林去世之后不久,由他的儿子(K. F. A. Schelling)编辑整理,并由科塔出版社出版的十四卷本《谢林全集》(以下简称为"经典版")①。"经典版"《谢林全集》分为两个部分,第二部分(第11—14卷)首先出版,其内容是晚年谢林关于"神话哲学"和"天启哲学"的授课手稿,第一部分(第1—10卷)的内容则是谢林生前发表的全部著作及后期的一些手稿。自从这套全集出版以来,它一直都是谢林研究最为倚重的一个经典版本,目前学界在引用谢林原文的时候所遵循的规则也是以这套全集为准,比如"VI, 60"就是指所引文字出自"经典版"《谢林全集》第六卷第60页。20世纪上半叶,曼弗雷德·施罗特(Manfred Schröter)为纪念谢林去世100周年,重新整理出版了"百周年纪念版"《谢林全集》②。但从内容上来看,"百周年纪念版"完全是"经典版"的原版影印,只不过在篇章的编排顺序方面进行了重新调整而已,而且"百周年纪念版"的每一页都标注了"经典版"的对应页码。就此而言,无论人们是使用"百周年纪念版"还是继续使用"经典版",本质上都没有任何差别。唯一需要指出的是,"百周年纪念版"相比"经典版"还是增加了新的一卷,即所谓的《遗著

---

① F. W. J. Schelling, *Sämtliche Werke*. Hrsg. von K. F. A. Schelling. Stuttgart und Augsburg: Cotta'sche Buchhandlung, 1856-1861.

② *Schellings Werke. Münchner Jubiläumsdruck, nach der Originalausgabe (1856-1861) in neuer Anordnung*. Hrsg. von Manfred Schröter. München 1927-1954.

卷》(Nachlaßband)①,其中收录了谢林的《世界时代》1811年排印稿和1813年排印稿,以及另外一些相关的手稿片断。1985年,曼弗雷德·弗兰克(Manfred Frank)又编辑出版了一套六卷本《谢林选集》②,其选取的内容仍然是"经典版"的原版影印。这套《谢林选集》因为价格实惠,而且基本上把谢林的最重要的著作都收录其中,所以广受欢迎。虽然自1976年起,德国巴伐利亚科学院启动了四十卷本"历史-考据版"《谢林全集》③的编辑工作,但由于这项工作的进展非常缓慢(目前仅仅出版了谢林1801年之前的著作),而且其重心是放在版本考据等方面,所以对于严格意义上的哲学研究来说暂时没有很大的影响。总的说来,"经典版"《谢林全集》直到今天都仍然是谢林著作的最权威和最重要的版本,在谢林研究中占据着不可取代的地位,因此我们把它当作中文版"谢林著作集"的底本,这是一个稳妥可靠的做法。

目前我国学界已经有许多"全集"翻译项目,相比这些项目,我们的中文版"谢林著作集"的主要宗旨不是在于追求大而全,而是希望在基本覆盖谢林的各个时期的著述的前提下,挑选其中最重要的和最具有代表性的著作,陆续翻译出版,力争成为一套较完备

---

① F. W. J. von Schelling, *Die Weltalter. Fragmente. In den Urfassungen von 1811 und 1813*. Hrsg. von Manfred Schröter. München: Biederstein Verlag und Leibniz Verlag 1946.
② F. W. J. Schelling, *Ausgewählte Schriften in 6 Bänden*. Hrsg. von Manfred Frank. Frankfurt am Main: Suhrkamp 1985.
③ F. W. J. Schelling, *Historisch-kritische Ausgabe*. Im Auftrag der Schelling-Kommission der Bayerischen Akademie der Wissenschaften herausgegeben von Jörg Jantzen, Thomas Buchheim, Jochem Hennigfeld, Wilhelm G. Jacobs und Siegbert Peetz. Stuttgart-Band Cannstatt: Frommann-Holzboog, 1976 ff.

的精品集。从我们的现有规划来看,中文版"谢林著作集"也已经有二十卷的规模,而如果这项工作进展顺利的话,我们还会在这个基础上陆续推出更多的卷册(尤其是最近几十年来整理出版的晚年谢林的各种手稿)。也就是说,中文版"谢林著作集"将是一项长期开放性的工作,在这个过程中,我们也希望得到学界同仁的更多支持。

本丛书得到了教育部人文社会科学重点研究基地项目"《谢林著作集》的翻译与研究"(项目批准号15JJD720002)的资助,在此表示感谢。

先 刚

2016年1月于北京大学外国哲学研究所

译者序

《论世界灵魂》是谢林自然哲学的一部代表作。在与费希特等的思想争执告一段落之后,谢林凭借《一种自然哲学的理念》以完全独立的姿态出现在思想界,进入他的自然哲学著作的"多产期"。表面看来,《论世界灵魂》只是这一系列著作中不太起眼的一部,因为该书初版于1798年,而在面世前后有众多自然哲学著作出版,比如《一种自然哲学的理念》(1797年)、《一种自然哲学体系的最初草案》(1799年)、《一种自然哲学体系的草案导论》(1799年)、《论自然哲学的真实概念》(1801年)。德国知名的哲学史家维兰德(W. Wieland)就说过,谢林的自然哲学并没有什么"主要著作"(Hauptwerk),只有一系列著作,而且它们显得比较杂乱,因为它们的逻辑顺序并不遵循它们面世的时间顺序。①

但《论世界灵魂》以简洁而丰富的论述、强大的思想史辐射力,令人印象深刻。不仅如此,它实际上与《一种自然哲学的理念》鼎足而立。《一种自然哲学的理念》当然是不可替代的,因为正如《全

---

① Cf. Wolfgang Wieland, "Die Anfänge der Philosophie Schellings und die Frage nach der Natur", in M. Frank und G. Kurz (Hrsg.), *Materialien zu Schellings philosophischen Anfängen*, Frankfurt am Main: Suhrkamp Verlag, 1975, S. 239.

部知识学的基础》对于费希特具有重要意义一样,谢林在学界站稳脚跟之后,在《一种自然哲学的理念》中真正开始撇开康德和费希特思想模式的"保护壳",提出了自己独特的自然哲学,以其对意识哲学的批判力度震撼了当时的思想界,成为学界新星。但这不意味着《论世界灵魂》不重要,因为正如谢林本人公开声明的,《论世界灵魂》不应被视作《理念》的"续篇"(Fortsetzung)①——可见这部书自有其独特的意义。而前文列举的另外几部自然哲学著作,则基本上可以看作对这两部书的充实或强化,我们读完这两部之后,其他几部也就不难上手了。

研读德国古典哲学家的自然哲学著作,会比读他们的其他著作有更强的顾虑:在近代自然科学飞速发展的背景下,这群冬烘先生却在那里拨弄一堆古怪的概念,这种哲学难道不是早就过时了吗?这个问题其实直接通往另一个最关键的问题:谢林的自然哲学所为何事?

其实正如维兰德所说的,谢林从1796年开始就致力于电学、磁学和化学方面的自然科学研究,他的自然哲学不仅没有脱离自然科学研究,甚至是以他自己和同时代其他人的自然科学研究的成果为基础的。②问题在于,谢林的自然哲学当然不会止步于自然科学研究,因为后者只是对经验事实的描述,而前者追问的是这些事实的根据,因此自然哲学常常会使用自然科学研究中闻所未闻,

---

① F. W. J. v. Schelling, *Von der Weltseele*, in Ders.: *Sämmtliche Werke*, erste Abteilung, zweiter Band, Stuttgart und Augsburg: J. G. Cotta'scher Verlag, 1857, S. 351.
② Wieland, "Die Anfänge der Philosophie Schellings und die Frage nach der Natur", S. 270.

甚至斥为"过时"或"迷信"的一些神秘概念，比如以太(Aether)、生气(Lebensluft)、本原(Princip)。即便它用了后者熟悉的一些概念，也总会"捎带"一些不同的含义，比如他对重力、物质、光、电、生命等现象的界定，就都不是纯粹自然科学式的。现在关键的问题出现了：谢林通过那些看似古怪的概念或概念含义，要探究的究竟是什么？

谢林在全书中贯彻始终的一对概念就是肯定性本原(das positive Princip)和否定性本原(das negative Princip)。肯定性本原总是从正面引导和规定事物的形式性本原，否定性本原则是从基底的角度维持事物的实在性，并为肯定性本原的作用提供原料的物质性本原，我们从这对概念中依稀可辨柏拉图①和亚里士多德思想的回响。②从谢林诸多自然哲学著作中反复呈现（本书也不例外）的三大潜能幂次（重力、光、生命）来看，新柏拉图主义的层级宇宙观对他的影响也是巨大的——尽管这影响更可能是通过中世纪类似思想的传介后间接形成的，而不一定是谢林阅读新柏拉图主义作品时直接受到的影响。尽管如此，这并不意味着谢林是一个古代人，他心心念念的绝对者和理性概念表明他同样是中世纪思想与近代哲学的继承人。而他对自然的主体性的强调更表明他是康

---

① 谢林在本书中甚至明确提及，柏拉图的本原赋予事物秩序，并使事物向善。Siehe Schelling, *Von der Weltseele*, S. 370.
② 谢林思想颇具古风的一点是，他极其强调形式的作用，认为物质性本原（即否定性本原）以普遍的世界秩序为前提，他说所有物质的本质都是生命，而非相反，而那种妄图以物质来解释生命的做法简直是"非哲学"(Unphilosophie)的极致。而且他只承认肯定性本原是"原因"(Ursache，即事物存在的真正主导性的根据)，不承认否定性本原是原因，后者只能充当原因发挥作用的条件(Bedingung)。Siehe Schelling, *Von der Weltseele*, S. 482, 497, 500, 505.

德与费希特的观念论在一个新的舞台上的发扬光大者。但传统思想资源的所有这些回声,在谢林这里并非喧嚣散乱的杂凑,而是一曲协奏。谢林在面对大自然时,追问的依然是莱布尼茨概括的那个老问题:为什么有事物存在,而非虚无?换言之,他追问的是存在的根据。

这根据并不是单一的,而是肯定性本原与否定性本原的协同作用。[①]但起初我们还看不到这一点,谢林也并未急于挑明这一点,他只是以一个很形象的概念来称呼这根据——"纽带"(Band)。谢林说,纽带在大自然中最初作为重力而存在。[②]我们不妨以重力(Schwere)为例来看看他对纽带的描绘,稍稍体会一下他的自然哲学的用心之深。我们知道,重力对于物质是至关重要的规定,它甚至比笛卡尔那里的广延更根本,因为广延更多地是一个空间和延展规定,而纯粹的延展(排斥力)实际上是不存在的。换句话说,单纯只有广延而没有凝聚性的物质是不存在的,只有重力才能同时将这两种规定性包含在内,即既包含了物质的排斥力,又包含了物质的吸引力。[③]换句话说,只有重力才能保证物质既是那种形式而不是别的形式,又能保证它在那里存在而不归于消散。

这个意思用谢林的术语来说就是,重力是对空间的否定

[①] 谢林对这种协同作用有多种称呼,比如二元结构(Dualismus)、双重性(Duplicität)、二重性(Zweiheit)、对照(Antithese)。
[②] Schelling, *Von der Weltseele*, S. 364.
[③] 谢林和黑格尔对物质的排斥力与吸引力的辩证关系的观察,其实受惠于康德自然哲学的遗产。

(negirt)① 和对时间的设定(setzt)。② 如果单纯只设定空间而不扬弃空间,那么我们最多只能保证物质的各个部分各自是那些部分,而不能保证它们构成同一个整体——物质。只有设定了时间,或者说只有每一个部分能一直保持为那个部分,一直与其余各个部分保持同样的相对关系,它们才能维持它们的整体——物质。那么反过来说,时间是什么?时间不是现成化的钟表刻度,而是存在的方式。从实在的一面来说,时间就意味着物质此刻是物质,下一刻还同样是那个物质,即便它发生变化,成了另一个物质,我们也能确定地指出它是由 A 物质通过某种原因的作用而变为 B 物质的;从观念的这一面来说,在我们这个世界上,时间是使得我们可以确定地将某种物质表象为某种形式(比如桌子、石头、灯光等等)的根据,如果没有时间,我们对任何物质的哪怕一刹那的表象也是不可能的。

由此可见,与康德、费希特更关心事物何以能被理性的观念构造出来不同,谢林更关心的是作为主体的事物本身是如何构造出其自身的,虽然谢林也赞同这种构造一定是合乎理性的、可理解的;与自然科学研究关注如何描述事物存在的种种表现方式不同,谢林更关注事物的存在本身是何以可能的。因而谢林的自然哲学与自然科学研究所处理的是两类不同的问题,它们根本就不在同一个层面上,自然科学的进步并不能"解决"自然哲学提出的问题。或许谢林对他自己提出的问题的回答并不尽如人意(他自己对此

---

① 这里实际上有"扬弃"的含义,而不是指对空间的绝对否定或消灭。
② Schelling, *Von der Weltseele*, S. 364.

也是有自觉的,故而在这部书中时常以试探性的口吻谈问题)①,甚至与日后自然科学的新进展相冲突,但这丝毫不会减损他提出的问题的意义。或许基因科技、人工智能在当代的发展会让人类产生切身的危机感,但这不正好表明谢林提出的问题在当代更加有意义、更加紧迫了吗?

笔者无意在此对这部书进行大而化之的"概括"或"评价",如果以上文字能为读者理解这部书提供一二"线头",于愿足矣。

在我国,梁志学、薛华、邓安庆等前辈学者早已陆续推动谢林著作与思想的译介工作,只是从谢林思想发展的整个过程来看,这些工作仍然零散而不成体系。先刚教授发宏愿,要以"著作集"的形式将谢林各阶段的主要著作呈现给学界,着实令人钦佩。笔者既受邀参与,实不敢不戮力从事,但笔者学力浅薄,对谢林思想和文字的把握或许不尽准确,错谬之处在所难免,尚祈方家指正。

2018 年 2 月于西安

---

① 谢林承认自己的理论具有假说的性质,也并不完备,希望别人在阅读的时候尽可能多地给予他同情之理解。Siehe Schelling, *Von der Weltseele*, S. 430, 451.

目　录

论世界灵魂……………………………………………… 1
人名索引………………………………………………… 269
主要译名对照…………………………………………… 275

论世界灵魂

为阐明普遍有机论而做的一种高等物理学的假说
附论大自然中的实在东西与观念东西的关系或自然哲学的最初原理在重力本原与光本原上的发展

1798
1806（再版）
1809（第三版）

F. W. J. Schelling, *Von der Weltseele, eine Hypothese der höheren Physik zur Erklärung des allgemeinen Organismus. Nebst einer Abhanlung über das Verhältniß des Realen und Idealen in der Natur oder Entwicklung der ersten Grundsätze der Naturphilosophie an den Principien der Schwere und des Lichts,* in ders. *Sämtliche Werke*, Band II, S. 345-583, Stuttgart und Augsburg 1857.

大　纲[1]

第一版序言　论世界灵魂

第二版序言

论大自然中的实在东西与观念东西的关系或自然哲学的最初原理在重力本原与光本原上的发展 / 357

论大自然的最初力量

　　大自然中的二元结构导向某种起着组织作用的本原＝世界灵魂 / 381

　　肯定性本原＝大自然的最初力量是更高的自然学说的直接客体

　　这个本原的现象是一种物质

　　光的物质性。光作为某种发散的现象

　　物质的普遍双重性（它的预设是一种普遍同一性）。——结论

　I. 光的双重性的开展的第一个层级，或者：哪些现象在物体的表面显示出光？ / 397

---

[1] 这不是谢林自己制定的"大纲"，而是依据原编者制作的内容概要（Uebersicht）翻译而成，这个概要方便读者了解各部分的内容，其中的大小标题虽然也将谢林原有的一些标题尽数纳入（有些地方有改动），但也在谢林未加标题而只加标号的地方补加了标题，这些标题是按照原编者的理解拟定的。章节后面的页码是原德文版的页码，请见本书边码。——译者注

II. 哪种结果显示出投射到物体本身上的光？／401

    A. 光的否定性物质表现在

1) 透明物体的缓慢加热上

2) 光的脱氧作用上

3) 暗色物体的快速加热上

    B. 加热理论（光由于失去其否定性物质，就与另一个本原结合起来，后者却只在冲突时刻才出现）／405

    C. 结果：光是整个大自然的最初本原（当在它之中有着大自然的普遍二元结构的最初开端的时候）／406

    D. 热学概念的构造

1. 绝对的热与特殊的热的区别。温度计热的概念

2. 解释绝对的热

3. 物体的绝对的热与特殊的热据以交互规定的各种规律。一个物体的热容量概念

4. 燃烧的构造／414

5. 导热体概念。量的容量和质的容量的区别

6. 结果：有一个与热物质同源的本原存在于每一个物体中

7. 解释物体易燃性的不同等级

III. 气体类型的二元结构／430

1. 阐明这种二元结构

2. 驳斥流行的观点

3. 从作为一种特殊东西的氮气而来的证明

IV. 揭示电中更高的二元结构／432

1. −力与＋力之间特定的交互关系

2. 解释作为一种普遍规律的力的交互关系。与万有引力规律的整体关联

3. 两种电的比例的规律

4. 电物质的特殊本性中某种尤其值得研究（独立于两种电的比例之外）的东西

5. 两种电的区别在于它们可度量的基础

  对电物质的可度量的基础的研究 / 435

6. 通电是某种高于氧化过程的自然运行

7. 一种电理论对于气象学的重要性。电的产生与大气特质的整体关联的证据

V. 地球大气的极性 / 459

a. 肯定性本原

b. 否定性本原

c. 在地球的作用范围之外的其他物质的可能性

d. 更高的种种（非物质性）力量可能对我们的大气产生的影响

  对通常的气象学概念的批判 / 464

  解释气压计变化的假说 / 473

VI. 极性概念的规定 / 476

1. 极性（作为较狭窄层面）与普遍二元结构的关系。解释（电气石的）电的极性如何从对于热的不均衡的应激性中产生

2. 由此得出什么（热是二元结构中的中介者）

3. 磁的（以及电的）极性的应激性的相同原因

4. 由此才有它们的产生属于同一种类（通过同一种机制）。关于磁的进一步结论

5. 磁力绝非绝对内在之力，在磁之外的一个本原 / 481

6. 对这个本原的进一步的规定

7. 磁力对于电力的优先性

8. 物体与磁的不同比例

9. 这些理念运用于地球的极性上

10. 结果:极性的规律是一种普遍的世界规律

论普遍有机体的本原

I. 论植物与动物之间最原初的对立 / 490

II. 论动物生命的相互对立的本原

    A. 生命的根据并非只在动物物质中 / 496

    B. 生命的根据也不完全在动物物质之外 / 502

    C. 生命的根据在相互对立的本原中(一个本原在个体之外,而另一个在个体之中) / 503

系理:

1. 肯定性本原在一切生物中都是相同的,否定性本原则不相同:在哪里

2. 此前的各种生理学体系的结合

3. 主动器官与被动器官的区分

III. 论生命过程的否定性条件 / 507

1. 对各种否定性本原之间的某种恒久对抗的必然预设——在植物中

2. 在动物中。反应过程本身基于

3. 不断破坏之上,也基于

4. (动态)平衡的不断恢复之上

5. 反应过程的(偶然)产物 / 514

　A. 动物物质及其有机体

附释：

　　1. 有机体的不可毁坏性或产物中的个体性

　　2. 无限个体化概念 / 520

　　3. 个体化规律

　　4. 器官的自我再生 ⎫
　　5. 有机体的抗阻力　⎬ 某种更高的绝对生命原因的证明

　B. 身体的有机化中自由与(盲目)合规律性的结合 / 526

　　1) 构形本能。这预设了

　　2) 有机体的某种第一原因

　　3) ⎫
　　4) ⎬ 何以构形本能不是有机体的解释根据
　　5) ⎭

　C. 物质的不断个体化 / 532

　　1) ⎫
　　2) ⎬
　　3) ⎬ 生长与繁殖及其就个体化而言的比例
　　4) ⎭

　　5) 逐步成长

　　6. 两性的分离是个体化的最后一步 / 535

6. 反应过程中的过渡环节——凝固

7. 营养过程

8. 一个不断脱氧化的过程与氧化过程相应

9. ⎫
　　⎬ 脱氧化过程的持久性
10. ⎭

11. 氧化过程的连续性

Ⅳ. 论生命的肯定性原因 / 546

    1. 动物流体的回路

    2. 应激性概念

    3. 应激性是相互对立的本原的共同产物

    4. 这些本原如何在应激性这里起作用 / 552

    5. 应激性的原因

       应激性与敏感性的对立

    6. 结论：大自然的一个本原的必要性（动物过程的一切功能都是这个本原的分支——现象）/ 564

    7. 大自然的这个本原的规定

       a) 它并非又是一个力

       b) 它 = 大自然的共同灵魂

附录：第一部分的补遗和证据 / 570

第一版序言　论世界灵魂

这部论著的意图是什么,以及它为何在题头写上这样的标题,读者若有足够的兴致或好奇心读完整部论著,自会知晓。

只是作者认为有必要预作两点澄清,凭此,这里的尝试才不会被人带着偏见去接受。

第一点是,在这部著作中没有探索或有意追求各种本原(Principien)之间的任何造作的统一性。对普遍的自然变迁以及有机世界的进展与持存的考察,虽然将大自然的研究者引导到了一个**共同的本原**之上,这个本原在无机自然和有机自然之间以流动的方式蕴含了前者的一切变迁的最初原因以及后者的一切活动的最终根据,这个本原由于**到处**临在,故而**不在**任何地方,又因它是**一切**,故而不能是任何**确定的东西**或**特殊的东西**,恰恰因此,语言无法为这个本原找到任何本己的名号,而最古老的哲学(我们的哲学在完成它的循环之后逐渐回归于它)虽说将关于这个本原的理念流传给我们,却只是以诗性的表象流传给我们的。

但各种本原之间的统一性若是不能穿透个别结果之无穷多样性而回归到它自身之内,是不能令人满意的。——我所憎恶者,无非是急欲以向壁虚构出来的同一性消灭自然原因的多样性的那种毫无精神气息的勾当。我看到,大自然乐于展示形式方面最大量的财富,而且(照一位伟大诗人的格言来说)即便在那些腐朽的僵死地带,**意志的选择**也志得意满。——重力的那个统一的规律,也就是即便最神秘的天界现象最终也回溯其上的那个规律,不仅允许,甚而造成了那样一种局面,即天体在其运行过程中会扰乱自身,而且这样一来,在天界最完备的秩序中起支配作用的乃是看起来最大的无序。——这样看来,大自然之所以足够广泛地呈现它以永恒不变的规律囊括进来的广大地带,就是为了在那个地带以无规律性的假象使人类精神心醉神迷。

一旦我们的考察哪怕只是提升到作为一个**整体**的大自然的理念,机械论与有机论之间的对立便消失了,这个对立阻碍自然科学的进步够久了,而且也与我们有些地方的计划相悖。

认为从大自然的各种本原出发无法解释有机体与生命,这是一种古老的错觉。——倘若这种想法无非是说,有机自然的**最初本源(Ursprung)在物理学上**是研究不透的,那么这个**没有得到证明的**主张只不过帮着打击研究者的勇气而已。针对一种大胆的主张提出另一种同样大胆的主张来对抗,这种做法至少是允许的,而且这种做法并未使科学失坠。倘若人们能够指出,所有有机的东西构成的层级序列(Stufenfolge)乃是由同一个有机体的逐步发展构成的,这便至少向那种事情的澄清迈进了一步。——我们的经验根本不教导什么大自然的改造,什么一种形式或方式向另一种的过渡,这一点(尽管可以将一些昆虫的形变,还有当每一个花蕾都可视作一个新的个体时,也可以将植物的形变当作类似的现象加以引证)

根本不能证明那种可能性不成立,因为一个辩护者可以回应那种经验说,有机自然和无机自然同样都服从的那些变迁,可能(直到有机自然达到某种普遍的停顿状态为止)是在越来越长的周期才发生的,拿我们的那些小周期(那是以地球围绕太阳的运转来规定的)根本无法衡量,而且那些周期是如此之大,以致迄今为止没有任何经验曾亲历过那样一些变迁的过程。然而我们还是撇开这些可能性,看看一般来说机械论与有机论之间的那种对立中哪些东西是真的,哪些东西是假的,以便最准确地划定我们的自然解释必须维持于其中的那条界限。

II, 349

那么你们像害怕一个幽灵一样感到害怕的那种机械论是什么呢?——机械论是某种自顾自地持存着的东西,抑或本身不过是有机论的否定性的一面?——有机论是否必定早于机械论,肯定性的东西是否必定早于否定性的东西?倘若一般而言否定性的东西预设了肯定性的东西,而不是反过来,肯定性的东西预设了否定性的东西,那么我们的哲学就不能从机械论(作为否定性的东西),而必须从有机论(作为肯定性的东西)出发,而这样一来,当然就不应该从机械论出发去解释有机论了,仿佛有机论反而只有从机械论出发才能解释似的。——并非在没有任何机械论存在的地方才会出现有机论,而是反过来,在没有任何有机论存在的地方才会出现机械论。

有机体在我看来其实不过就是被截断了的原因与结果的洪流。只有在大自然不阻断这洪流的地方,它才(沿着直线)奔流向前。在大自然阻断这洪流的地方,它就(沿着环线)回流到其自身内。因而有机论概念并没有排斥原因与结果的**所有**连续系列；这个概念表示的只是那样一种连续系列，它**在某些特定的界限内封闭性地**回流到其自身内。

现在看来，机械论的原初界限在经验的意义上是无法进一步澄清，而只能予以**悬设**的，这一点我将在后文本身中通过归纳表明；然而在哲学上却必须证明：因为世界只是在其有限性中才成为无限的，而且一种无约束的机械论将会自毁前程，那么**进至无穷的**那种普遍的机械论也就必须被阻断，而且会有如此之多**个别的**、**特殊的世界**和领域，在其中普遍的机械论回流到其自身内，而这样看来，最终而言**世界**——一个**有机体**，以及一种**普遍的有机论**本身，便成了**机械论**的**条件**（而且就此而言也是它的**肯定性的东西**）。

从**这个**高度来看，原因和结果构成的一个个连续系列（它们的机械论假象让我们受骗）就作为一些无穷小的直线，消隐于有机论的普遍圆周线之中了，世界本身便在这圆周线上前进不已。

这种哲学教导我的东西，即有机论与机械论的肯定性本原是同一个，我在接下来的著作中实乃得自于经验——由此尝试证明的是，普遍的自然变迁（连有机世界的持存也依赖于这类变迁）最终驱使我们走到那**最初假说**，其实自然研究者们的普遍预设久已使有机自然的解释依赖于它了。因而接下来的论著划分成两个部分，其中第一部分要探寻那展露于普遍变迁之中的大自然的力，另一部分要探寻有机体与生命的肯定性本原，而它们共同的成果是，**同一个本原将无机自然和有机自然结合起来了**。

我们对各种最初原因（比如电）的认识上的不完备性，过去在这里或那里（例如在关于热的学说中）妨碍着我的那些原子论概念，最后还有支配着人们头脑的那些关于物理学的某些对象（例如气象现象）的支配性表象类型的贫乏不堪，这些因素在第一部分一会儿促使我，一会儿又引诱我做一些特别的探讨——这些探讨未免使我本想散布于整体之上的光过多分散给了个别对象，幸而最后还是可以在一个共同的焦点上再度集中起来的。——

研究领域被刻画得越**宽广**，人们就越能看清种种经验的缺陷和贫乏，那些经验迄今为止都局囿于其界域之内，而这样一来，就很少有人会像研究者本身那样深刻或生动地感受到这项尝试的不完备性。

*　　　　　*　　　　　*

附言：这部著作不可视作我的《**一种自然哲学的理念**》的续篇。在我看到自己能以一种**科学的生理学**结束整体（只有它才能使整体圆满）之前，我是不会为它写续篇的。——目前我认为在这门科学中仅仅一般性地**冒险**尝试一些东西也是功劳一件，据说在揭示与驳斥谬误方面，敏锐的感觉至少可以拿他人练练手。——然而我毕竟还是希望阅读和评判这部论著的人们熟悉那部著作①中阐述的那些理念的。人们有权假定所有肯定性的自然本原原本都是同质的，这个权限只有在哲学上才能推导出来。如果没有这个**假定**（我预设人们明白**一种可能的建构需要哪种假定**），就不可能建构物

---

① 指《一种自然哲学的理念》。——译者注

理学的那些最初的概念,比如热学。——哲学逐步引入到一切科学中的那种观念论(在数学中,它长久以来,尤其自莱布尼茨和牛顿以来,就已**居于支配附地位**了),似乎还甚少为人所理解。迄今尚有许多人感到不满的**远距离作用**概念,比如说,就完全是基于观念论的空间表象之上的;因为依照这种空间表象,两个相互距离极远的物体可以被设想成接触着的,反之一些(照通常的表象来说)实际接触着的物体则可以被设想成远距离相互作用着的。——说一个物体只在它**存在**的地方**起作用**,这话固然很正确,然而说它只在它**起作用**的地方**存在**,这话同样是正确的,而凭着后面这个命题,原子论哲学的最后那堵防护墙就被翻越了。——我必须克制一下自己,不在这里举出更多的例子。

第二版序言

如果说作者在第一版序言的结尾必须承认那时众所周知的那种经验的贫乏性,那种经验是关联到他想以肉眼在大自然中所见的东西而言的,那么这里同样要承认,1798年时知识界的绝大部分人斥为愚蠢之举的那些美妙的事情,那些盼望,是值得感激的,它们不仅通过充实,而且通过超越,扩展了经验的范围,人们尤其应该将这种扩展归之于对一种伟大现象的追索。

在重新修订这部著作的时候,一些当时被遗忘,然而自那时以来又得到了展开的胚芽又变得清晰可见了。只要作者可以说,他本人看来只要提一提**温特尔**①这位正派诚实而眼光深邃的学者,只要想一想这部著作与他的那些在完全不同的道路上取得而经他表达出来的成果达成的一致,这部著作就已获得了新的价值,那么通过这一说明,似乎就更有理由将它再版一次了。

但愿通过附上本书标题中提过的那篇论文②,这部著作对于公众而言也有了这种价值。我们可以将它纯粹当作是对那样一门学

---

① 温特尔(Jacob Joseph Winterl,1732—1809),奥地利医生、植物学家、药师、化学家。——译者注
② 指《论自然中的实在东西与观念东西的关系或自然哲学的最初原理在重力本原与光本原上的发展》。——译者注

问的那些普遍原理的印刷出版,它在自然哲学这个名号下虽然得到了极快的传播,但显然在它的本质方面还极少为人所知。这部论著被写出来,不仅是为了被阅读,也是为了被研习;叙述方面的断断续续和短小精悍,对于那些没有能力从事研习,至少对于那些对此还力有不逮的人是有帮助的。如果他们留意了作者所使用的"**纽带**"(*Band*)这个词,那就有理由期待他们不至于将这个词与温特尔的表达相混淆,并期待他们由此再推出双方以自己的方式说出的观点的相似性;因为这里实际显示出来的那种有趣的并行关系(*Parallelismus*)①,对于他们而言其实是不存在的,让他们明白这种并行关系也是很难的。

---

① 后文亦称"二元结构"(Dualismus),指每个层面上肯定性本原与否定性本原共存的局面,这是谢林自然哲学的一个极为重要的原则。——译者注

论大自然中的实在东西与观念东西的关系或自然哲学的最初原理在重力本原与光本原上的发展

  万物中最隐秘的东西便是物质,甚至照一些人的看法,隐秘本身便是物质。然而恰恰从这个不为人知的根源的跃升中,才产生出大自然的一切构形和一切活生生的现象。如果没了关于物质的知识,物理学就没有科学的根据,理性科学本身便缺乏能将理念与现实调和起来的那个纽带。我既不假定物质是某种独立于绝对统一性而现成存在的,被人们当作某种材料归属于这种统一性之下的东西,也没有将它视作单纯的虚无;大体上我赞同斯宾诺莎的那句格言,它出现于他回答"有形之物的多样性是否可以从单纯的广延概念(在笛卡尔的意义上)中先天地(a priori)被推导出来"这个问题的一封信中:我宁可将物质当作表现无限而永恒的本质性(Wesenheit)自身的一种属性。因为除此之外,如果物质的每一个部分都必定自顾自地充当整个宇宙的摹本(Abdruck),那么物质就很可能不仅仅是一种表现无限本质性的属性,它毋宁必须被视作这类属性的一个总概念。物质以某种对立、某种二重性(Zweiheit)为根据,这一点古代已经部分预感到、部分认识到了。这种二重性通过第三种因素而在其自身中被扬弃,因而它表现出一种封闭的和在自身内同一的三重性(Triplicität),这一点自从这些研究①新近被推动以来,已尽人皆知了。然而这个对象的深处对考察它的人总有一种不可抗拒的魅力,一再将他吸引过来,至少在他无法设想那里完全被照亮的情况下是这样的——在我看来,迄今为止情况似乎一直如此。我认为基于这一理由,当我在某种简洁的叙述中把我的各个系列的研究压缩性地说出来,谈谈那些以物质(在这个词最完整的意义上)为最终结果的本原,那么我既没有说些多余的废话,也没有出乎内行人士的意料之外做些哗众取宠的事情。这些本原必定是整个大自然的本原,这样看来它们最终也必定是大全的本原,而从大全的角度来看,我们似乎就可以象征性地在物质上发展出宇宙的整个内在传动装置和这门哲学本身的那些最高原理了。我们希望这个发展过程不要显得像是一部著作的某种十分异样的附加物,那样的附加物除了对二元结构的那样一种规律的广泛意义做一些忠实的、基于直观之上且只能由结果来为之辩护的预见之外就没有任何价值了,我们在个别现象以及在世界整体上都发现那种规律是十分确定的。对大自然的第一瞥便将终极事物能教导我们的东西教给了我们;因为即便物质所表达的,也无非是那存在于理性之中的纽带,表达了无限者与有限者之间的永恒统一性,只不过表达得还比较少而已。我们在种种事物中首先了解到纯粹本质性本身,它无法进一步被人解释,而是在解释其自身。但我们瞥见的从来都不是自顾自的这种本质性,而总是和到

---

① 指谢林自己的自然哲学研究。——译者注

处都是它与那无法靠其自身存在而只能被存在(Seyn)阐明、其本身无法自顾自地成为某种本质性东西的因素结合在一起的情形。我们将这种因素称作有限者或形式。

无限者无法附加到有限者之上；因为那样它就必须走出它自身，到有限者那里去，这就是说，它就必须不是无限者了。然而同样也不可设想的是有限者附加到无限者之上；因为它在任何地方都不可能在无限者面前存在，而一般而言它只能是某种与无限者融为一体的东西。

因而当双方一般性地显得结合在一起时，它们就必须通过某种原初的和绝对的必然性合为一体。

如果说我们能为必然性找到某个别的表达方式的话，我们称之为绝对的纽带，或者说 Copula（纽带）①。

而实际上很明显，无限者本身中的这个纽带才是真正的和实在的无限者。似乎它决不是无条件的，而有限者或虚无与它相对立。它只有作为对虚无的绝对否定，作为对一切形式下的它自身的肯定，因而只有作为我们已经称作无限纽带(Copula)的那个东西，才能绝对地存在。

同样很明显的还有，倘若理性只在与有限者的对立中把握无限者，那么它就不了解那真正无条件的和在一切关联中都不受条

---

① 在本书中，当谢林有意突出某个德文词在其他语种（一般为拉丁文、希腊文或法文）中称作什么，且并未将其他语种的写法置入括号中时，我们将其他语种放在正文中，译文置于括号内；当谢林直接以其他语种词汇表达某个意思并嵌入一个德文句子中（原文未置入括号中）时，我们将其他语种置入括号中，并在正文中给出它的中译文；当谢林将某个其他语种词汇放入括号中，用来说明德文中某个相应词汇的意思时，我们仍照上述第二种方式处理，这种情况下中译文的译法主要对应于谢林给出的德文词。——译者注

件限制的东西。

既然对于无限者而言,在有限者的形式下肯定其自身是极为根本的,那么这种形式因此也是极为根本的,而且因为它只有通过这纽带才存在,那么它本身也必定显现为那纽带的表现,也就是说,必定显现为无限者与有限者中的被结合者。

与这双方一样必要和永恒的,还有纽带连同被结合者,那么后二者之间的统一性和一同存在,其本身便不过是那第一种统一性的实在的、似乎也更高的表达。一般来说要是纽带被设定下来,只要它并不真正在有限者中设定无限者,亦即只要它并不同时设定那被结合者,它便必定会扬弃作为纽带的它自身。

然而纽带和被结合者并未构成双重的和不同的实在东西;反而在一方中存在的同一个东西,也在另一方中存在;若是有什么东西使得被结合者无论如何也不与纽带相似了,那样的东西必然毫无意义,因为本质性恰恰在于无限者与有限者的绝对同一,因而也在于纽带与被结合者的绝对同一。

我们在这双方之间所能接受的差异,无非就是我们能在同一律(通过同一律,谓语与被谓述者的结合被表明是一种永恒的结合)中发现的那种差异;我们按照不同的情形,时而反思绝对的相同性,反思纽带(Copula)本身,时而反思被等量齐观的主语和谓语;而且正如被等量齐观者与相同性同在而不可分,一般而言被结合者与纽带之间也同样如此。

纽带在被结合者中同时还表现出它自己的那种存在于同一性中的本质。那么就此而言后者便可被视作它的摹本。如果我从摹本那里撇除它得自于它所摹写的东西的因素，那么剩下的除了一些完全非本质性的特质之外就什么都没有了，即只剩下它作为单纯的摹本、空洞的图式而具有的那些特征；因而这就使得纽带本身和摹本不是两个不同的**物**，而毋宁或者是以不同方式被直观的同一种本质，或者一方是某种本质，另一方却是某种非本质。

这就是一些人在实体的存在(Esse substantiae)和形式的存在(Esse formae)之间制造出的那同一种区别，由此同样要看到，这种区别并非什么实在的区别，而只是观念的区别。

我们可以把本质东西中的纽带说成是对其自身的无限的爱(它在万物中都是最高东西)，说成是对于显露其自身的无穷兴致，只是绝对者的本质不可被设想成与这种兴致有别，而恰恰要被设想成对其自身的这种意愿(Wollen)。

这种对其自身的肯定，不论它的形式如何，就是自在的无限者，因而这种无限者从来不可能、在任何事物中也不可能变得有限。

但绝对者并不仅仅是对其自身的某种意愿，而是无限意义上的某种意愿，因而存在于实在的一切形式、等级和潜能幂次(Potenzen)中。

对其自身的这种永恒且无限的意愿的摹本就是世界。

但如果我们在世界这摹本中着眼于世界得自于那纽带的因素，以及使它与那纽带相似的因素、它内部的肯定性东西，而不是着眼于那些非本质性特质：那么它与绝对者本身便没有差别，而只是那完备的、在进展中扩大了的纽带(Copula)。

而恰恰在这里，我们便立于世界之展开的最初和最重要的点上了。

宇宙，亦即永恒纽带在其中肯定其自身的那些形式的无限性，仅仅是宇宙，是由于纽带，亦即由于多样性中的统一性才存在的，现实的整体性（totalitas）。因此整体性就要求统一性（identitas），而且没了后者就根本无法被设想。

但如果纽带不可能在多中仍为一，亦即它本身不可能不变为多，那么在多样性中它就不会再保有它的这种统一性了，而恰恰因此它也不会再在个别事物中保持整体了。因此纽带的统一性便要求它通盘的整体性，而且没了这种整体性就无法被设想了。

因此，总体性中的同一性和同一性中的总体性，就是纽带的原初的和无论如何都不可分离或消解的本质，纽带绝没有因此而获得任何双重性，而毋宁因此才成为真正的元一了。

不管只从前者出发，还是只从后者出发，事物完整的诞生都无法得到概念性把握，反而只有从双方在万物中以及在纽带本身中的那种必然的一体状态出发，才可以做到这一点。一切现实之物中的种种规定的完备性，与永恒者本身的那种成全是完全相同的，由于那种成全，永恒者才能在同一性中成为整体，也在整体性中成为同一者。

永恒的意愿在其中意愿其自身的种种形式，从其自顾自的意义上看是一种多；因而多样性乃是事物的一种特征，只有撇开纽带不看的情况下这一特质才归于事物；也正因此，它并未额外增添任何东西到事物的实在性之上去，它在自身中也并不包含任何肯定性东西。纽带在事物的多样性中就是统一性，而且是就多样性的否定在其自顾自的意义上被看待而言。

古代有一则格言是这样说上帝的:他是那样一种本质,他在哪里都是中点,即便在周边上也是中点,因此他在任何地方都不是周边。与此相反,我们想说明的则是,空间是那样一种东西,它在哪里都只是周边,它在任何地方都不是中点。

空间本身是没有了纽带的事物的单纯形式,是没有了支持者的被支持者的单纯形式;因此即便它的非本质性也是因它本身而显明的,因为它表明的无非就是纯粹的无力性或无实体性本身。人们不会要求我们解释空间,因为空间那里根本没什么好解释的,或者说人们不会要求我们说明空间是如何被创造的,因为一种非本质①无法被创造。

纽带作为被结合起来的东西的多样性之中的相同者和一(das Eine),否定了作为自顾自地持存者的这种多样性;因此它也就否定了作为这种自顾自持存的形式的空间。

这个将万物结合起来并在全体中产生出元一(Eins)的纽带,这个处处临在而从不受局限的中点,在大自然中便作为重力(Schwere)而存在。

但因为纽带在重力中否定了作为自顾自持存之形式的空间,它便同步设定了有限性的另一种形式,即时间,后者无非是对自顾自持存的否定,而且它不像空间那样源于各种事物的特殊性,而毋宁是在由多构成的对立之中的一的表达,是与非永恒者处于矛盾之中的永恒者。

---

① Nichtwesen,或译"无物"。——译者注

24 论世界灵魂

纽带自在地就是永恒者,它在作为被结合者的被结合者中便是时间。因为被结合者本身总只是这个纽带,它 =B;然而纽带作为从 B 中成全其本质者,它尤其是成全其本质者,是万物的不可分的纽带(Copula)。

那么因此,前者(作为被结合者的被结合者),仿佛从永恒者(或纽带)漫溢出来的东西,作为一种单纯的偶然而存在,而且被设定成时间性的。时间性的,就是指一切其现实①被本质超过,或者当其在现实方面能加以抑制时在其本质方面却更加克制的东西。

因为照某种不可避免的必然性来看,整体的纽带也是个别的被结合者的本质,那么就可以说这纽带赋予后者灵魂;赋予灵魂便意味着整体在某个个别物中成形了。磁石吸引铁,琥珀吸引轻的物体,这种现象被视作赋予灵魂;但每个物体在没有明显可见的原因的情况下像着了魔一般向中心运动,这种现象难道就不是直接赋予灵魂了吗?然而个别之物被整体的纽带(Copula)赋予灵魂,这可以与点在那时候被赋予灵魂相比,即点被设想为进入线中,而且被某种整体的概念——当它(点)可能为其自身而有所克制时,这整体就更加克制了——贯穿,但在这种贯穿的过程中便也失去了它独立的生命。

因此作为被结合者的被结合者的存在照本性与概念来看与纽带的存在是不同的。纽带的本质在其自身便是永恒,然而被结合者的存在却**自顾自地**是绵延;因为它②的本性从某一方面来看虽然

---

① Wirklichkeit,或照希腊古义译作"实现",下同。——译者注
② 指被结合者。——译者注

是要存在的,但那也只是作为服务于整体的东西而存在,因而在此情况下它的本性是不存在。但在这个矛盾自身中将这个矛盾结合起来的东西是时间。

B 中的**纽带**不受 C、D 等等中的纽带**规定**,因为它作为前者才尤其是后者,而且只是一种完全不可分的纽带。反之,**被结合者**本身则必然受其他被结合者本身规定(因为它是与后者结合为一个整体的,但又不是被它自身,而是被纽带结合起来的),因而也就受制于与其他被结合者之间的,但间接而言也是与万物之间的种种关系。

然而时间的非本质性**之中**的实在东西本身就是永恒的纽带(Copula),一种时间要是没有了它,就永远无法流逝。时间中的本质在任何地方都是中点,但从不是周边。因此每个瞬间都像整体一样包含着同样的永恒。由此得以阐明的是,每个物存在的整个生命时段自在地都与永恒生命无别,它本身毋宁就是它的永恒生命。

正如纽带是一种永恒真理,它即便作为个别物的本质,也只是一种永恒真理,而不是一种受时间限制的真理。个别物的定在(Daseyn)在纽带的真理中不能以机械的方式,而只有以动力的方式或只能依照理念才能得到概念性把握,因而在撇开绵延不看的情况下,它在整体中且与整体一同永恒存在。

为了弄清这个道理(比起它在种种宗教学说中发生的情形来,仿佛要以更神秘的方式设想它),得将时间设定为流逝的,而且现在还依此将它设定为永恒:这样你又将自己设定在它之中了。你仅仅将这种永恒想象成流逝了的时间,然而它已经存在了。事物的有限性,亦即被结合者的有限性就在于,它只是在绵延着,而且是在被纽带(Copula)的强力支配的情况下流逝着。但它的永恒性则在于,它属于整体,而且它的定在,不管绵延的时间长或短,在整体中作为一种永恒的定在被保存下来了。

II, 366　　个别之物中的被肯定状态、自顾自持存表现出来就是静止;因为一切自顾自持存者都静止。正如作为重力的纽带否定作为自顾自持存者的被结合者,它同样否定那种静止,我们在空间中可以直观那种静止的虚无性,因为它将运动设定于静止之中了。

　　因此,静止中的运动在个别之物上就是纽带的表现,只要纽带在总体性中是重力,即同一性。

　　但纽带自在地看却在万物的重力中将自身表现为无限而自由的实体。它并没有一个存在和另一个存在,亦即并没有各个部分,而是只有同一个存在。它并不是从各种事物转化而来的,因为万物都只存在于它之中,它自身却不存在于任何别的事物之中,它也不是从它自身转化而来的,因为它自身是不可理解的,原因在于它不是一个双重之物,而只是单一之物。一切在万物中是本质的东西,其本身必然与其他事物没有任何关系,而且因为它此外也不可与任何其他事物相比较,因而不能说它有任何大小;它也与大小或事物的任何一种差异性没有任何关系;因为它在最小者和最大者中都是同一个神圣的纽带。对于纽带而言也不存在任何空洞或距离、切近或遥远;因为它是到处临在的中点。然而纽带上行得通的任何因素,在全体事物上也行得通,后者依照肯定性方面来看与纽带自身是不相区别的。因而即使我们仅仅看一下重力中的本质,便可以就全体事物提出这样一个问题,即它在空间方面是有限还是无限的。因为上帝毋宁在重力中到处都表明自身是中点,而他的本性的无限性——错误的想象到无限遥远之处去寻求它——完全是在当下和每个地点显示出来的,正是凭此,他便取消了想象的摇摆不定状态,在那种状态下他会徒劳地寻求大自然与全体之间的统一性,又试图将全体与这统一性结合起来。

因而普遍来看,重力便是将事物有限化的因素,因为它在被结合者中将万物的统一性或内在同一性设定为时间了。正是在纽带造成的这种征服与压制之势中,被结合者才能进行反射,也才适合于遮挡本质之物,正如没有形式的材料只有在尺度中,在它被雕塑者掌握于手以致它仿佛消失了的时候,才会让艺术家的理念(Idea)显露出来;或者正如有机论说的那样,在被结合者最经常地发生更替变换,而这被结合者极大地显现其虚无性的地方,本质之物(纽带 [Copula])便最彻底地透射出来并现身;或者正如常见的那样,有机的东西还会在临近消逝之前从其自身放射出最强的生命辉光。

II, 367

大自然中的一切实现过程(Verwirklichung)都正是基于这种消灭之上,基于作为被结合者的被结合者对于纽带而言的这个透明化过程之上的。

纽带对待被结合者,又像进行肯定者对待被肯定者一样,正如已经说过的那样,这两者,正如主语和谓语在带有纽带(Copula)的那个最高理性命题(A=A)中也同时作为被结合者存在一样,以同样必然的方式一同存在。

但重力中的纽带或统一性将被结合者设定为单纯有限的,设定为非永恒的,而另一方面重力中的永恒者本身也不是现实的或客观的,而仅仅是进行肯定的东西或主体性的东西。

因而倘若**在**被结合者自身**中**,永恒者可以被设定为现实的:那么纽带,亦即进行肯定的东西,就必定又在其自身中被肯定了,甚至又成为现实的了。

这是何以可能的?我们还记得,重力中的永恒者只是从一个方面被考察了,亦即只是作为总体性中的同一性被考察了。

但永恒者并不仅仅将其自身作为万物的全体中的统一性而加以肯定(由此万物便仅仅处在被肯定者的境地了),而是同样又在个别之物中肯定对万物的这种肯定,这就是说,它设定了自身,或者说也在个别之物中成为全体,在同一性中成为总体性。

在多大程度上,它如今不仅仅是总体性中的同一性,也同样是同一性中的总体性,因而也在个别之物中存在:那样的话,它自身首先是才刚得到成全的实体,而且只有那样,它也才在作为被结合者的被结合者中展开永恒者。

II, 368　倘若作为单纯同一性的纽带否定了事物的自顾自持存,由此也否定了空间(因为只有大全才真正是分离的和自顾自的,原因是在它之外无物存在):那么反之,作为个别之物中的总体性的纽带就必定否定时间性和有限性;但为此就必定在事物那里造就现实的自顾自存在,由此也便造就实在的空间或广延,造就同时并存,一言以蔽之,造就使它得以成为一个自顾自的世界的东西。

在这里我们如果彻底弄清大自然中空间与时间的关系,以及二者何以总能相互否定并能最终达成平衡,可谓正当其时。

空间和时间是两个相对而言的相互否定者:二者中的任何一方都无法独占某种绝对真的东西,在任何一方中反而只有那使得它能否定另一方的因素才是真的。空间自顾自地含有同时性,而且恰恰是当它作为时间的对立面,当它包含真理的某种外观在内的情况下。反之,时间则取消了分离,并设定了事物内在的同一性;与此相反,它在否定着空间的否定性因素时,本身还带着某种否定性因素,亦即事物的相续。

因此,一方的非本质因素在另一方中总是被否定,就此而言每一方中的真东西也就无法被另一方消灭了,因而在双方彻底的、相对而言的相互否定中,亦即在双方彻底的平衡状态中,真东西同时也就被设定了。

那么正如作为全体性之中的统一性的永恒者在大自然中就是重力,由此便可推出,同一个永恒者也作为统一性中的全体性而到处临在着,在部分中如在整体中,而且就像它概念性地把握重力一样,它也同样普遍地对各种事物进行了概念性把握。

这第二个本质(倘若我们能换种方式这样称呼它的话,因为它只不过与第一个本质构成了同一种本质),倘若我们不是到那种到处临在的光明(Lichtwesen)(事物的全体在这光明中散开了),不是到充斥于万物的所有角落的朱庇特神那里,又应当到哪里去寻找呢?

那个表达可能显得不完备,仿佛仅仅是从个别现象中取来的,然而它却不会被那样的人误解,他熟知古老的世界灵魂

(Weltseele)①概念或理智以太(dem verständigen Aether)概念,而且他只知道,我们希望用它来表达的,要远比通常用"光"(Licht)所刻画出的东西更普遍。

因而正如重力是在万物中展开着自身的一,在这个大全中是统一性,那么反之我们便可以说,只要光明在个别之中,因而一般来说在同一性中也是大全或整体,它就是实体。

重力的晦暗与光明的华丽合起来才产生了生命的美丽外观,也才成全了事物,使之成为真正的实在东西——且让我们这样称呼。

光明是大自然的那个到处临在的核心(Centro)中的生命目光(Lebensblick);正如各种事物通过重力而在外部呈现为一体,在光明里它们也像在内部的一个中点里一样统一起来,而且就那个焦点以更完美或不那么完美的方式存在于它们自身中而言,它们彼此内在地临在。

关于这个本质②我们说,它在被结合者中否定着作为时间的时间。我们在这个本质的个别现象中已经以多种方式认识到它了:在声音中,声音虽说服从于时间,却也仿佛是在时间中组织起来,成为一种真实的总体性;最确定的是在它最纯粹的现象中,在光中。如果说荷马是以思想的无时间性来描绘运动的迅疾的,思想可以四处漫游,在一瞬间便可在大地上的许多国家疾驰而过,那

---

① 世界灵魂概念源自柏拉图的宇宙灵魂(ψυχή τοῦ παντός,拉丁文作 anima mundi)之说,这个概念中的"世界"并无中世纪的那种与天国对立的"俗世""尘世"之意。之所以将其译作"世界灵魂"而非"宇宙灵魂",主要是为了尊重德语的字面意思,也是由于考虑到"世界"概念在近代大体上已褪去了它在中世纪相对于上帝和天国而言的那种含义,在德国古典哲学这里更成了一个无所不包的概念。——译者注
② 指光明。"光明"原文为 Lichtwesen,直译为"光本质"。——译者注

么我们就只能将大自然中光的无时间性与思想的那种无时间性相比。

然而作为个别者的内在本质和另一个本原(Principium),光明展开了在它之中临在的那种永恒,并且还在现象中展示出,它何以含有某种永恒真理,它自身何以必然存在于大全中。因为每一个事物只有在如下情况下才必然存在,即它的概念也是万物的概念。

因为一个事物的运动无非就是它与其他一些事物的纽带的表现,那么光明由于在事物本身中将这个纽带作为客观的加以展示,它不是像重力那样将运动设定于静止之中,而是将静止设定于运动之中,而且仍然在静止中使那事物本身成了反映整体的镜子。

同一个本原(Principium)可以从那普遍灵魂中辨别出来,后者穿透了时间,预先见到动物所预感的未来之事,使当前与过去相一致,并在时间中彻底消除事物之间的那种松散的结合。

不可否认的是,事物除了有外在的生命之外,还展现出一种内在的生命,由此它们便能同感和反感,并普遍感知其他事物,也包括感知那些并不直接临在的事物;因而不可否认的是,事物的普遍生命也是个别事物的特殊生命。

因为通过这个本原(Principium),事物的无限性便作为永恒与当前普遍被设定下来了,这样一来这本原也就在时间中构成了持留之物,在永恒的那个囊括一切的圆圈中似乎构成了一些个别的圆圈,亦即构成了或大或小的一些时期,装饰了各个年、月和日;而且难道我们不应当与柏拉图一道,将这个赋予万物秩序并促使事物向善的本原称作普遍而全方位的智慧和整体的帝王般灵魂吗?

但光明也正如重力一样,只是表示那唯一的和整个的本质的一个抽象物;我们从来没有看见,也没有在大自然的任何事物中看见一个大自然的本质自顾自地起作用,情况反而是,事物本己的本质——现在我们可以在它的创造性效应或在创造性东西本身中考察它了——总是那两者的同一之处,正如它最初只有作为这同一之处才为我们所知。

因而我们在这里就看见无限者和有限者之间的第一个纽带(Copula)也在现实中完备地发展了,并变为作为事物的全体性中的统一性的无限性,和作为统一性中的全体性的有限性之间更高的纽带。

双方中的每一方都有永恒的纽带;每一方在自顾自的意义上都是绝对;但它们自身又由同一个纽带交织起来,使得它们自身和使它们结合起来的东西构成了同一个不可消解的绝对者。

当重力趋向于总体性的同一化,光明趋向于同一性的总体化时,以同样的方式在整体中设定个别者,又在个别者中设定整体的正是同一个大自然。

永恒对立和永恒统一这两个本原,才产生了作为第三者和作为整个本质的完备摹本的那个大自然的感性的和可见的产儿,物质(Materie)。

它不是一种抽象意义上的物质,不是一种普遍的、没有形式的或贫瘠不育的物质,而首先是含有各种形式之生机的物质,这样它就又构成了朝三个方向铺展开,却又不可消解地扭结为一的整体。

一切依照绝对者的本质才成为可能的形式,也必定是现实的

（因为被结合者必定与纽带同在），而由于全体性、统一性以及二者的同一性，这三方中的每一方都自顾自地是整个绝对者，然而任何一方又都不可能没有他方而存在，那么很明显，整体在何种意义上必定被包含和表现于这三方——亦即全体性、统一性和二者的同一性——的每一方之内的。

这样一来，比如说，重力就自顾自地是整个的和不可分割的上帝，就此而言他将自身表现为多样性中的统一性，表现为时间之物中的永恒者了。

因此重力自顾自地将自身组织成一个特有的世界，在其中上帝的纽带的一切形式便得到了概念性把握，但却是在有限性这个共同印记之下得到概念性把握的。

重力致力于事物的萌芽；然而光明则努力使蓓蕾展开，以便直观到其自身，因为它作为一中的大全，或作为绝对同一性，只有在得到成全的总体性本身中才能认出自身。

重力致力于限制空间，限制自顾自的持存，并在被结合者中设定了相续或时间，后者对于被卷入的空间而言，乃是整体关联或连贯性的那种单纯有限的纽带。

因而在重力自身的王国里，重力的摹本就是空间在其中受时间支配的那整个坚固的东西或僵硬的东西。

反之，光明则使得整体也存在于个别之物中。 II, 372

因而在重力自身的王国里，作为另一个纽带的光明的摹本便是空气。也就是说，这里整体在个别之物中表现为展开了的，因为每一个部分都绝对出自整体的本性，而僵硬东西的定在恰恰基于下面这一点,即各部分相对地相互有别,以极性的方式(polar)对立着。因而在全部坚固的东西中时间真正说来是有生命者,这样一来另一个王国,空气,反过来就在它的自由状态和与空间不可分的状态下,清澈地表现了最纯粹的同时并存的形象。

然而重力和光明的绝对纽带(Copula)就是真正有生产力和创造力的大自然本身,而重力和光明则作为单纯的、同样也很本质的属性与这大自然形成对比。使我们眼见那以定在的实在性的理念充实于被结合者中的一切,都源出于这个大自然。

在重力的王国里作为这第三种纽带——真正的同一性——的摹本而存在的,就是物质的原型在其中得到最纯粹表现的东西,就是水,万物中最高贵者,一切生产力都产生于它,也回流到它之中。从作为有限化现象之本原的重力中便出现了这本原的液态化能力;从光明中出现的现象则是,即便在光明中,部分也如整体般存在。

因而重力王国里的一切创生现象便回溯到这三种原初形式。

但即便物质的每个个别的部分,还是又成为这个三重形态的整体的一个摹本,而且在这三个维度上只表现了那分裂了的三重纽带(Copula),如果没有这个纽带的临在(照现实性或潜能幂次来看),就不可能有任何实在性。

对个别化现象(Vereinzelung)中的那些形式的考察,将我们引向关于无机自然或没有生机的大自然的某种表象。

但那些形式事实上和在现实的大自然中并未个别化,而是依照普遍的一面来看通过重力而结为一体,依照其特殊性来看则同样通过光明或通过大自然的内在核心(Centrum)而结为一体;这核心(Centrum)本身是一中之大全,它便将它们作为一个有机身体的各个肢体展开为它们的种种差异的总体性,同时将它们接纳到它的自身直观的统一性与永恒性中去了。

II, 373

正如在最初的创世中,大自然的无限而不可分的本质在有限者中肯定自身,将后者设定为某种偶然的和时间性的事物,反之在全体性向统一性的同一种永恒回溯中,恰恰正是这种有限者在本质的同一性中神圣化了,而且因此便将自身设定为本质性的了。

从这个方面来看,大自然中的各种个别事物并未构成一个被中断的或无穷向外延伸的系列,而是一个持续不断并回归到其自身之内的生命链条,这个链条中的每一环对于整体而言都是必不可少的,仿佛它自身能感知到整体,并且在不显示出它自发的生命迹象和应激性迹象的情况下,便无法忍受对它的境况的任何改变。

最轻微的变化,比如单纯空间格局的变化,结果便会在这个生机勃勃的整体中造成热、光、电这些现象:因而万物都显得极富灵魂,都显示出部分与整体以及整体与部分之间的某种极为密切的关系。

如果那已构造到被结合者内部去的纽带,试图在时间性事物中抓住永恒者,在非总体性中抓住总体性,那么这种努力表现出来就是磁。

反之,时间性事物借以被接纳到永恒者中、差异借以被接纳到同一性中去的那个纽带,则是电的普遍纽带。

(磁中的)时间性纽带再一次造就同一性,造就多中之一;(电中的)永恒性纽带则在个别性中展示出当前临在的全体性;但当双方达成平衡,并从两种纽带中生成第三种因素时,在化学上的种种创生现象与转变现象中,大自然的那种现在与其自身有机地交织在一起的生产力便显示出来了,通过这种生产力,物质的每个部分现在才在牺牲它自身的生命的同时进入整体的生命中去,并赢得了一种更高的、有机的定在。

那么这样一来,本质便封闭地生活在其自身中,它产生着个别的东西,改变着,为的是在时间性事物中反映出永恒,与此同时它自己——一切形式的力量、内容与有机体——在自身内部将时间设定为永恒,也就不为任何更替变换所动了。

因而这普遍而巨大的自然的生命源泉就是重力与光明之间的那个纽带(Copula);只是一切从中流溢而出的这个源泉隐藏在普遍的大自然中,其本身又不可见了。

即便当这种更高的纽带(Copula)在个别东西中肯定其自身的时候,那时小宇宙、有机体也在一个特殊生命中完美地表现了实体的普遍生命。

这种涵容万物而又有预见能力的统一性,依照整体的理念调节着普遍性的大自然的种种运动,既调节着安静稳定的变迁又调节着暴烈突发的变迁,还总是将万物导回到永恒的圆圈中去的统一性——这同一种神圣的统一性便是那样一种统一性,它极其乐于进行肯定,在动物与植物中塑造着自身,而且倘若它出场的时刻确定了,就势不可当地要将土、气和水变为生机勃勃的东西,变为表现它的全部生命的一些形象。

更高的统一性是那样一种统一性,它一视同仁地在被结合者中展开着重力的总体性和光明的同一性,将这两方设定为它自身的属性。

光明在被结合者中寻求的是本质性东西,亦即纽带;与它展开这纽带的力度相同的是,它自身也能作为大全进入一之中,这样也能在细微东西中完美地表现世界。

有机物的生命首先依赖于纽带的这种展开;由此对于植物而言,无限的爱就凝成了光,而在它内部发亮的目前只有重力的纽带。

与纽带被打开的力度的程度成正比的是,被结合者开始成为非本质性的,而且受制于某种越来越大的更替变换了。被结合者本身(单纯的物质),决不应当自顾自地存在;它只能作为纽带的表现而存在,因而物质一直在更替变换,可是器官,正是纽带、生机勃勃的纽带(Copula)、理念(Idea)自身,它如有神助一般持存着,并且总是保持为同一个。

通过对作为被结合者的被结合者的彻底抑制,以及纽带的发展或实现,理念(Idea)由此才可谓是完美地诞生了。 II, 375

因为在此期间被结合者消失了,纽带却反而生机勃勃地显露出来,那么在更深的层面上还作为一种偶然之物出现的东西,恰恰就在同等比例上显现为本质性的;因为被结合者的特殊性只有在纽带中才成为本质性的和永恒的;由此这纽带便被设定为客观的、现实的了,这样一来,连先前似乎不那么根本的现实东西,现在也变得很根本或必要了。由此有机体的定在就不是基于物质本身,而是基于形式,亦即恰恰基于那在另一种关联之下显得很偶然,在这里却显得对于整体的存在而言是很根本的东西。

重力的纽带在有机体中得到展开,光明也不甘示弱,它作为一中之大全,在永恒运动中发现了永恒静止,在生机勃勃的东西中发现了更完满或不尽完满的核心(Centra)。在上升着的发展中,个别东西——然而它是静若止水的——实际上就变得与整体相似了,正如视觉器官的每一个点的力量就足以尽览整个天空的云彩,而且那个点是与无限的空间相似的。

这里那个三重性纽带(Copula)再次将自身实体化了,而且每一重纽带都是在一个特有的世界中塑造自身的。

重力的隐秘纽带消融于植物王国的分支发展(Verzweigungen)中,而且向着光被打开了。

光明的蓓蕾在动物王国中绽开了。

绝对的纽带(Copula),前述双方的统一性和中点,只能在一中找到其自身,而且只有从这个点出发,才能在反复展开的过程中重新扩展到一个无限的世界上。那个一便是人,纽带在人中彻底冲破了被结合者,而且回到了它的永恒自由之家。

如果说有机体大体而言乃是基于绝对纽带(Copula)的现实性与自身肯定(Selbstbejahung)的,那么在有机体的所有个别领域里,两个本原之间的对立与统一也必然被表现出来。

然而两个本原之间真正的统一却是那样一种统一,即它们的本质性也在于那种统一。如果双方中的每一方都只是通过一个部分整体(Theilganzes),而不是通过一个自身整体(Selbstganzes)被表现出来,那么每一方的自主性便会因此而被消除,而某种神圣同一性的那种最高比例也会被消灭;关于那种同一性与某种单纯有限的同一性之间的区别,我们已经解释过了,那就是没有什么还需要进一步结合的对立性因素被吸纳到它自身内,它的每一方都能自为存在,然而在缺乏另一方的情况下也是无法存在的。

这种比例唯独只在两性的对立与统一中被表现出来。

重力的王国,正如其在总体上在植物世界里塑造了自身,它在个别东西中通过女性被人格化,而光明则通过男性被人格化。

对两个本原进行中介并永恒地进行创造的神圣纽带,在动物王国与植物王国里以盲目的强力创造出繁殖传播的鸿篇巨制,同时并未认出其自身(因为爱只在一中才认出其自身)。在这里,被结合者本身就像那纽带一样,在创造着、生产着、肯定着其自身。

现在,正如事物的那个三重性纽带在永恒者中作为元一而存在,并通过它的统一性而产生出整体,那么由于神圣纽带也因人的本性之故便只在短暂易逝之物中认出其自身,它便孕育出了作为它自身之完美而永不消逝的摹本的世界构造(Weltbau),以及神圣而无所不包的星辰,要适乎其宜地谈论那些星辰的生命就需要比我们为这部著作规定的篇幅更大的篇幅了。

只是这个一,作为最临近者,在这里据说被注意到了:空间和时间双方在天体中相互否定其非本质性的一面,因而也便设定了其本质性的一面,在运行时达到了极好的平衡。

最崇高的科学的目的只可能是:阐明处于事物之整体以及个别东西中的那位上帝的现实(在最严格的意义上而言)、当前、生机

勃勃的定 – 在(Da-seyn)。人们如何又能追问这种定在的证明呢？人们究竟是否能就这定在的定在(das Daseyn des Daseyns)发问呢？那是事物的某种总体性，就永恒者存在着而言；然而上帝作为这种总体性中的一而存在；这个处在大全中的一，在物质的每个部分中都可以辨识出来，万物都只在它之中才有生机。但同样直接临在且在所有部分中都可以辨识出来的，是一中的大全，这正如它到处吐露出生命的消息，并在短暂易逝的东西本身中绽开永恒之花。对于使最初的双方成为一体的那个神圣的纽带，我们是在我们自己的生命及其更替变换中感受到的，比如在睡与醒的更替变换中，我们一会儿回报重力，一会儿又回到光明的怀抱。大全 – 纽带(All-Copula)在我们内部作为理性而存在，而且是我们的精神的见证。这里涉及的问题不再是一种自然之外的或超自然的事情，而是我们本身都共属其中且置身其中的直接 – 切近的东西、唯一 – 现实的东西。这里不会有任何界限被跨越，不会有任何边界被飞越，因为实际上不存在任何这样的东西。人们老早就针对探讨神圣东西的某种哲学，或者很可能也针对建立这种哲学的那种既被误解又自相误解的企图而提出的意见，若是冲我们而来，那完全是白费功夫；而下面这一点究竟何时才会被认识到呢：若是针对我们教导并洞若观火的这门科学，那么无论内在性还是超越性都同样彻底是空话，因为它本身恰恰取消了这种对立，而且在它之中万物都汇流成为一个由上帝充实着的世界？

  一种丰富多彩的经验教导我，阻挡大部分人理解和生动地领会哲学的最大障碍，是他们心目中的一种冥顽不化的意见，即哲学的对象要到无限遥远的地方去找寻;因此便会发生这样的事情,即在他们本应该瞩目当下的东西的时候,却非要竭尽心力,去虚构出全部的观察都根本不会涉及的某种对象。

那么在被这种误入歧途的幻觉迷住的人看来,看到这件事情中的真理就必定是不可能的了,相反在从未被那种幻觉俘获或由于其本性的幸运或其他什么原因而摆脱了它的人看来,那样的真理则是极为单纯而清楚的。在这门哲学中,人们由于那种幻觉而放进去的那类抽象物不会有任何的市场。理性从上帝的本质中认出的一切作为永恒结果的东西中,被包含在大自然中的不仅仅有摹本,还有现实的历史本身。大自然并非只是一种不可理喻的创造的产物,而是这种创造本身;不仅仅是永恒者的现象或启示,毋宁也正是这永恒者本身。 II, 378

我们了解个别事物越多,我们了解上帝就越多,斯宾诺莎这样说过;而现在我们也必定越来越有信心呼吁那些寻求永恒者的科学(Wissenschaft des Ewigen)的人:到物理学这里来看看永恒者!

对于大自然的秩序与联结,即便只凭纯粹的感觉和轻快的想象力考察大自然的人也说不出别的什么来;的确,如果他希望以言辞表达和坦率地说出这个世界的本质,他作为单纯的旁观者是找不出我们所找到的那些表达之外的任何表达的。由于所谓的了无生趣的大自然只是极遥远地向我们显示出实体,大自然的种种构形虽然只会让那个人预感到它们的力量就像一团深深闭锁着的火一样;但即便在这里,在金属、石头中,追求规定性,甚至追求定在之个体性的那种强大本能,其无与伦比的力量——一切定在都是那种力量的表现——是一目了然的。在他看来,实体仿佛是从一个望不到底的深处升腾而出,如今已经显现于种种植物和作物中了(在每一朵开枝散叶而成的花朵中,似乎都不仅仅包含着某一个事物的本原,而是包含了许多事物的本原),直到人格化了的种种动物有机体中为止,那个最初深不见底的本质越来越临近观察者,而且用睁开的、意味深长的眼睛看着他。虽然它似乎总希望保留某种秘密,而只在某些个别的方面启示自身。但这种神圣的迷误和这种不可理解的、充斥着各种构形的状态①,恰恰也不会在作为作品的单纯观察者的他放弃了凭着知性便企图从概念上把握那迷误和状态的所有希望之后,便最终将他导入大自然的神圣安息日中,导入理性中去,在那里那迷误和状态安息于它的种种短暂易逝的作品之上,如其本然地了解和表明其自身。因为我们越缄默谦恭,它便越会对我们言说。

---

① 这里"迷误"和"状态"都是就不能真正理解它的知性而言的,迷误和状态就其自身而言就是上文中的实体和本质。——译者注

论大自然的最初力量

> 那样的时代会到来,长时段的勤勉研究将阐明如今隐藏着的那些事物。即便将整个一生的时间投入,也不够用来考察如此巨大的一个主题。——这样看来,这种知识只能经过连续几个世代的长时段才能得到展开。会有那样一个时代到来,我们的后代会大为惊讶的是,对他们而言如此平凡的事物,我们居然不知道。
>
> ——小塞涅卡:《自然问题》第 VII 卷
> (SENECA, *Nat. Qu.* VII.)

每一种回到其自身的运动,都预设了某种**肯定性**力量作为其可能性条件,它(作为**推力**)发起运动(仿佛充当了一条线的起点),并预设了某种**否定性**力量,它(作为**引力**)使运动**转回其自身中去**(或者阻止运动沿着一条直线开展)。

在大自然中,一切都连续**向前**进取;关于事情何以如此,我们必须到那样一个本原中去寻找根据,它是**肯定性**力量的一个用之不竭的源泉,一再重新发起运动,并不断维持运动。这个**肯定性**本原就是**大自然的第一种**[①]**力量**。

但一种不可见的强力将世界上的一切现象都引回到永恒的环形运动中去。关于事情何以如此,我们必须到那样一个**否定性**力量中去寻找最终根据,它由于不断限制肯定性本原的作用,便将普遍的运动导回到它的源泉中去。这个**否定性**本原就是大自然的**第二种力量**。

这两种争执着的力量,如果同时在统一和冲突中来表象,就导向了一种有**组织着的**、将世界构造为**体系**的**本原**的理念。古人或许希望通过**世界灵魂**来刻画这样一种本原。

原初的 – 肯定性的力量,如果说它是**无限的**,那就完全落于**可能的知觉**的一切范围之外了。通过对立力量的限制,它就成了**一种有限的大小**——它开始成为知觉的客体,或者说它在**现象**中显示自身了。

直观的唯一 – **直接**的客体是每一种现象中的**肯定性东西**。**否定性东西**(作为单纯**被感觉者**的原因)只能被**推论**出来。

因此,**高级自然学说**的**直接客体**就仅仅是一切运动的**肯定性本原**,或者**大自然的最初力量**。

它本身,大自然的最初力量,**隐藏**在**个别现象**背后,在好奇的目光面前,这力量在这些现象中得以显明。在**个别物质**的包覆之中,它穿透了整个宇宙空间。

为了把捉无数现象之中在总已变化了的形态之下一再复现的

[①] 当"第一"(erst)相对于"第二"(zweit)而言时,如本段和下一段的对照,我们按字面意思译作"第一";当谢林不强调这种对照而只强调它的原初性时,我们译作"最初"。——译者注

这位**大自然的普罗透斯**①，我们必须将这些网络进一步铺展开。我们的行程据说是很缓慢的，然而却越来越稳当了。

在每一个体系中从核心朝着周边涌出的物质，**光**，在运动时的力量和速度极大，甚至使得一些人怀疑它的物质性，因为据说它缺乏物质的普遍特征，即惯性。但依照一切表面现象来看，我们仅仅在光的**发散**中了解它，它也仅仅在这种**原初**运动状态中才最有可能触及作为光的我们的眼睛。但现在某种物质的一切**发散**和一切**生成**都伴随着特有的运动。如果现在有极高等级的、然而终属有限强度的某种弹力在瞬间被产生出来，这个强度就会表现出某种最具弹力的物质的现象；由于弹力的本质是延展之力，那种物质就在与这种延展之力的强度成正比的一个空间中扩展开来。这将呈现出这种物质在自由运动的假象，仿佛它脱离了惯性的普遍规律，在其自身之中就有它运动的原因。

只是这种运动，我们虽然也假定它极大和极快，却与其他的所有运动相区别；那些运动使得任何一种物质中都产生了各种力量之间仅在强度上而言的某种平衡。因为我们，比如说，让那种弹性物质不遇任何阻力地在一个绝对空的空间扩散开来——一个弹性较小的物体可能由于它的不可穿透性或由于它的引力而以这阻力抵制物质的扩展；由于这物质的弹力强度毕竟是有限的，而一切物质的弹力的减小和它扩展的空间的增大成正比，那么物质终究会扩展到某个程度，那时它慢慢减小的弹力会与它的质量达成某种相对的平衡，那样也会使得**静止**，亦即物质的某种常态，成为可能。

II, 383

---

① 古希腊的海神普罗透斯(Proteus)，以变化不定闻名。——译者注

那么**光**虽然以惊人的速度运动,却并不因此而比其他的一切其运动无法成为知觉对象的物质多一点或少一点**惯性**。因为我在一开始就说过,世界上**绝对的**静止是个**谬论**,世界上的一切静止都不过是个假象,而且真正说来不过是个负数,但决不意味着运动的完全缺乏(=0)。那么光的运动就是适用于**一切**物质**本身**的一种**原初的**运动,只是一旦物质**达到**某种常态,这种运动就只以极小的速度发生;只要光的各种原初力量抵达一个共同的环节,它同样会达到那种速度。

因为一切物质都只有通过相互对立的力量的交互作用,才能充实它的那个特定的空间;因而关于它何以**持久地**充实同一个空间,亦即关于物体何以坚守它的状态,人们如果不假定那些力量在每一个环节中都以同样的方式**活动着**,就无法说清这些问题,那么这样一来,关于自动保持绝对静止的谬论也便消失了。一切的静止,因而包括某个物体每一次坚持某种状态的现象,都只不过是**相对的**。物体就物质的这种**特定的**状态而言是**静止**了;只要这种状态持续下去(只要,比如说,物体是固定的或流动的),那些驱动力量就会**以同样的量**充塞空间,也就是说它们会充塞**同一个**空间,而**就此而言**物体就会显得**静止**,虽然这个空间是不断被充实的,只有以某种不断的运动才可以说得清。

因而,光在光线中朝着所有方向扩展,这一点必须如此这般才可得到澄清,即光在**持续的发散**和**原初的**扩展中得到概念性把握。即便光也能达到相对的静止,由此人们已经可以得出,无数个星辰的光并未将其运动传播到我们这里。

自然科学关注的是,不能容许任何**漫无边际的东西**,不能将任何力量视作绝对的,而总要将每一种力量都只视作与它的**对立力量相冲突的**①。现在我们也可以凭着喜好从这些力量中挑出一种来,让它增长到可以设想的极限,即便这样我们也永远不可能使它成为对它的对立力量的**绝对**否定。因此那些从某种未知的物质的碰撞中推导出那种使得各个物体相互推动的普遍重力的人,他们的努力完全是无用的;原因在于,这种物质能使事物有重量,然而它自身却没有重量,那么人们就必须将它设想成吸引力的绝对否定了;但这样一来它就不能是可能的建构的一个对象了,它似乎就会消失于普遍的排斥力中,而它剩下来用于解释普遍重力的就没有任何物质性本原,而只有某种一般**力量**的隐秘理念了,而这却正是人们希望通过那种假定加以避免的情形。

将光扣留在物质的界限中的东西,使它的运动成为**有限的**和知觉对象的东西,就是使一切物质成为有限之物的东西②,就是吸引力。当一些教导自然学说的人假定光本身或它的一个部分**不可度量**的时候,他们这话的意思无非是,在光中有一种巨大的扩张力在起作用(最终说来我们的一切解释总是系于作为某种原初力量的扩张力)。只是由于这种扩张力从不跨出物质的界限之外,亦即永远不可能成为绝对的,那么**重力**在某种物质中,正如在光中一样,虽然是**消失着的**,却永远不能被视作完全**被否定了的**。

就此而言,主张光有某种**负重力**(negative Schwere),就根本不

---

① 第一版中为:"只视作**对它的对立力量进行否定的东西**"。——原编者注
② 第一版中为:"就是它的可度量性"。——原编者注

荒谬了;因为这个从数学中借用来的表达并不是一种单纯的**否定**,反而总是指明了一种**现实的对立**,那么**负引力**事实上不多不少正是**实在的回推之力**,这样一来,那个表达所说的就无非是人们早已知道的事情,即在光中有某种排斥力在起作用。但如果,比如说,由此暗示的是某种原因,通过那种原因,物体绝对的(而非特殊的)重量能被减小,那么这样一种原因的概念久已被扔到幻象的国度里去了。

如果说照此看来没有任何弹力的强度堪称所有可能的强度中最高的强度,而在每一种可能的强度之上还有更高的强度,但在每一种既有的强度和对一切强度的彻底否定之间还可以设想无数的中间强度,那么每一种还相当有弹性的物质也就可以被视作较高强度和较低强度之间的中间状态,亦即被视作由那两种强度聚合而成的了。**我们**是否恰恰拥有从化学上分解这样一种物质的手段,这并不是问题的关键;只要这样一种分解是可能的,而且大自然可能掌握导致这种分解的手段,就足够了。因而(即便当物体的颜色并未显示出光的某种分解的时候)我们就会把**光**不是视作一种单纯的元素,而是视作两个本原①的产物;这两个本原中,一个要比光更富弹性,可以称作光的**肯定性**物质(依据德吕克②的说法是导流物[fluidum deferens]),另一个依其本性来看不那么富有弹性,可以称作光的**否定性**③物质。

---

① 第一版中为:"物质"。——原编注
② 德吕克(Jean-André Deluc,也写作 Jean-André de Luc, 1727—1817),瑞士地质学家、气象学家,地质学中的地层学的一位先驱。——译者注
③ 第一版还在此添加了"(可度量的)"。——原编注

光的肯定性物质就光而言,乃是它的可扩张性的最终根据,而且**就此而言**是绝对富于弹性的,虽然我们可以根本不将它设想成物质,而不必同时将**它的**弹性又视作有限的,亦即不必同时又将它自身视作**聚合而成的**。自然学说的第一个原则是,绝不把任何本原视作绝对的,而且假定一个**物质性的**本原,将它当作大自然中的一切力量的工具。自然学说仿佛通过一种幸运的直觉,毫不动摇地遵循了这个准则,而且为了解释种种自然现象,它在最终求助于种种绝对的力量之前,向来喜欢预设一些闻所未闻的物质。

动力哲学(die dynamische Philosophie)引入自然科学之中的那些**原初力量**的概念,其优势如今在这里明显表现出来了。也就是说这些力量根本没有充当对经验自然学说的**解释**,而仅仅充当了它的**边界概念**,这就使得这种学说的自由不仅没有受到威胁,反而得到了保障;因为这些力量中的每一种都有无数个可能的强度,它们中没有任何一个强度是绝对的强度(绝对最高的或最低的强度),这些力量的概念为这种学说打开了一个无限广大的游戏空间,在这个空间里它就可以**以经验的方式**,即从**不同物质的交互作用**出发解释一切现象了。

虽说自然学说向来将解释上的这种自由拿来为己所用,它却未能避免那样的指责,即那种解释任性随意;这样的指责从现在开始就完全被打消了,因为依据一种动力哲学的各种本原来看,在已知的物质的层面之外还为其他一些未知的物质留下了地盘;只要那些物质的能量强度被假定为与现实中被观察到的种种现象成比例,人们就不能把它们视作向空虚构之物。

关于如何纠正日常观念，就说这么多。

当我主张光的**物质性**时，我并未以此排斥对立的意见，即这样一种意见：光是某种被驱动的介质的现象。我在《**一种自然哲学的理念**》中提出了这样的问题：光从太阳到我们这里，是否可以不通过分解而传播？彼时我指的是，人们是否可以将牛顿和欧拉①的光理论结合起来。牛顿的支持者们想要的究竟是什么呢？——一种物质，它能与物体保持特有的比例关系，因而也能引起特有的效果。而与此相反，欧拉和赞同他的人们想要的是什么呢？——那个结论，即光是某种被推动的、被振动的介质的单纯现象。但是现在那种振动岂不必然是**机械的**了吗，正如欧拉希望的那样？谁能证明，在地球和太阳之间没有某种物质被倾泻出来，这种物质由于太阳的作用而被分解，而且这种分解现象不能一直发生，一直传播到我们的大气中，因为在它自身中有光的某种源泉？

这样一来，牛顿希望的就是我们有一种特有的光物质，它甚至有能力产生化学上的比例关系，而欧拉希望的则是，光通过某种可分解的介质的单纯振动而传播。

据我所知，牛顿和欧拉的支持者们都承认，这些理论中的每一种都有其特别的困难，而它的反面理论却能避开这些困难。照此看来，如果不是像以往那样将这些意见对立起来，而是为了在**一种假说中将双方的优点结合起来**，而将它们看作**相互之间的补充**，那难道不是更好吗？

---

① 欧拉(Leonhard Euler,拉丁文写作 Leonhardus Eulerus, 1707—1783),瑞士数学家与物理学家。——译者注

这个新理论的一个主要的证据是,我们所了解的一切光都只是**某种发散过程的现象**。因为

1)假设此刻刚刚到达我们这里的光,就是在——比如说——八分钟内从太阳那里照射过来的那个光,那么正如已经指出过的,我们若是不将这种运动假定为某种**原初的**运动,便无法解释光向着所有方向的传播了。但原初的运动只有在达到某种**动力上的平衡**为止,亦即当它还在**生成**过程中便得到概念性把握的情况下,才能在某种物质中存在。因而很可以说,触动我们的感官的一切光都还处于**发散**状态。

2)太阳的光实际上只是表明**它的空气一直在分解的某种现象**,这一点赫舍尔①已经表明极有可能成立(《哲学学报》,1795年卷I)。我们看到大自然用来达到其最大和最广泛效果的手段,照这种手段的简单性来看,可能我们越是将那种猜想(Vermuthung)扩展于世界体系(Weltsystem)的一切自身发光的物体之上,它们的光的一些现象似乎就越是显露出这样一种本源,关于这种本源后文中还会有更多讨论。

II, 388

由于我看到,赫舍尔先生本人为了使他关于阳光的本源的假说更可靠,就已经诉诸**我们地球大气中光的发散**了(诉诸通常极为宏大绚烂的北极光,认为它似乎可以从月球上被看到,诉诸常在清朗无月的晚上笼罩天空的那种光,如此等等),我还会更加强化那个猜想,即很可能所有光都是通过某种轻易就可以分解的介质的

---

① 赫舍尔(Friedrich Wilhelm Herschel,英文写作 William Herschel,1738—1822),德裔英国天文学家、音乐家。——译者注

振动而传播的(参见《一种自然哲学的理念》,第36页①)。

自那之后,由于赫舍尔的假说的机缘,我阅读了利希滕贝格②的**《气象学遐思》**;也是通过这部书,这样一种假说在我看来毋宁是得到了证实,而不是被反驳了。

3)现在弄清楚了,在物体燃烧时出现的光,乃是从周围的空气中,而且是从周围空气的那个由于对一切生命功能都有振拔之效而得到"**生气**"(Lebensluft, aër vitalis)之名的部分中发散出来的。我们预先就可以猜测,我们所激发的**所有**光的本源很可能都在于生气(Lebensluft)。

我已在前引著作中主张,近代化学的体系一旦得到了其应有的扩展,就很可能会发展为普遍的自然体系。当下的这部著作应当探究的便是这样一种更广泛的用法。有关氧气(gaz oxygène)的属性的那些发现早就应当使人们留意到,氧气如果是人们如今以为的那种东西,它很可能还不仅仅是那种东西。人们也已经开始将大自然里最令人惊奇的那些作用归因于生气的那种可度量的元素了。反之,如我所以为的,应当真切留意的一点是:自身僵死的物体,像人们所讲的那种氧气便属于此类,若说那样的物体能具有这种强力,这就荒谬绝伦了(可以参见,例如,布兰迪斯③在**《生命力**

---

① 本卷第104页。——原编者注。译者按:这条注释原本是文中注,为了体例的一致和阅读的方便,我们移作脚注,下同此例,不另说明。
② 利希滕贝格(Georg Christoph Lichtenberg, 1742—1799),数学家、自然研究者,启蒙时代第一位实验物理学教授。——译者注
③ 布兰迪斯(Joachim Dietrich Brandis, 也写作 Dietrich Joachim Friedrich Brandis, 1762—1846),德国医生、药剂师。他的《生命力实验》(Versuch über die Lebenskraft)一书出版于1795年。——译者注

实验》的第 118 页所说的话）。在化学的那种发现中最重要的一点是，**那种元素与在光中展示出来的能量物质总是同在的**；这就使得人们在此前至少完全有理由将元素实质上视作那样的物质，大自然将那种物质与某种**以太式的**、**到处蔓延的流体**的稳定作用对立起来。

由于生气是某种聚合起来的物质，而且由于一切流体都必须被视作由某种原初 – 弹性流体和某种可度量的物质聚合而成的，那么我们在这里由于处在某种更高的科学领域中，就可以抛开化学的那种形象化语言，并将所谓的**氧**①视作**生气的否定性物质**，这物质在燃烧的时候与物体结合，而**肯定性**物质则在**光**的形态下与之分离。——为了简便起见，我们将以 +O 表示光，却以 -O 表示氧自身（然而这却预设了，人们在此还没有思考 +E 和 -E）。

如果说照此看来生气是光的源泉，而 -O 则是**可度量的物质**，由此一种**自由流通着的**、**围绕着天体贯注了的**、**最富弹性的液体**被**限制**于其**运动**之中，仿佛也被束缚在有重力的物体之上，**那么就此而言**，笛卡尔、惠更斯②、欧拉重又提出的**关于某种普遍扩展开的以太的那套古老学说至少就部分而论不再是假设性的了**，而牛顿在他的光学的结尾也只敢猜测一下的东西，或许还需要进一步加以澄清。

---

① Sauerstoff，直译为"酸性材料"或"酸素"，谢林这里强调的就是字面意思，说那是一种形象化语言。——译者注
② 惠更斯（Christiaan Huygens，也写作 Christianus Hugenius，1629—1695），荷兰天文学家、数学家和物理学家，是光的波动理论的奠基者，他在其关于弹性材料的研究中曾表达出某种相对性原理。——译者注

II, 390　　我们称作**光**的东西,现在其本身就是某种**更高**的物质的现象,那种物质还能进行多种别的结合,而且凭着每一种新的结合也就有了另一种作用方式。尽管光似乎是最简单的元素,在光中却依然必须假定某种**原初的双重性**;至少太阳光似乎就是能激起和维持地球上一切双重性的唯一原因。

在从太阳涌流出来的光中,似乎只有一种力量在起支配作用,但在接近地球时它无疑会碰到一些相互对立的物质,而且这样一来,由于它本身能进行某种分化,也便与它们一道构成了**大自然的普遍二元结构的一些最初本原**。

但这样一个二元结构必须被假定,因为若是没有相互对立的力量,就不可能有任何生机勃勃的运动了。但实在的对立只有当相互对立者同时被设定于同一个主体之中的时候,才是可以设想的。① 各种原初的力量(一切解释最终都回溯到这些力量上来),本来并不相互对立,如果它们原本并不是同一个大自然的活动的话——这些活动只**在相互对立的方向上**起作用。② 恰恰因此,依照实体来看就必须将所有物质都设想成**同质的**;原因仅仅在于,只有当它们**与其自身同质**时,它们才能进行某种**分化**,即发生某种**实在的**对立。但一切**现实**都已经预设了某种分化。

有现象的地方,就已经有了相互对立的力量。因而**自然学说**预设了某种**普遍的双重性**为直接的本原,而且为了能够从概念上

---

① 第一版中为:"但实在的对立只有在**同一种类**的各个大小之间才是可以设想的。"——原编者注

② 第一版中为:"如果它们原本并不是同一种(**肯定性的**)力量的话,那力量只**在相互对立的方向上**起作用。"——原编者注

把握这种双重性,也预设了物质的某种**普遍的同一性**①。无论含有绝对差异的本原还是绝对的同一性,都不是真实的;真理在于**二者的结合**中。

相互对立的力量②,必然会努力将自身设定于**平衡**之中,亦即将自身设定于**最小交互作用的局面**中;因此如果在宇宙中各种力量并非**不均匀**地分布着,或者如果平衡没有不断被**打破**,那么最终在所有天体上所有的局部性运动都会消失,只有普遍性运动会持续,直到最后天体的这些僵死无生机的团块或许还会坍塌成一堆,而整个世界便陷入惰性之中。

因此在世界上,各种力量是均匀分布的,各天体的某种原初的异质性在每一个星系中都是必需被假定的。必定有一个本原存在,它在每一个服从于它的天体上不仅激起个别物质之间的冲突,也通过持续不断的影响维持这种冲突。如果这个本原在宇宙中是均衡分布的,那么它很快就会与相互对立的力量保持平衡。因而它必定从别处和从外部流注到个别天体上,在每一个星系中都必定只有**一个**那样的物体,那个物体总是重新产生这个本原,又将其派发到所有其他事物之上。

毋庸置疑,世界体系的那些**自身发光的**物体应将这种特质归于某种质(Qualität),那种质是它们所固有的,而且它们一开始就在共同的溶剂的那种在世界形成之前就已发生了的普遍沉淀作用

II, 391

---

① 第一版中代替此处和紧接着的"同一性"与"双重性"或"差异"的,是"同质性"与"异质性"。——原编者注
② 第一版中在这个句子前面还有一个句子:"没有了原初的异质性,在世界上就不可能有任何一个部分能运动起来了。因为……"——原编者注

下,立即获得了那种质。

就此而言,认为恒星的光是从它的体内产生的那种意见总还是非常在理的。或者恒星应当只是宇宙的**光磁体**(*Lichtmagneten*),而大自然产生的所有光都是从所有空间而来聚集于它自身周围的?——在行星和恒星之外是否还应当有第三类物体,它们明显是注定要经受这类反应过程的,通过这类反应过程,大自然总是重新产生出光物质来(比如彗星)?——如果人们以为世界封闭于其自身之内,那么他们必定会觉得,从中心落于其上的每个点那里向外①,发生了肯定性物质的一场不断被更新的、不可耗竭的风暴。——兰贝特②主张在世界体系的中心旋转的天体必定是**黑暗的**,他为此提出的那些根据是否有说服力?——在16世纪突然出现于仙后座中的那颗星,在超过一个月的时间里都比天狼星更耀眼,后来突然又毫无来由地逐渐萎缩,颜色越来越暗,最后完全消失;或者下一个世纪初开普勒在蛇夫座的脚踵附近见到的那颗星,不断变换颜色(几乎变换了彩虹的所有颜色),然而整体上却是**白色的**——根据开普勒的陈述这是天际恒星中最耀眼的现象。这样的星是不是,像康德猜测的那样,熄灭后又从其灰烬中重新复苏的一些恒星,抑或是另外的某个巨大的反应过程发生的舞台,通过那个反应过程,大自然在宇宙的深处产生了新的光?

至少当(依照赫舍尔的看法)恒星中光的散发只是一种**大气反**

---

① 第一版中为:"如果人们认为一个瞬间是有限的,那么他们必定会认为,从共同的中心落于其上的点那里向外。"——原编者注
② 兰贝特(Johann Heinrich Lambert,1728—1777),瑞士 - 阿尔萨斯数学家、逻辑学家、物理学家和启蒙哲学家。——译者注

应过程时,必须指出某种根据,说明为什么只有恒星的大气才为光的发散打开通道。人们是否必须假定,最初只有在恒星体周围才聚集起那样一种弹性之物,从这种弹性之物中大自然才发散出光来,而且必须假定,这种物质在附属天体的大气中的定在,仅仅归功于恒星的长久影响?至少光的来源并非**纯而不杂**地现成存在于我们周围的大气中。

谁能知道,当一个特有的本原阻止了行星的大气为光的发散打开通道的同时,恒星是否并非由某种完全**纯净的气体**包围着?——那里,在恒星附近,仿佛会有某种永远纯净的、不受任何敌对本原威胁的光在照耀似的。如果它是通过不断的分解而从某种气体中发散出来的,人们就必须设想那种东西具有超乎寻常的高度弹性,因为恒星作为起初从液态向固态过渡的每个星系中最大的团块,释放出了最大量的弹性物质。这里无疑有重力在起作用,重力将恒星的这个大气层维持在一个巨大的致密压力层中,这也就将它原来的弹性提升到一个超乎寻常的高度。

众所周知,光在它发散时的强度与它从中发散而出的空气的弹性强度相一致,这是人们在较寒冷的状态下可以体验到的,那时所有的火都燃烧得更明亮,点火传播的速度更快,通过最轻微的摩擦都会发散出电光,而地球极地的大气甚至涌流成一些带电光束①。

因而当某种气态的东西凭着这样高强度的弹性,被倾注在核心天体周围,乃至在光的发射中自行迸发出来,那么光线发射的洪流就会不断向所有方向传播开来,而以太的海洋便会充满整个星

---

① 指极光。——译者注

系——占据星系中点的便是那些核心天体——的各个空的空间,甚至可能会自行传播到更遥远的那些星系的各个空间中去。因为当发散的光并不简单地归于静止,而是直到它的团块具有的弹性逐渐消散为止都保持着平衡,这样一来,它在静止时占有的空间大小将与它的弹性成比例。但弹性照强度来看可以增加到无穷大,而且出于解释各种现象的必要,可以假定它是极大的。因而从我们的太阳周围发散出来的弹性物质可以在某种稳定而不间断的洪流中一直传播到我们的大气这里。地球每日的转动虽说会使日夜更替成为必然,却并不妨碍下面这种现象,即并非其他那些遥远的恒星的光维持着它们的和我们的大气之间的整体关联。这样一来,正如我们居住的这个半球迎着我们的太阳转动,光的更大的洪流也将穿透这个半球并造成**白日**现象。一种共同的介质将充满我们的整个行星体系;每一个天体都将在那普遍之光的物质性质允许的情况下尽可能多地占有这光,但在整个行星体系的任何地方都找不到哪个空隙或空间是不被这共同的大气全部充满的。

如果恒星最终也还属于某个更高的星系,后者由某个共同的核心天体支配,那么这个星系的大气也会是共同的。因而每个恒星的大气又与某个更高的星系的大气相接触,而彻底传播到全世界的那整个光,则是某种**普遍的世界大气**的共同的光。

然而如果在各个天体之间有了某种原初的差异性,那么普遍的光就无法被**均衡地分配**了,它必定出离世界的所有空间而归于**恒星**,也只从恒星出发涌向行星。

但毫无疑问,不仅仅有个别的、发散的光线从太阳到我们这里,是**分解了的太阳大气本身**作为一个恒定的整体传播到我们这里了。白日现象不能通过光的某种偶然的分散来理解。自从黑暗物体本身的附近形成了某个光源以来,难道这光源不是也可以由于恒星的影响而进入运动吗?我们的空气层中的各种弹性物质之间的冲突,只有当我们的地球由于外来的影响而变为一个自身发亮的天体,同时成为**恒星和行星**,并且在自身中将极为相异的各种特质结合起来时,才会出现。

肯定性本原在单个的**行星体系**中只以不均衡的方式传播开来,这还不够。如果它均衡地向一个下属天体涌流,那么在这个天体上很快就会产生某种普遍的均衡,它最终会以全盘瓦解告终。

如果在下属的天体上,没有一种可以由光激起而又必定与它具有原初的亲缘性的力量被扩展开来,那么光是不能在那些天体上起作用的。不要由于日光的影响而使这种自然力量总是居于优势地位,这乃是世界构造本身、日夜和季节的更替,甚至行星的形式的要旨所在,因为如果在类似的意义上依照我们地球的形式来判断,无疑在光线以最垂直的角度射入的所有地方(向着赤道射去),聚集起来的质量是最大的;而当光线偏斜地射入(向着极地射去)的地方,质量就逐渐稀薄了。

所有运动的**肯定性**原因就是**充塞**空间的那种力量。要使运动得到维持,那种力量就必须被激起。① 因而每一种力量的现象便是

---

① 第一版中此处有了:"但只有那些**有限的**力量才相互起作用。"——原编者注

一种**物质**。①能激起并维持运动的那种普遍的自然力量的最初现象便是**光**。从太阳涌流到我们这里的东西,因为它维持着运动,在我们看来便是**肯定性东西**,使得我们的地球(作为单纯的**被动反应者**)与那种力量相对立的东西,在我们看来便是**否定性的**。毫无疑问,地球上带有**肯定性**特征的东西,便是**光**的一个组成部分;与光一道同时到达我们这里的还有电和磁的肯定性元素。**肯定性东西**在其自身是**绝对的一**,因此便有了那古老的、在任何时代都没有灭绝的关于某种原始物质(以太)的理念,它就像在一个无限的棱镜中发生了折射一样,展现为无数的物质(作为一条条光线)。世界上的一切多样性都是由于各种不同的**界限**才产生的,肯定性东西在这些界限内部起作用。地球上的普遍运动的要素都是**肯定性东西**,肯定性东西从外部涌向我们,而**否定性东西**则是我们的地球所固有的。后者通过肯定性力量而得以展开,它能展现为某种无穷的多样性。当一种自然力量碰到阻力,它就形成一个特有的层面,那是它自身的同一性与它所碰到的阻力的产物。

II, 396　　肯定性力量才唤醒了否定性力量。因此在整个大自然中,这些力量中没有任何一种能在缺乏另一种的情况下存在。在我们的经验中出现了如此之多的个别事物(仿佛是各种普遍的自然力量构成的一些个别层面),以致各种否定性力量的反作用出现了一些不同的等级。属于我们地球的事物,全都有一种**共同的**特质,即它与那从太阳涌流到我们这里的肯定性本原是对立的。在这种原初

---

① 此处的 Materie(物质)亦可译作"质料"。在亚里士多德那里,质料与潜能(力)之间的深层关联是众所周知的。——译者注

的对照中已经有了某种普遍的世界组织的萌芽。

这种对照要由自然学说**直截了当地**认定下来。它决不能进行任何经验的推导,而只能进行某种先验的推导。它的本源要到我们的精神的那种原初的双重性中去寻找,我们的精神只有从种种对立的活动才能构造出某种有限的产物来。那些谨守实验的人根本不知道那种对照,虽然他们无法否认,他们对自然现象(比如燃烧)的构造若是没有这样一种虽说不能以经验的方式证明,却必然要认定下来的冲突,便完全无法理解。那些不折不扣地设立起那种对照(比如在燃烧理论中)的人遭到指责,说他们在本该做实验的时候却虚构出一些假定的元素。这个矛盾只有通过一种自然哲学才能得到调解。

实验物理学家们有权谨守肯定性东西,因为只有肯定性东西才是直接—直观的和可认识的。那些能够把握大自然的某种更伟大意图的人,必定会毫无顾忌地承认,大自然已经**展示出**了某种否定性东西。因此否定性东西根本不会不如肯定性东西那么实在。原因在于,在有肯定性东西存在的地方,正因此便会有否定性东西存在。无论后者还是前者都不是**绝对**而**自在地**存在着的。某种私自的、被隔离开来的存在只有在冲突的时刻才维持这两者;当冲突停止时,两者就相互迷失于对方之中了。即便肯定性东西,在没有对立的情况下,也是不可被人感知到的;而当人们往往自诩能直接直观到肯定性东西的时候,他们本身就预设了否定性东西。

那么当牛顿提出普遍的世界运动的否定性本原——引力——时,他并未否认,而是**宣称**,它是一种**已然展示出来的**本原。他并没有尝试在直观中直接将它呈现出来,而是**认定**了它,因为如果没有了这个本原,即便直接被直观到的肯定性东西也是不可能的了。他甚至承认,如果说这个本原是**直观性的**,那么它必定只是假象,而且它并非现实的引力,它必定只是某种推动性的、产生重量的物质的眩人耳目的游戏,这就是说,他指出,那种要在引力中辨别出某种肯定性东西的想法,乃是一种空虚的想法,会将人们引向一些荒谬的概念。

那么就让我们从一开始就立刻郑重地放弃对各种否定性本原与各种肯定性本原之间的那种普遍冲突的一种**物理学**解释,只有从这种冲突出发,大自然的某种体系才能和谐地发展出来。而这样一来,我们的哲学在为其种种主张提出的理由方面并未落于实验物理学之后①,让我们通过一种将全部现象都囊括于内的完备的归纳,来证明实验物理学的那种片面的解释方式根本没有触及内在的对立(一切生机的源泉),从而实际上是徒劳无功的②,而且根本不可能对大自然的那些最初的现象进行任何构造了。

1) **光是**普遍极性(*Polarität*)的最初的和肯定性的原因;

2) 没有任何本原能在**其自身**内不具有某种**原初的双重性**的情况下,**激发起极性**;

3) 最后,**实在的对立**只有在**属于同一种类**并**具有共同本源**的事物之间才是可能的,

这三点都作为已被证明的观点被预设下来了。

---

① "落于……之后"的原文为 zurückstehe,为虚拟式,与此处文意并不相恰,疑为 zurücksteht 之误。——译者注

② 第一版中为:"实验物理学的那种片面的解释方式由于根本不敢跨出所见之物或触手之物半步,实际上是徒劳无功的"。——原编者注

I

只有光在与各种不同的物体接触时显示出的那些现象才能教导人们，光里面的双重性是哪种双重性。

光无法将它那聚合而成的特质予以开展，仿佛它是撞到了与它的各种元素关系迥异的一些物体上似的。在开展的第一个层级上，它通过那些仅属于物体之**表面**的现象而显示自身。一些物体并不改变临近其表面的光的本性。这些物体叫作**透明的**。有那样一些物体，光线可以在所有方向上穿透它们，**这个现象**依照日常表象方式来看令人费解，因为在所有方向上都沿直线穿透的那些现象当何以自处呢？透明现象从微孔哲学（Porenphilosophie）的角度来看令人费解，它也最明确地证明：一切不可穿透性都是**相对的**，的确，在光中无疑有一种力量在起作用，对于那种力量而言大自然中没有任何实体是绝对不可渗透的。

当人们回顾透明物体的产生时会发现，在它们的本源之处就已经有**一种与光具有亲缘性的物质**在起作用了。玻化是由强烈的火引起的。金属石灰，即与氧相结合的金属，当它遇到强烈的火时就会玻化，直至完全透明。最令人称奇的是，那些最不透明的物体，比如金属，被酸溶解后，就消失于某种完全透明的液体中了。水以氧为主要成分，而且实际上不过就是燃烧过的氢。①包围我们的一部分空气就是氧气（gaz oxygène），而光的肯定性物质无疑就是使所有气状液体具有持久性的东西。

---

① "氢"的德文写法是 Wasserstoff，直译为"水材料"。——译者注

因而这里的情形似乎是，透明的物体碰到了通常与氧结合在一起的以太物质的持久活动，而不断穿透这些物体的那种特有的光，为了在所有方向上将这种运动传播开去，只需等待一束光线的冲击。

人们可以建立起一条规律，即没有任何高度①**易燃**的物体，或者更准确地说，没有任何对**氧**表现出某种强大引力的物体，是**透明的**。

人们可以反过来建立起一条规律，即一切可高度氧化（可钙化）的物体，能**在多大的程度上**以**氧穿透**自身，就能**在多大程度上变得透明**。

人们必定由此得出结论说，光自身当中就含有氧或者与氧相似的某种本原②，而且它的一部分特质就归功于这个元素。因为光**作为光**，并不能穿透任何吸引着氧的物体，反之每一个被氧穿透的物体（因而不再对氧表现出任何引力），都使光穿透自身传播下去。

我们在上文中说过，光的扩张力归功于某种**肯定性**本原（我们将这个本原称为**以太**），它的物质性③归功于某种**否定性**本原；这样我们恰恰发现，后面这种本原就是氧，或者是一种相当于氧的本原。

因而光在我们看来决不单纯，而是**以太与氧构成的产物**。我们将前者称为光的肯定性物质，将后者称为光的否定性物质（分别

---

① "高度"是后来的各个版本中添加的。——原编者注
② 第一版中为："光自身就带着氧。"——原编者注
③ 第一版中为："可度量性（物质性）。"在第一版中，没有本句最后的那个分句"或者是一种相当于氧的本原"。——原编者注

写作 +O 和 -O)。

一个物体一旦被氧化,它对 -O 的引力就会减小,或者换种说法,表现出对 -O 的**排斥**。现在看来,因为一个物体在多大程度上被 -O 穿透,就在多大程度上变得**透明**,而且在多大程度上吸引 -O,就在多大程度上**不透明**,这样便产生了两个规律:

1)**一个物体在多大程度上排斥光的否定性物质,就在多大程度上吸引光的肯定性物质**,反之:

2)**一个物体在多大程度上吸引光的否定性物质,就在多大程度上排斥光的肯定性物质**。

从这些规律中得到澄清的便是我们在先天的意义上(a priori)主张过的观点,即在光自身中就有双重性存在,也有各种元素之间的某种原初冲突存在。

光只有借助于它的扩张性本原,才能进行某种传播。只有当透明物体吸引它的肯定性物质的时候,它才能穿透它们;我们在此可以先行期待的是,在光中起作用的这种肯定性物质便是世界上普遍的**动力共同体**(dynamischen Gemeinschaft),恰恰因此,对于这个本原而言没有任何东西是绝对不可穿透的(参见上文)。①

一个透明物体在多大程度上吸引光的肯定性物质,它恰恰就在多大程度上排斥光的否定性物质。——由此可以期待的结论就是,光线在每一次通过透明物体时,似乎都被离析为它的各元素了。折射就是引力。因而一种与以太更具亲缘性的光线在其光谱

II, 400

----

① "恰恰因此,对于这个本原而言没有任何东西是绝对不可穿透的(参见上文)"是后来的各个版本中添加的。——原编者注

次序上就显得更断裂；与光的否定性物质更具亲缘性的光线就不太断裂，也不太与射入的光线相分离。因而有色光线表示的不过就是**光的肯定性物质和否定性物质之间**可能发生的**各种比例关系**而已。白光原来并不是由七种单纯的有色光线聚合而成的，虽然它在棱柱中可以发出这么多的光线来。从棱柱中发出的任何光线都不能再进一步发生改变，由此决不能得出这光线的绝对单纯性。从棱柱中发出的每一种光线，都必定遵循白光在第一个棱柱中被分解，在第二个棱柱中又被扩展为一个新的光谱时所依据的那同一个规律。将一种绝对的不变性归于从棱柱中发出的光线，就意味着主张一种隐秘的质（Qualitas occulta）的存在。从棱柱中发出的每一道光线都是可变的，只是这种变化不能再进一步成为知觉的任何对象了。

因而白光的聚合程度，就不多不少与其他所有光线一样强；在所有光线中都表现出光的不可度量物质与它的可度量物质之间的某种特殊的比例关系。白色只不过表现了**其他所有颜色之间的中等比例**。倘若其他这些颜色全都**透明**，它们就相互还原为**中等程度的弹力**；那就产生了——倘若我可以这么说的话——一种**中性化的颜色**，那是其他所有颜色在化学上的均值。反之，一切个别的颜色也只有通过脱离共同介质（白光）才是可能的。

II

目前我们的任务只是以合乎经验的方式研究我们在光中必须

加以预设的那种双重性。光中的某种以太物质与氧结合在一起，这一发现是一条线索，它一定能将我们从最繁难的现象组成的迷宫中安安稳稳地引领出来。

目前我们只能将那些在物体的**表面**显示出光的现象纳入考察之列。如今才会出现那样的问题，即光在**物体本身**上产生了哪些影响。

目前在这里必须被纳入考察之列的，只有物体的不同特质。

A

1）我们证明了，所有**透明**物体都排斥光的否定性物质，而且它们正因为无法抽走光中的氧，才是**透明**的。现在看来，恰恰是这些透明物体，几乎不能或者只是极缓慢地被光**加热**。

如果光**自在地是热的**，即如果它通过**传播**加热了，那么下面这种现象还如何成为可能：光并没有对那些被它在所有方向上穿透的物体起到加热作用？

通过一面玻璃板，人们可以防范强大热流或火流的作用。极为引人瞩目的一种现象是，位于山的顶峰上的温度计极少受光的影响，因为依据**索绪尔**先生①的保证，太阳光线表面的热度往往连成年人都忍受不了。原因必定在于，我们的身体有一种绕开玻璃的能力，这是一种容易被热量**激发**的能力。因而**加热**的根据并不

---

① 索绪尔（Horace-Bénédict de Saussure，1740—1799），瑞士自然科学家，他在植物学、地质学、冰川学方面都极有建树。他的儿子 Nicolas-Théodore de Saussure、孙子 Henri de Saussure、曾孙 Ferdinand de Saussure 均为著名学者。——译者注

仅仅在于光,而在于这里已经显示出了一种**否定性**本原的定在,只有与这种否定性本原一道,光的肯定性本原才形成**热**。

人们已搜检过使得高山上的极寒现象得到解释的一切可能的原因。人们注意到,空气在这样的高度已经极大地稀释了。只是出于同样的理由,太阳光线在如此高的地方的大气中也不会遇到什么阻力,因而如果这些光线自顾自地就能形成热量,那么它们应该也越能活力充沛地产生热了①。

我很乐意承认,深层地带温度适中的现象可以部分地由下面这一点来解释,即那些地带与地球的全部质量更密切地结合在一起,而高山则仅仅通过山脚才与大地关联起来,其他部分却在空气中缥缈隐现。(参见**德拉梅特里**②的《地球理论》,第1部分,德译本第130页。)③实际上人们注意到,似乎山越是缥缈隐现,山顶的空气就越冷。基多(Quito)④位于海拔1457突阿斯(Toisen)⑤,但那里的温度却十分宜人,因为这座山立于群山之上;位于同一高度的一座孤立的山峰(比如特纳里夫山⑥),在一年的大部分时间里都是白雪覆盖着的。——不过有的山可能总是在空气中缥缈隐现,然而它本身的质量总是极为可观,尤其因为它直接面对太阳光线,这就使得

---

① 第一版中为:"在如此高的地方的大气中甚少消散,因而也应当活力充沛地起作用了。"——原编者注
② 生平不详。——译者注
③ 该书由埃申巴赫(Eschenbach)于1797年从法文译成德文,加上注释,在莱比锡出版。——译者注
④ 厄瓜多尔首都。——译者注
⑤ 法国长度单位,1突阿斯相当于1.949米,早期大地测量中常被使用。——译者注
⑥ 位于西班牙的一座火山岛。——译者注

它能保留和发散出足够的热量来,如果它内部没有任何理由阻止这一现象发生的话。

这种理由无疑就是下面这样的。因为在最高的那些山上本来是有丰富水源的,一般来说也有大量的水,那么第一个冬季就已经有大量的冰环绕山顶冻结起来,相反在深层地区则只有个别的一些地带覆盖了冰。但冰却是最强的隔热罩,因为它作为一种透明的物体让光原样通过了,而作为一个镜面却将它原样反射开了。因而那一度被冰环绕覆盖的山本身是无法得到任何热量的,而从它已然远离的大地那里又只能得到很少的热量。人们看到,这个原因必定会继续起作用,因为那些地带持久的苦寒会将它们从雪和雨那里接收来的水,甚至会将几个小时的日光晒化了的水,转化成新的冰——那么到最后,冰的总量就愈发增长和维持其自身,因为它将山的内核作为一道不可逾越的防卫墙,挡住了光的所有流入。

II, 403

这个假说在极大的程度上被**索绪尔**先生于其《阿尔卑斯山游记》①第四部分(§932)中叙述的试验证实了。他让人做了个木头柜子,柜子的两面内壁铺衬了黑色软木;他用三块极透明的冰片将这个柜子封闭起来,阳光可以透过这些冰片射进柜子中。他把这架机器带到海拔 1403 突阿斯的克雷蒙特(Cramont)②山顶,他在那里看到,柜子里的热度剧烈增长,放在柜底的温度计攀升到 70 度,虽然外部温度才只有 4 度。

---

① Horace-Bénédict de Saussure, *Voyages dans les Alpes*, Genf, 1779—1796, 4 Bände.——译者注
② 阿尔卑斯山上的一个隘口。——译者注

光对透明物体和黑暗物体的作用不同的另一个证据是那个著名的实验：人们将一小块木头放到完全透明的水中，并架起一个凹面镜，使燃点落于水面之下的木头上。水完全没有被加热，相反木头却由**内而外**被烧焦了，因为外面部分仿佛被水防护着。

2)对于那些并未被**氧化**到**玻化程度**的物体，光产生了**脱氧化作用**。这样它就逐渐抽走了金属石灰中的氧，由此使得金属石灰又**可燃**了。对于这类物体，光并不产生**加热**作用，因为它们并没有能力抽走它的否定性物质。这里更清楚地显示出，在光那里，"加热一个物体"和"失去其否定性物质"是一回事。我们马上会进一步追索这个命题。

光所特有的能力，便是恢复被氧化了的物体。热能做同样的事情，但也并非没有带入能接纳氧的第三种材料；热物质本身对于氧没有任何容量；氧是服从于**光**的物质。光自顾自地接纳了它，并在没有第三种因素共同作用的情况下将它分解了。

人们使氧化了的盐酸遇到光，这样盐酸就失去了它那里多余的 -O；光是以同样的生气（Lebensluft）形成的，最后将剩下普通的盐酸。人们将这盐酸放在一个包着黑纸的瓶子里，使之遇热，这样它就会变成玻璃形态（它的状态被改变），却不被**分解**。

所有浸透或渗透了 -O 的物体，都或者是**白色的**，或者将不易折射的光线，比如**红色**光线，反射回去，比如汞石灰。（人们还记得，光在透明物体或半透明物体中的折射率与可燃性处在何种确切的整体关联中。）

通过与光接触而脱氧化的物体，重新又呈现更暗的一些颜色。

那么白色的银石灰在遇光后就会变黑,如此等等。

3)对于所有**不透明的**、**暗色的**和**可燃的**物体,光都会起到加热的作用。可以证实这个命题的经验太过普通,众所周知,甚至都不用举证了。

物体显示出一些暗色,它们被光大大加热,这两种现象取决于一种共同的原因,**取决于**:它们在这种状态下对**光的否定性物质**表现出强大的引力。

这个原因是真确的,这一点除了通过别的途径之外,还可以由下面这一点得到解释:即便这些物体,在燃点上也比那些颜色更明亮的物体更容易燃烧。这决不是说,一切颜色都可以归于物体的某种微弱的磷光,而磷光则是由于光对物体表面的不断作用而被激发出来的。

II, 405

B

现在我们发现了如下原理:**物体有多大能力抽去光的否定性物质,光就在多大程度上将物体加热**。

但现在看来,大自然中的每一种作用都是交互作用。因而如果不是同时与另一个本原相结合,一同出现,光就不可能失去它的否定性物质。这个本原,如果说它即便在直观中也不能呈现出来的话,却是必须被预设,因而被**认定**下来的。

由于**一切易燃的**物体都表现出对光的这样一种作用,那么光必定是这些物体所**共有的**一个本原。

但这个本原不可(像燃素的辩护者们所做的那样)被预设为

物体中的**组成部分,因为它完全不会自在地实存**,它仅仅实存于与光中之氧的对立中,而且一般来说除了表达出一个交互概念(Wechselbegriff)之外,根本不能表达出任何东西。在那样的**冲突的瞬间**,即光在每一个燃素物体中由于将该物体加热而激起的那种冲突的瞬间,光根本**如其本然地**实存。

在与**这个**本原对立之下,**氧**(它相对于光的肯定性物质而言曾是**否定性的**)便能够具有一种**肯定性**特征。就此而言,燃素不多不少就是**氧的否定性东西**,那么由此便可明白一点,即它**绝对地**和**自在地**是不可区分的。①

在我们自己做了这般规定之后,我们今后也会利用这个概念,而不必害怕人们因此将我们归入燃素的辩护者(将燃素当作一种特殊的、现成存在于物体中的元素,这样的概念当然完全是空洞的)之列。

C

仿佛我们在此就有了大自然的普遍二元结构的最初开端。我们有普遍而全盘地自行对立起来的两种物质。但为了使双方之间能产生某种实在的对立,它们就必须是**同一类事物**。

那么要成为同一类事物,双方(氧和燃素)就得成为在光中和在热中展示出来的那**同一种肯定性本原的否定性物质**。

在这个本原中,我们预先认识了整个大自然的**最初本原**,它从不拒斥任何物体。对于那些没有能力改变**光**的物体,它便作为**光**

---

① 第一版中为:"**绝对地和自在地**来看,什么也不是。"——原编者注

而穿透它们；对于那些改变了光的本性的物体，它便作为**热**而穿透它们。这样看来，一切物体便都受到了以太的不断作用；这个本原的确在原初的意义上显得穿透了一切物体，作为光穿透透明物体，作为热穿透不透明物体。

D

到现在，**热学**的所有概念才可以进行某种**构造**。

1

一个物体并不能因为热物质分布到它的微孔中就叫作**加热了的**；那物体也不能在被热物质**贯穿**了的时候就叫作**加热了的**，而是只有当它**排斥**热物质的时候才能如此。

但现在看来，排斥只有在那些在对立的方向上起作用的**肯定性力量**之间才会发生。因而在每一个堪称**加热了的**物体中，因为它**排斥**热物质，便都存在着与热的肯定性本原**具有原初亲缘性**的一个本原。

因而我们在这里再次触及了**一切物质的某种原初同质性**这个理念，若是没有这个理念，我们甚至完全不能解释物质是如何对物质起作用的。

倘若存在一种**原初物质**，它（据说凭此便成为世上一切实体的某种动力共同体了）要么作为**光**要么作为**热**，穿透一切物体，那么一切不为光所穿透的（不透明的）物体，也就必定在原初的意义上被**热物质**穿透了，这热物质必定属于它们的本质，正如光属于透明物体的本质。

每一个燃素物体**在原初的意义上**为其所穿透的那种**肯定性的热本原**,它的量决定了它的**绝对的热**的等级。人们此前是否以这个术语来称呼那个概念,这我并不关心;只要那个概念本身为真,而且那个术语与那个概念相称,这就足够了。

我将**自由的热**的量,与某种燃素物体的**绝对的热**(倘若这绝对的热构成了它的本质)严格区别开来,物体的自由的热归功于**通体循环着**的热流,而热流则由于光对不透明物体的不断作用和其他一些原因(尤其是容量的改变)而一再被重新产生出来。这种自由扩散开的热物质由于最富弹性,便使自身维持某种稳固的平衡。这种平衡只会被各种物体的一种独有的特质打破,即它们中的一个比另一个保有更多的热物质,那么具有相同质量的不同物体因此也就不能维持同样多的这种热物质了。每一个物体都将其作为**某种特有的气氛**聚集到自身周围的那种自由的热物质的量,决定了它们有多少**特殊的热**。

因为物体依照它们在自由扩散的热流方面的不同特质,而占有不同的量,那么在每一个物体体系(System von Körpern)中,能在热上重新产生某种平衡的办法就只有一个,那就是不同的物体全都**在同等程度上**被**不同量**的热物质加热:我将这种平衡称作**温度的平衡**。每一个物体被加热的**程度**,或者物体的**温度**,撇开那对于物体温度的分布而言必不可少的热物质的**量**不论,我称之为它的**温度计热**。

那么由此便得出了**热学**——通过热学,近代物理学才极大地阐明了这个隐秘的领域——最重要的命题,即**通过一个物体的温度计热,它的特殊的热的量才保持为完全不确定的**,因而在同样的温度计热之下,不同的物体却能蕴含完全不同的特殊热量,或者说一个物体体系中温度的平衡决非任何**绝对**的平衡,而只是一种**相对的**平衡。现在需要考察的问题倒是,一个物体的特殊的热与绝对的热之间是什么比例。

2

现在我必须进一步解释物体的**绝对的**热的概念,这尤其是因为这个概念迄今完全不存在,或者只是以最隐秘的形式现成存在着。这种解释将依照一种**动力**哲学的种种概念进行,那种哲学在这里的任务仅限于构造热学的主要概念。

世界上的肯定性东西是**绝对**的**一**(*absolut-Eines*)。但这肯定性东西唯有在种种界限之下方能显现。大自然是如何给原初便扩展着的种种力量设置了界限的,这个问题无法进一步解释了,因为连一个大自然本身的可能性都依赖于对肯定性东西的这种原初的限制。因为假如我们设定物质可以自行扩展至无穷,那么剩下来留给我们的直观的,就无非是**一种无限的孔洞**——一种无限空洞的空间,亦即**虚无**。

一切个别之物都**共同**具有肯定性东西;只有从肯定性东西的各种不同的规定与限制中,才能发展出不同事物的某种多样性。但如今对于我们的经验而言,在每一个体系中都必定存在着某个极端,或者我们至少可以设想某个观念性的极端;一切个别的物质都可以被设想成在各个不同的程度上趋近于这个极端的。让我们将这种趋近称作**还原**,那么一切物质就只是**在各个不同的程度上被还原**了而已,亦即它们相互之间不是通过**隐秘的**或**绝对的二元性**,而是通过**等级比例**来区分的。

这样一来,物质的一切异质性便在关于世上所有肯定性本原的某种原初的同质性的理念中消失了。即便那种看起来像是维持着大自然的二元结构的原初对立,也在这种理念中消失了。没有相互对立的本原之间的这样一种冲突,人们是无法构造大自然的那些主要现象的。但这种冲突也只有在现象本身出现的时候才实际存在。大自然的每一种力量都唤醒与之相对立的力量。后者并不**自在地**实存,而是仅仅在这种争执中实存,而且这种争执只会赋予它某种暂时的、孤立的实存。一旦这种争执停止,它就会消失,因为它回撤到普遍同一性的层面中去了。①

这样一来,如果(在物体中)没有一种否定性本原与那种肯定性本原(生气)形成对立,燃烧理论就无法被完整构造出来了。但这双方只有在**相互关联**的情况下才相互充当**肯定的**和**否定的**东西,亦即它们只有在这种(实在的对立的)关系中,在燃烧过程发生的时候,才会**出场**。如果撤开这个反应过程来看,它们便只有通过等级比例来相互区别了。这样一来,人们便无法,比如说,**在自在的意义上**将任何绝对的质归给近代化学中的氧了,尽管它在**现象**中表现出其他任何物质都没有表现出的质。为了更清楚地展现这一点,让我们设想一下**可燃性**在观念意义上的极端。但**可燃性**是

---

① 第一版中为:"回撤到同质之力的层面中去了。"——原编者注

这样一个概念，它一般而言只表示某种关系。当一个物体吸引那种与光的元素普遍结合在一起，因而也在我们的大气中这样结合在一起的物质时，就燃烧了。现在如果在这个物质之上还有另一种与以太更具亲缘关系的物质，那么这种物质便会将其自身降到易燃材料的级别中。因而很自然的是，那种其本身处在（一个既有的物质体系中的）易燃性的最高等级上的物质，却不再是易燃的，而是那样一种物质，其他所有物质都要与之结合起来才会燃烧。

这样一来，我们现在也必须考虑到，是同一种物质在达到某个特定等级的质时构成了**光**，在达到另一个等级的质时就构成了**热物质**。如果除此之外我们还想到了世上一切肯定性本原的某种原初的统一性，那么一切个别的物质便都会由于它们含有的**肯定性东西**，与光或热物质有了亲缘关系。因而我们就可以在这个意义上将燃素物体的肯定性本原设想成热物质，这样一来，所有易燃材料便无非是**在不同强度上浓缩起来的**和**在不同等级上可分解的同一种热物质**。依此说来，**绝对的热**的某个特殊的强度就可以被归于每一个易燃物体了。

II, 410

物体的这个**绝对的热本原**（*Wärmeprincip*）现在可以在不同的等级上，被外部作用（比如光的作用）**激发**起来。这个绝对的热本原在一个物体中原初存在的等级越高，它就越容易被激发起来，它也便越强烈地排斥别的热物质。

那么这个规律就为**热容量**概念（一个迄今为止还空无内容的概念）取得实在的意义。

3

如果由不同物体构成的一个体系中的温度是恒等的,尽管这些物体的特殊的热物质的总量并不相等,那么温度达到平衡的根据只可能是,比起另一个物体的绝对的热本原来,一个物体的绝对的热本原在原初的意义上更有活力,而且通过分有更少量的热便能同样运行起来。

因而我们将建立起两个规律,依据这些规律,物体的绝对的热和特殊的热交互规定,即**不同物体的特殊的热与它们的绝对的热成反比**,反之亦然,**绝对的热与特殊的热成反比**。

II, 411　　这两个规律使得我们已经预先对整个大自然的整体关联有了一瞥。这里我们看见了一种异常有弹性的物质,它分布在所有物体之间,而且构成了一种共同的介质,通过这种介质,一个物体中发生的变化能被距离极远的另一个物体感觉到。由于这种不可见的物质,所有燃素物体都处在动力共同体之中。这种物质极具穿透性,没有任何物体的内核能将它拒之门外。它表现出某种介质,那种介质持久而不间断地穿透最坚固的物体。这种物质只能被其自身保持平衡。因而如果不同的物体**相互之间**能维持热的某种平衡,那么如果不在这些物体自身中假定某种与那普遍扩展开来的热物质处在持久的和动态的整体关联之中的肯定性本原,这种平衡就无法得到解释。

当一个物体的特殊的热与它的绝对的热成反比,人们便已从中看出,特殊的热不仅是**机械的**(借助它的那些空隙),也由于它的那些与物体整体关联起来的质而是**动态的**。

在其中可激发起原初的热本原的物体,要比那本原在其中不那么活跃的另一个物体更强烈地排斥外来的热。后一个物体,人们如是说,要比前一个物体对热有**更大的容量**。这个术语并不恰当,因为它在这里将物体表现成绝对被动的了。但绝对的被动性是那样一个概念,它根本不能进行任何构造。**接受性**、**容量等等自在地看**是一些无意义的概念,而且只有当人们不将其理解成一种绝对的**否定**,而只理解成**主动性**的某种负数(Minus)时才有意义。但有最大热容量的物体也排斥外来的热物质,只是它排斥起来不如容量更小的物体那么有力,后者并不比如说像人们通常想象的那样将外来的**热拒之门外**,而是以其特有的力量排斥它,或者将它特有的热本原的那种被激发出来的弹性,与那流向它的热物质对立起来。

这样我们便将一个物体的热容量仅仅理解成**它对外来的热物质表现出的排斥力的负数**。在如此这般规定了这个词之后,我们今后便无需担心它会被误解了。

现在我们回过头来讨论上文中建立的规律。

首先我们主张:一个物体在保持温度平衡的情况下的特殊的热,或者说它的容量,当这种平衡被扰乱的时候,就与它的绝对的热成反比,或者与它原初的热本原的应激性等级成反比。

热容量概念乃是一处危岩,原子论物理学必定在那里触礁,它势必要给出的关于特殊的热之类的那些贫乏解释,便是它走向覆灭的下一个征兆。克劳福德[①]首先比其他所有人都更清楚地证明

[①] 克劳福德(Adair Crawford,1748—1795),英国化学家,锶元素的发现者之一,测热学领域的先驱。——译者注

了一个命题,即物体有一种**特殊的**热,而且许多在这一点上追随他的敏锐人士,仅仅因为这个命题的提出,就在酝酿一种动态的自然科学方面,比他们自己能预见或追求的更超前了。

人们看到,那些容量较小的物体,由于它们排斥热物质,便拒斥那些容量更大的物体,而这样一来,最终必定会形成某种平衡,因为一个物体体系中特殊的热是与这些物体对它的排斥力成反比例来分布的,这并不是说容量较大的那些物体**没有**表现出**任何**排斥力,因为这种排斥力本身已经更弱了,已经被那些容量较小的物体的排斥力**制服**了。

这就表明,每个物体就其特殊的热而言都处在某种**被抑制的**状态,与它发生整体关联的那些物体将它维持在这种状态,因而一旦与其他物体的关系发生变化,它便立即脱离了这种状态。

其次我们主张,反之,**一个物体在保持温度平衡的情况下的绝对的热与它的特殊的热成反比,而当这种平衡被扰乱的时候就与它的容量成反比。**

我们预设了,**燃素化**与**脱氧化**是可以互换的概念,它们中的一个和另一个的含义正好相同,正如反过来也可以说氧化与脱燃素化是同一个概念。那么一个物体的绝对的热的等级就等于它的燃素特质的等级。因而我们还可以这样表达上文中建立的规律:**一个物体在保持温度平衡的情况下的特殊的热,与它的氧化等级成正比,且与它的脱氧化等级成反比。**

我在这里总是预设人们理解了化学的术语。我们完全先天地(a priori)发现了这个规律;读者如果看到,如此这般发现的这个规律与经验完全是一致的,就会信任我们进行哲学运思的方式。

燃烧(亦即氧化)的普遍结果,就是物体的热容量增大,或者这样说也一样,是物体在这种状态下对外来的热物质表现出的排斥的减小。

依据**克劳福德**(见于其著作《论动物的热》,第2版,第287页),铁的热容量是1/8,铁石灰的是1/6;铜的热容量是1/6,铜石灰的是1/4;铅的热容量是1/28,铅石灰的是1/15;锡的热容量是1/14,锡石灰的是1/10。人们注意到,这方面的尝试是尽可能精确地进行的。

4

物体对热的排斥力随着氧化的进行而被减小,这个规律为我们开辟了对作为一种化学现象的**燃烧**进行某种完整构造的路。

每一次燃烧都以一次温度的升高为先导。通过温度的升高,物体的排斥力被激发起来,而这样一来它的容量就减小了。那么什么叫作加热一个物体?那无非就是指将它原初的热本原激发到了对外来的、冲着物体涌来的热物质起反作用的程度。在物体如此这般时,我们就感到被它加热了;它将热驱往有更大容量的物体,比如温度计(因而温度计显示的并不是某个物体**含有**的热量,而是它**排斥**的热量)。

但在每一个物体中,那种排斥都必定达到了某种最大值。应激性的这个边界,或排斥力的这种减少所达到的这个边界,便是在每次燃烧过程中与(物体外面的)肯定性本原相对峙的**否定性本**

原。因为一旦物体的排斥力被激发到最高等级,而物体中各种力量间的平衡完全被扰乱,大自然就赶紧将平衡重新建立起来,这种现象的发生别无他途,唯有通过物体的排斥力减小到某个(相对的)最小值,或者通过它的容量增大到某个(相对的)最大值。这是通过燃烧发生的。"物体的容量增大",这话所说的与"物体以氧穿透自身"正好相同。容量的增大和物体的燃烧是同一个现象。

人们由此看到,新近那些为燃素辩护的人,眼前浮现的是一种远比人们认为他们能想到的更富哲学内涵的理念:这种理念就是,物体在燃烧的时候不可能表现得绝对被动,在每一次燃烧过程中都必定有某种交互作用发生了。

事实上,物体对氧表现出的吸引力,也无非是物体所达到的对热的排斥力的最大值。一个物体如果不能通过任何手段被引至这个最大值,它就是绝对不可燃烧的。因而所有易燃物体的共同点,就是燃烧方面的应激性的某种界限。人们可以将物体的这种仅仅达到某种应激性等级的特质,称作它们的**燃素**,或者还可以称作它们的**否定性热本原**。要想构造燃烧现象,这样一种否定性本原就是必需的。我不必提醒大家注意,这里的理论与到燃素物体的某个特殊**成分**中去寻找易燃性的原因的那种毫无哲学水平的思想相距多么遥远。

现在看来,如果氧化了的物体表现出更大的某种热容量,这种现象的发生并不意味着它们在这种状态下表现出对热物质的某种**肯定性**引力。我在上文中已经说明,排斥力更大的物体会将热物质驱往排斥力更小的物体。因此热物质只能附着于那些被氧穿透的物体之上,它(在没有将氧从那些物体中抽走的第三个物体的协同作用的情况下)不能发生化学作用,不能激发起它们的热本原(后者仿佛被中性化了一样),因而也不能被排斥。它附着于这些物体之上,并非由于它与它们真的具有什么亲缘性,而只是因为它不被它们排斥,并被其他(燃素)物体驱往它们。

5

最后,让我们从此前的那些本原中推导出一些规律,物体各自不同的**导热力**便可依照这些规律被规定。

导热体在我看来是这样一些物体,它们自身的那种被热物质的作用激发起来的热本原,驱走和推开这个热物质。**热的非导体**则是那样一些物体,在那些物体上,热物质只有通过它自身的弹性才能运动起来(换句话说:是那样一些物体,它们对热保持**中立**)。

II, 416

我希望我的读者因为下文而记住我赋予这些词汇的含义。因为不需要多么博学便可知晓,它们是在完全不同的意义上被不同的作者使用的。当人们,比如说,估算物体的导流力(Leitungskraft)时是依照它们将一个已被加热的物体冷却下来的速度,那么,比如说,水就是比水银好得多的导热体。但我将一种完全不同的含义与那个词结合起来了。水在我看来根本不是什么导热体,因为它对热完全保持中立,并不像水银那样排斥它,就此而言它有着更大的**容量**。依照那些作者的看法,物体的导流力**等于**它们的容量,依照我的理解,导流力与它们的容量成**反**比。

这样一来,一切透明的物体,亦即光通过它们而得到传播的那些物体,都不是导热体,这或者是因为它们根本不包含任何燃素性的－易激发的本原,或者至少是因为这本原在它们内部被**中性化**了。水的容量与水银的比例约为 28∶1。水中可燃的本原被氧中性化了,由此人们不难看出,它并不改变光的本性。因而热就只能**在量上**作用于非导体,它只会**扩展**那些物体,或者改变那些物体的**状态**,却不会赋予或取走某种**质**。依照全部类推来看,将冰化成水的那种热,不是作为绝对的热,而只是作为特殊的热,才与水结合在一起的。然而赋予冰流动性的那种热,似乎改变了冰的两种成分的比例。水对光的折射要比冰强。人们都知道折射的强度与可燃性是如何发生整体关联的。——与融化着的冰结合起来的热,无法对温度计产生作用,它仿佛**消失了**一般(由此就有了**布莱克博士**① 的**潜伏热**)。原因在于,冰的融化本身就表现出潜藏着的对热的排斥力②,因而冰也一直会接受热,直到它的排斥力刚刚**被**这种热本身激发出来为止。因而它以这种热作用于其他物体,比如作用于温度计,那是不可能的。只有通过分有热,它才逐渐发热③,即被引向对温度计发生作用的境地。如果热流被大大增强,能重新制服水的排斥力,它就会侵入水中,将它扩展为**蒸汽**,而在再次改变它的**状态**的同时并不**赋予**或**取走**某种**质**。

因而热既不能与**水**,也不能与**水蒸气**发生**化**合;因为水的**固态**、**液态**、**气态**都只是些相对的状态(在它的质上未发生任何改

---

① 布莱克(Joseph Black, 1728—1799),苏格兰物理学家和化学家,二氧化碳的发现者,通常也被认为是镁元素的发现者,提倡潜伏热学说。——译者注
② 第一版中为:"冰没有表现出对热物质的任何排斥力。"——原编者注
③ 第一版中为:"只有当它变得完全流动起来,它的排斥力才被激发出来。"——原编者注

变），此外人们甚至可能会认为这些状态是**被抑制的**；因为如果水的温度并未使得其他一些容量较小的物体将极为可观的热驱向它，它便成了**冰**，而如果它上面没有大气，它便成了**蒸汽**。因此，冰所分有的热并未作为热对其他物体起作用，这一现象的原因并不在于它被冰**化**合了，而在于冰在这种状态下没有能力使**其他**物体对热表现出的那种排斥力维持**平衡**，甚或干脆将它**制服**。

因而我们由此可见，容量这个词有**两重含义**，**体积**容量和**元素容量**，或简言之：**量的**容量和**质的**容量。依据**原子论**哲学，一切容量当然仅仅是**量的**。很遗憾，面对长久以来笼罩着这些对象的那种概念上的含糊不清，居然没有任何大物理学家——我们要将热的本性方面的那些最重要的发现归功于他们——足够敏锐地看清和规定特殊的容量和量的容量之间的真正区别，这便使得他们的陈述中出现了巨大的混乱。然而这个区别还是极为清楚地显现出来。对于**每一个**物体，无论它与热物质**在化学上的**比例如何，热都**在量的意义上**起作用，即通过增大物体的**体积**、改变它的**状态**而起作用。这仿佛就是热的**普遍**作用方式；但在对热表现出某种**特殊**比例的物体那里，体积上的这种改变仿佛只是热通过**特殊的**作用方式在物体内部造成的改变的外部**现象**而已。

这就表明，物体由于热而在**体积**上发生的这种改变，并非总是与它们的**密度**成正比，正如人们在别处必定会期待的那样，而是与它们的**特殊容量**成特定比例地发生。在此人们必须考虑到两重问题。如果人们假定，被用于探究物体的可延展性的那些实验上的**热**在强度上是**相等**的，那么人们不仅必须考虑物体可被延展到的

体积有多大,也必须考虑延展发生的**时间**有多长。

如果人们

1)将**体积**纳入考量,那么通过同样多的热,物体被延展的程度似乎自然就**与它们的密度成反比**了。那么通过同样多的热,可燃气体比起普通气体,普通气体比起酒精,酒精比起水,水比起水银来,延展得更多。

但如果人们

2)考虑到这种延展发生的**时间**,这样人们除了假定热相等之外,也假定**延展的程度**是相等的,那么这里就会呈现出完全不同的一种局面。水银远比水的**密度**大,它被延展到某个特定的程度需要的时间就比水少,后者所需时间又**多**于酒精,而酒精比水的密度小。

拉瓦锡①在就流体因发热而产生的可延展性进行了一系列艰难的实验之后,对扩展的体积以及流体被扩展的时间之间的这种特殊的比例感到惊讶,以致他不敢从他的实验中推导出任何理论。依据我们此前就热的作用方式提出的那些原理,这样一种特殊的比例在我们看来本就不出乎意料。

本来具有较高弹性(密度较小)的物体,在同样的热的作用之下,要比本来**不那么**具有弹性的物体得到更大的延展,即比后者更有弹性,这种现象不会使我们感到惊讶。因而如果热对不同的物

---

① 拉瓦锡(Antoine Laurent de Lavoisier,1743—1794),法国化学家、律师,通过引入量的测算方法,驳斥当时的燃素理论,成为现代化学的奠基人之一。(请注意,拉瓦锡驳斥的不是谢林那种意义上的燃素理论,谢林已声明自己的"燃素"说与时人的根本不同。)——译者注

体保持不同的、**特殊的**或**质的**比例，那么这种不同，在热与延展体积被设为**相同的**情况下，事实上就只能通过同样多的热量产生出同样的作用所需**时间的不同**，而显示出来。

热与不同物体之间那种**特别的**、特殊的比例，现在就完全取决于**这些物体原初的热本原**的应激性等级了。很自然的是，**可激发出**原初的热本原的那些物体，如果与不太容易激发出原初的热本原的其他一些物体一道，被同样多的热延展到同样大的体积，那么这些物体在**较短时间**内就可以占据这个体积。这样一来，水银虽然比水**密度大**，但也在原初的意义上比水**更具燃素特征**，因而它与水一道在同样多的热的作用下，**在较短时间**内就可以延展到同样大的体积。同样，酒精虽然**密度较小**，它在原初的意义上却反而比水**更容易**被热**激发起来**；根本无需感到惊讶的是，它与水一道被同样多的热延展到同样大的体积所需的**时间**，根本不与它的密度遵循某种比例关系。

6

我认为，依照这样多的证据来看毫无疑义的是，并非所有燃素物体中都有某种原初的**本原**，那本原可在不同等级上被外来的热激发出来，真正说来它就是热在不同等级上予以排斥的东西。反正那种做法与所有现已发现的本原是相悖的，即当一个物体在遭受任何一种变化时，将这个物体仅仅假定为**被动的**。一个物体如何能以特有的力量排斥热，对于这个问题我是不理解的，倘若这种力量本身不**可**被那热**激发出来**的话。而由于在整个大自然中，我们称之为热素（Wärmestoff）的那种弹性物质仅仅由其自身就可以维持平衡，仅仅通过其自身就可以被限制，这样一来我又不理解有如此巨大力量的一个物体如何能对热物质起反作用了，倘若不是在它自身中就有那样一种本原存在的话，它**与热物质同源**，它独自就能使热物质在运动中停下来，或者使热物质转到反方向的运动中去。

如果热在物体自身中就将一种原初的本原激发起来，即如果它以**化学的**、**动力的**方式对这物体起作用，那么由此就会有一种**分解**的态势在它当中被产生出来。如果这物质是由**同质的**、仅在特殊的意义上说才由不同的燃素材料构成，那么分解可能就由单纯的热造成，因为不同的成分面对热会有不同的**应激性**，因而也有不同程度的**不稳定性**。这样一来，作为氢与碳的合成物的油、植物，以及一般而言，燃素材料的一切构成物，都可以被单纯的热分解。

由**异质**材料构成的那些物体的情形完全不同。如果一个物体处在**氧化**状态，那么热物质很可能会**自顾自地**造成量的容量而非**质**的容量的某种改变。这样一来，水通过热就能无穷延展了，但却**不可分解**，就此而言，这里还不涉及与第三种物质的亲合性。（这个命题用来反对某些气象学的表象方式是很有说服力的。）水中的热物质的工具只有**氢**，而氧可以不受此影响。热物质将支配氢，并使之进入**可分解**状态。但只有当能使氧脱离它与氢的结合状态的第三种物质加入进来时，氢才能由着热物质去推动。水被**还原**（脱氧）了，产生了可燃气（氢气 [gaz hydrogène]）；后者将具有远比水在质上更少，但**在量上更多**的一种容量，换言之，当水失去了氧，它对热物质的排斥力就得到增强,更不用说如今它照**体积**来看可以接受多得多的热物质了。当物体**具有燃素特征**而又与大气相接触时,完全相反的事情就发生了;因为现在温度的任何提高都会将物体的**质的**容量减少到它能吸引氧的那个最大值。

人们注意到,热素是如何到处都与氧(Sauerstoff)①对立起来,并在每一种现象中相互**脱离**的,如果我可以这么说的话。物体在其被加热,以及排斥热物质的**那个**程度上吸引氧。对一方的排斥的最大值就是对另一方的吸引的最大值。一旦这个最大值达到了,整个场面就会发生改变。因为只要氧出现在物体上,物体的质的容量就会增大,换言之,**只要物体达到了对氧的吸引的最大值,它同时也就达到了对它所能支配的热素的排斥的最小值**。人们看到,这种表象方式比起那种事实上将一切二元结构都从化学中驱逐出去的反燃素论表象方式来,要适用于远远更具哲学意味的一些概念。

7

现在我们发现自己也能够解释不同物体为什么具有不同等级的**易燃性**了。我说的正是**解释**;因为当人们说物体与氧有或多或少的亲缘性时,等于没做解释。因为不用说,亲缘性这个词**完全不能解释任何东西**,——物体与氧之间这种不同的亲缘性却正是人们希望已经解释了的东西。

如果燃烧的物体在燃烧过程中真的表现得就像一些片面的反

---

① 字面意思为"酸材料"或"酸素"。——译者注

燃素论者以为的那么**被动**，那就根本说不出任何理由，表明为什么并非所有物体都在同样的温度下燃烧，而且并非所有物体都同样容易燃烧。有一点必须被当作原理假定下来，即**物体只有当其对热的排斥力达到其最大值时，才会与氧结合起来**（或者：只有当它原初的热本原被激发到最高等级时，才会如此）。因为一旦它对外来的热物质的排斥力不再能保持平衡，它的容量就**必定**增大，或者也可以说，它就必定与氧结合起来。

因而最易燃的是那样一些物体，它们的排斥力最早被制服，或者它们原初的热本原最早达到了激发的最大值。在一些物体中，原初的排斥力极小，以致它们在最低温度上就已经与氧结合起来了，或者也可以说，表现出某种更大的容量。反之亦然，即那些最难燃烧的物体（比如金属）是最容易被激发起来的。

只有那种被物体**排斥**了的热，才能对温度计发生作用。因而一个物体被特定量的热物质加热的等级，就等于它对热的排斥力的等级，或者等于它可被热激发的程度。因而通过同样多的热，所有物体中那些**最难燃烧**的物体就被最大程度地加热了。

II, 423　从前文内容中也得出了下述规律：一个具有**双倍应激性**的物体由于**单倍升温**而被加热**的程度**，和一个具有单倍应激性的物体**由于双倍升温而被加热的程度是相等的**，或者说：**在物体具有双倍应激性的情况下单倍地升温**（就温度计而言），**和物体具有单倍应激性的情况下双倍地升温是等效的**。假使人们设定水的应激性 =1，亚麻油的应激性 =2，那么水通过分有双倍数量的热，便不会比亚麻油通过分有单倍数量的热而被加热更多，或者说，如果人们假定二者分有的热量相等,那么它们加热的程度与它们的应激性之间的比例 =1∶2。

如果导热体是那些通过特有的排斥力而推动热物质的物体,那么物体的导流能力也就与它们的应激性成正比,与它们的容量成反比。(一些作者将**容量**和**导流能力**当作同义词。但如果说一个物体能容纳——即扣留——的热越多,它的导流能力就越大,就很荒谬。)经验完全与这个规律相一致。**导热体**只是一些**燃素**物体,因为后者单独就可以被热激发起来。在燃素物体中有那样一些物体是最好的导热体,它们可在最大程度上被激发起来,即依照上文来看,那些最难燃烧的物体,那些金属,尤其银之类的,便是如此。最糟糕的导热体是那些最不容易被热激发的物体,即那些容易燃烧的物体,如羊毛、秸秆、羽毛等等。然而另一种比例关系也极有可能会对这些物体的导流力产生影响,这一点容后再论。不过我还注意到,**拉姆福德伯爵**①的那个发现,即这些物质对于**较低**等级的热是**非导体**,对于较高等级的热却是**导体**,乃是表明物体的导流力取决于它们的激发程度的一个新证据。

热的非导体全都是**脱燃素化了**或**氧化了的**物体,比如金属石灰。在所有的这类物体中,只有很少的对热的排斥力可以被激发出来。

热的**彻底的**非导体是水和空气,纯净的空气显然如此(因为碳

---

① 汤姆森爵士(Sir Benjamin Thompson,1753—1814),拉姆福德伯爵是他的一个爵位名称,他是军官、政治家、实验物理学家和发明家,在热理论的进一步发展方面起了重要作用。——译者注

酸化的①或易燃的气体当然是导热体。在一个很多人聚集的地方的空气要是封闭起来,最后会变得很炽热)。

拉姆福德伯爵有一个引人瞩目的发现,他最初在其发表于《哲学学报》第82卷第Ⅰ部分的《热实验》这篇文章中报告了这一发现,并通过一些巧妙的实验使其无可置疑,即普通的空气对于热而言是不可穿透的,虽然空气的每个小部分都能接纳热,并通过运动将热传送给其他事物,但**静态**的空气,即它的各个小部分都没有发生**相对**运动,是不会传播热物质的。这不多不少正意味着,空气没有对热表现出任何**特有的**排斥力,反而只有当其自身被某种外部原因推动起来的情况下,才能传播它。恕我不知道如何能将上文中给出的一个**导热体**和**非导体**的定义阐释得更清楚了。

这样一来,我恰恰注意到,一些极其易燃的物体(如羊毛、羽毛等等)的导流力要比人们期待于它们的程度更小些,如果撇开它们的应激性更弱这一点不管的话。由于**拉姆福德**伯爵的另一项观察,谜团自破。他发现,我们用来遮盖和包裹东西的那些物质的导流力较小,这并不取决于它在编织方面的精细程度或特殊布局,而是取决于这些材料**对周围的**空气表现出的引力的特定强度。由于这种引力,这样一种物质就多少有些顽强地扣留了空气,即便当它由于暂时的扩展而在空气静力学的意义上比周围的空气更轻,因而就会抬升自己,并将它们由以得到延展的那种热随身带走时,也是如此。(人们由此便理解了,为什么空气的温度降低时,一刮风就比静态但极冷的空气让人感觉冷得多。)

---

① "碳酸化气" 简称 "碳化气"。——译者注

在所谓的石松子粉（semen lycopodii）上，人们再清楚不过地看到了易燃物体的这种将气体聚集在周围的特质。人们知道，这种粉几乎不带任何湿气；它不仅漂浮在水上，而且当它在水面扩展开之后，还可以保护浸入水中的手不沾上任何水分；这个现象的根据，人们必须到包裹在这种粉尘的每个微末周围的**气层**中去寻找；因为当人们将一个装满这种粉尘的瓶子放到一个处在带有气泵的承受器下的、装满了水的容器的底部，由于人们恢复了气压，水瞬间就会在瓶子里填满粉尘中间的所有空隙，并使它像其他的每一种物质那样变得潮湿；然后人们将它弄干，这样它就又有了气体覆盖层，随之一道出现的还有排斥湿气这一标志性特质。（大家可参见**皮克泰**先生[①]就拉姆福德伯爵论文的摘要写的一篇评论，发表于《不列颠**丛书**》，日内瓦文艺爱好者协会编，第Ⅰ部分，第27页。）

被预设下来的还有，我们用于防寒的那些易燃实体，乃是彻底不导热的东西（这一点人们依据一切类比都还无法假定下来），然而比较一下内部的空隙，可以说这些实体实际的坚固性是极差的，以致如果它们并未对空气本身产生某种影响，使得空气在那些空隙中和在它们表面上的自由运动被阻止，它们就不可能像它们实际所做的那样将热扣留住。如果能证明，空气不是**在静态下**也能通过某种特有的排斥力传播热，而是仅仅当它自身被推动的时候才能传播热，如果还能进一步证明，那些实体通过它们对周围的空气表现出的引力而阻止后者的相对运动，那么人们就必须不仅仅

[①] 皮克泰（Marc-Auguste Pictet-Turrettini，1752—1825），瑞士自然科学家和科学新闻记者，在天文学、气象学和热实验方面颇有研究。——译者注

从那些物质的微弱的应激性中,还首先要从空气围绕它们形成的那层气罩中,才能推导出它们的导流力微小这一点来:但后一点很容易证明。当人们浸入水中的动物毛发置于一些带有气泵的接收器下,就能看见很漂亮的景象。每一根毛发都和空气稀释程度成正比地顺着其整个方向而渐次出现大量气泡,就像是显微镜下看到的许多珍珠。

我还要补充说明一点,我相信这一点能更进一步阐明事情。人们很容易认识到,大自然就其仿佛以作为完全的**导热体**的种种实体来覆庇动物而言,可以说它的做法非常残酷。但人们却不太容易注意到,如果大自然以完全的**非导体**,或者说有更大容量的种种实体覆庇动物,那也一样残酷。大自然必定以某种容量**较小**的覆盖物包裹着动物,因为一种容量**较大**的覆盖物必定已将它们本有的全部热夺走了,又没有足够的排斥力将从身体中涌出的热重新驱回。因为身体只有在下面的情形下才能被自然的或人为的覆盖物加热,即这覆盖物能使从身体中涌出的热维持平衡。只有那些比导热体容量更小的实体,不仅将热驱回身体那里,也将热驱**离**了身体,如果大自然没有在周围的某种介质中找到能阻止热沿着**这个**方向传播的中介的话。大自然是那样达到这个目的的,即它使动物处于某种介质中,那种介质不仅是一个彻底的非导体,还以特殊的方式被那些覆庇动物的易燃实体吸引,也被它们改造了,这样它就使得沿着与身体相反的方向传播热的一切现象近乎不可能了。

比如动物的皮毛,首先是动物有了它就能经受住酷寒气候,它对周围的空气表现出某种引力,那引力足够强,能够使空气的这些将动物自身的热扩散开来的小部分,虽然特别轻灵,却也维持稳定,而这样一来就防止了空气将动物自身的热带走。这个在四周将空气组织起来的覆盖层,其实就是防护层,它保护动物免受外部的寒冷影响,或者说得更透彻一点,为动物留住它内部的热。

"人们由此可见",**拉姆福德**伯爵说,"为什么最长、最精细又最致密的皮货最暖和(而且人们还可以补充说,为什么动物的这些覆盖物的精细度和长度随着那个地域的寒冷程度而增加);人们看到,海狸、水獭和其他一些生活于水中的四足动物的皮毛,水鸟的羽毛,尽管酷寒连天,而且它们生活于其中的中介物还具有导流能力(容量),它们都是如何在冬天为这些动物保暖的;空气与它们的覆盖物的亲缘性是如此之大,以致它不被水排挤,而是顽强地坚守它的位置,同时又保护动物不受潮湿和寒冷侵害。"

我故意为这些观察不吝笔墨,因为它们在我看来似乎是我在上文中就物体的导流能力提出的那种概念的正确性的最明显证据。**拉姆福德**伯爵疏忽大意,没有为下面这一点提供根据,即为什么(普通的)空气不是热可以穿透的,或者说为什么它不通过其**本有的**运动传播热。如果上文中提出的那些原理是正确的,那就不难发现这个理由了。

普通的空气被氧气穿透了。依照上面提出的各种本原,氧气不能被热激发起来,或者说它没有对热物质表现出任何特有的排斥力。这一点最明显的证据是,物体一旦与氧结合起来,就具有了远远更大的容量。

我越发信赖这一解释了,因为同一位**拉姆福德**伯爵由于一些更新的实验而确信,**水**恰恰就像大气一样,不会由于某种特有的推进力,而只会由于它的各个小部分的相对运动,才传播外来的热。他窥视大自然,仿佛它犯了什么过错似的,那时他找到了观察被加热的水中的对流的法子,通过对流,热就慢慢扩散到整个水体中了。他注意到,能通过空气阻碍热的扩散的东西,比如羽毛,也能通过水阻碍热的扩散。(参见**克雷勒**先生①1797年的《化学编年》第7和第8期上关于这一现象的更广泛的报道。)

拉姆福德伯爵认为通过这一发现就可以得出如下的普遍性命题,"**一切种类的流体**都有这样一种特质,即成为热的非导体"(同上书,第80页),甚而还猜测,"**流体真正的本质**很可能在于,它的各种元素使得热的一切进一步的交换或传播不可能了"(同上书,第157页)。但我有理由相信,这位既活跃又敏锐的自然科学家毫无疑问会去做的进一步的实验,将会迫使他将那种主张限制在**脱燃素的或脱燃素化了的**(被氧中性化了的)流体上。

水的一个主要成分是氧。它是那样一种物质,它凭着其燃素特质,甚至褫夺了氢**对于热的那种应激性**,凭着这种特质,还褫夺了**通过特有的排斥力而传播**热物质的那种**能力**。

顺着我们的研究思路走下去,我们很可能会成功地证明,易燃实体对大气表现出的那种引力不仅阻碍了空气的那些微小部分的相对运动,像**拉姆福德**伯爵主张的那样,此外它还通过某种特殊的

---

① 克雷勒(Lorenz [Florens] Friedrich von Crell,也写作 Lorenz Florenz Friedrich von Crell,1744—1816),德国医生、矿务监督和化学家。——译者注

变更,褫夺了大气的那点微弱的导流能力,后者还应归功于与氮的融合。

水成为热的非导体,这种特质除了激发人们考察空气的同一种特质之外,同样也激发人们考察大自然的普遍经济学(die allgemeine Oekonomie)。**德吕克**先生希望通过一些实验找到某种与热度成正比地延展的液体,而又发觉水与其他流体通过热而实现的延展之间极不成比例,他感到极为惊讶。当人们将水与水银从冰点过渡到沸点时所达到的延展分别划分成800等份,并将两边相应的延展程度拿来对比,就会发现,水银从冰点直到植被开始覆盖地表时所达到的最高热度(大约=80份刻度的温度计上显示的10度),被延展了那800等份中的100等份的程度,水却只被延展了2等份的程度;从这个点到夏天的常见热度(大约=25度),水银被延展了那800等份中的150等份的程度,水却只被延展了71等份的程度。因而水在延展的时候根本不依照加热的比例进行,因为它的延展的第一个级别,至少与最高级别对比来看,是微不足道的。考虑到下面这一点,**德吕克**先生震惊无比,即水是地球上扩展最广的液体,被包含于一切实体之中,是所有植物与动物维持生计的工具,被包含于维持生计的所有管道之中;因而倘若水是一种①延展迅速的液体,地球上就不可能有任何有机体存在了。

* * *

---

① 第一版附释:"紊流的。"——原编者注

我想人们会认为这里阐述的热理论的功绩在于,通过对那些迄今为止只能表达一些隐秘的质的词汇(比如"容量"这个词)所描述的作用进行回溯,为那些**物理学的**原因取得**实在的**含义。我希望人们不要以此前的各种理论驳斥这种理论,因为这种理论的**目的**恰恰在于揭示此前的种种概念中摇摆不定的东西。顺便说一下,谁如果只知道恰如其分地利用容量以及诸如此类的词汇此前具有的那种不确定性,而要搅乱这种理论的话,他的工作并不费力;然而为了避免此事,我已竭尽所能。

III

大自然的普遍二元结构逐渐发展得越来越繁复,也越来越确定了。

1

如果说运动的肯定性本原随着光涌流到我们这里,而各种**否定性**本原则是大地所独有的,那么可以预先期待的便是,围绕着我们大地上的物体的那种普遍介质,将会显露出**各种本原的某种原初的异质性**。

在这里,经验似乎在自愿迎合我们的理念。① 生命的各种对立本原在我们的空气中被结合为一体,经验在普遍二元结构的那些

---

① 第一版中为:"如果人们看到,经验是如何似乎自愿就在迎合我们的理念的,人们在提出他们的主张时必定不再心怀畏惧。"——原编者注

真实本原尚未建立起来之前,就已经教导我们这一点了。借助某种幸运的直觉,这种普遍对立已经转化为化学和物理学的语言了,那套语言说我们的大气是由生命的肯定性本原和否定性本原——由赋予生机的材料和含氮的材料聚合而成的。

2

我们的大气是两种异质气体(生气和氮气①)的**单纯混合物**,这话是句蹩脚的托辞,只能表明我们的无知(参照《**自然哲学的理念**》②第40页③)。两种气体在燃烧时自行分离,当然是确定的;但这却仅仅证明,大气的一种本原在燃烧的时候作为一种气体从它当中分离开来,而不能证明,两种本原原本就是**作为**两种气体被结合为一体的。至少要说明的是,为何会发生这样的事情,即氮气只有在燃烧的时候才显出它的轻盈来(当硫线④在钟形罩下从不同的高度垂下,在同样的空气中被点燃时,最低的那根线就灭了);为什么这种气体并不自动与那重得多的生气相分离,并像可燃气那样飞升到更高区域中去?——对于那些照**格尔坦纳先生**⑤看来(见《**反燃**

II, 431

---

① 氮气(Stickluft),字面意思为"浊气"。下同。——译者注
② 原文如此。准确写法应为《一种自然哲学的理念》。下同,不另说明。——译者注
③ 上文第113页。——原编者注。译者按:原文为谢林按照他手头的版本所列的页码,与本书边码不同,而原编者标注的页码则与本书边码相同。
④ Schwefelfaden,旧时将硫融化后包裹在棉线上制成的打火工具,当今依然用于爆炸作业。——译者注
⑤ 格尔坦纳(Christoph Girtanner, 1760—1800),瑞士医生、化学家和政治 - 历史作家。——译者注

素化学基础》，第 65 页）促进和维持着两种气体的这种混合的**风**，人们毋宁可以期待它们内部出现反面的现象。

至少要说明的是，如何会发生这样的事情，即大气在大地上完全不同的地带（最高的山顶除外）都保持完全相同的形制，而测气管也固执地几乎每次都显示出两种气体的相同比例？或者说是大自然的哪一种力妨碍我们的大气不通过两种异质元素的结合就过渡为气态**硝酸**？

3

到此为止，我们只了解燃烧的肯定性原因与否定性原因之间的**一种**主要的对立。在大气中仿佛要出现一种全新的对立。

氮气不能被算作**酸性的**气体。尽管它也不属于**可燃**气体的类别。只有借助**电**火花，借助能聚合成大气的这两种气体的这个基础，才能成功地结合成一种微酸。氮气是一种独特的东西。因而人们必定会先行期待的是，比起**燃烧**发生时的情形来，有远远更高的一种格局在支配着两种气体之间的关系。

IV

这样一种格局在**通电**的时候是否会变得明显？正如通过更多的实验可以证明的那样，通电不是任何种类的**燃烧**，连**拉瓦锡**都猜到了这一点；通电属于自然运行中比燃烧更高的一个层面。

1

人们必须将电学中**第一**原理的位置留给下面这一条,即**没有任何电在缺乏另一方的情况下存在甚或能够存在**。

从在这种情况下比在其他现象那里更显著地得到经验证实的这个原理出发,最终就能最确定地推导出肯定性力量和否定性力量的概念。不管肯定性本原还是否定性本原,都不是某种**自在地**或**绝对地现实的东西**。它们被称作肯定性的或否定性的,这证明它们只存在于某种**特定的交互关系**中。

一旦这种交互关系被消除,一切电也就消失了。一种力量引出另一方,一方维持另一方,只有双方的冲突才能赋予每一个本原某种分离的存在。

我们上文中在讨论燃烧理论时曾提出这样一种交互关系。我们假定了**氧**是燃烧的**肯定性**本原。只是很明显,这氧完全不能自在地存在,因此它在直观中也就不能自顾自地被描述了。只有在它和可燃物体的否定性本原之间发生交互关系的瞬间,它才**如其所是**地存在。只有当物体的排斥力被激发到了相对的极大值时,它才在物体那里出现,以便重新恢复排斥力的相对最小值。一旦这个反应过程过去了,氧就再也不**如**其所是地存在,而是与燃烧了的物体浑然无别。——**燃素**,或燃烧的**否定性**本原,同样如此。只有在物体被激发到极点的瞬间,它才显现出来(它是通过物体正要燃烧之前人们在物体那里感知到的颜色变化而预示自身的),因为它无非只将自身表现为物体的燃素的应激性的边界。

II, 433

2

因为在大自然中普遍存在着对平衡的某种追求,那么每一个被激发起来的本原必然依照某种普遍的规律唤醒它与其维持平衡的那个**对立的**本原。人们将这个规律看作万有引力普遍规律(des allgemeinen Gesetzes der Gravitation)的一种变体,这并没有什么错;它至少与普遍重力规律(dem Gesetz der allgemeinen Schwere)一道取决于某种共同的**更高规律**。

人们必须假定,在每一个化学反应过程中,对立的、**相互激发出来的**力量之间的这样一种二元结构都起着支配作用。**因为**在每个化学反应过程中都**产生**了一些质,它们先前并不存在,而它们的起源仅仅归于相互对立的力量对于达到平衡的那种追求。探究物体的化学引力(die chemische Anziehung)与普遍引力(der allgemeinen Anziehung)之间的整体关联,这向来是哲学家们和物理学家们的抱负。人们必须主张,两种引力服从同一种原初的规律,即物质一般是通过对平衡的某种不断追求,而在空间中显示出它的存在的,若是没有那种追求,一切材料都会遭到无穷的瓦解。将化学引力与普遍引力区别开来的只是那个**特有的层面**,相互之间发生化学引力的那些物体仿佛被大自然的某些特别的运行提升到了那个层面,并由此脱离了**普遍**重力的那些规律。一切物体,只要它们的力量达到了某种相对的平衡,都隶属于重力的普遍体系。如果两个物体相互扰乱了各种力量之间的平衡,它们就会将彼此逐出这个普遍体系。处在化学的交互作用中的两个物体,从它们交互作用的头一个瞬间开始便构成了一个特殊的、自有的和自顾

II, 434

自持存着的体系,而且仅当它们相互将对方还原到力量的某个共同环节之上后,才回过头去重新服从普遍重力的规律。

因而不是由于两种电相互对立,它们才相互吸引,而是相反,由于它们相互吸引,它们才相互对立。每一种被激发起来的力量都唤醒另一种力量,它被后者带回到平衡状态(因此它对后者就有了万有引力)。后者必定是前者的对立面,因为依据不同物质间的某种普遍的规律,**只有当一方中的各种基本力量之间在量上的比例与另一方中相应的比例相反时,引力才存在**(《自然哲学的理念》,第 236 页 [上文第 318 页])。

3

按照这种方式,人们可以先天地(a priori)提出关于两种电的比例的一种规律(而不必深入研究它们的特殊性状)。如果说人们可以将所有物质都看作一种**扩张**力的产物,也看作①一种**吸引**力的产物,那么下面这一条就成了普遍规律:**具有单倍质量和双倍弹性的物质,与具有单倍弹性和双倍质量的物质是等效的**。(这个规律是由埃申迈耶尔②在《自然形而上学命题》中,从各种最初的一些本原推导出来的。)这样看来,那里提出的公式"$2E \times M = 2M \times E$"就表达了两种电物质的平衡。

---

① 第一版中为:"每一种物质(依照它的电)……也(依照它的质量)看作。"——原编者注
② 埃申迈耶尔(Carl August von Eschenmayer,也写作 Adolph [Adam] Karl August [von] Eschenmayer,1768—1852),德国医生与哲学家。谢林提到的这部书的书名应为《从自然形而上学命题中先天地发展出磁现象的规律的尝试》(Tübingen, 1798)。——译者注

4

从一种实在的对立的概念(如同数学中被使用的同一个概念一样)直接可以得出,**两个相互对立的大小在其相互关系中可能相互否定或相互肯定**①。± 这个符号并不表示两种电的任何一种特定的(特殊的)性状,而只表示它们的对立关系。因而电物质的特殊本性(哪些材料在它们当中起作用)就是某种特殊的实验研究的对象。

5

从同一个概念先天地(a priori)得出,两种电必定有某种**共同的东西**,因为只有**同一**种大小才能实在地对立起来。电物质那里这种共同的东西就是光的**扩张力**。因而双方的**区分**都只有在它们**可度量的基础**上才是可能的。

*   *   *

对电物质的可度量的基础的研究

实验物理学的主要功劳是,它逐渐驱逐了所有隐秘的原因,在物体中不允许留下任何不能明白可见地从它们当中展现出来的东西,或者不能通过分解来描述的东西。如果人们考虑到,最古老因而也最自然的看法往往假定最有效的物质是**到处**传播的,那么他们就会把如下发现当作返回到有关世界的最古老也最神圣的自然

---

① 原文如此,"相互"一词反复出现。——译者注

信仰那里去的第一步,即光的来源就在周围的空气中。

这项研究即便经过一整个时代的努力,也不会臻于完满。许多现象使人们倾向于认为,和人们迄今发现甚或仅仅相信的东西相比,光能够进行某种完全不同的结合与组合。

如果我们能够展示出的一切光的来源都要到生气中去寻找,那么**电物质**的本源也必须归于这种气体的某种分解。

大量的现象证实了这个预设。——我要将如下两点预设为业已证明和澄清了的,即

1)电物质是一种**聚合而成的**流体,以及它

2)是光物质和别的某种迄今尚不为人所知的某种物质的产物。

富兰克林的假说,即一个物体当其在电物质方面**盈余**时就带**正电**,当其在电物质方面**缺乏**时就带负电,我认为这一假说早就被驳斥了。不消说,它造成了一些最贫乏的表象,还引向了一些原子论概念,没有那些概念,人们根本不能解释,何以通过摩擦的机理,会在一个物体中产生电物质的盈余,在另一个中产生电物质的缺乏。这样一来,这种假说根本就不能帮助人们理解**化学上的比例**,照一些新的发现来看,一个物体**带负电**还是**带正电**就取决于那些比例;无论**富兰克林**还是他的任何一位追随者,也都没有为这个假说出示一个**正面的**证据,唯一的例外就是,电总是在**单一**方向上,由正电物体对负电物体起作用,后来人们发现这个主张是错的。许多现象——通过精确的观察,它们的总数还可以轻易被增加——尤其是莱顿瓶①显示出的那些现象,都证明电现象中有**相反方向的**

II, 436

---

① 早期的电容器,因在荷兰城市莱顿发明而得名。——译者注

运动发生，因而证明 +E 和 -E①是**实在**而**肯定性地**对立的本原。

那么如果有两种现实的和相互对立的电物质存在，它们何以相互区别？

答案：唯有通过它们**可度量的元素**②。

这里两种情形又都成为可能了。

或者它们仅仅通过它们的元素与光**在量上的比例**而区别开来；

或者它们的元素是相互**明显**不同的。

我在《**自然哲学的理念**》里以一些根据支持了第一种假定。可以这样说，像电物质这样具有巨大力量的一种物质，可能因为在其内在比例方面最微小的一点差异而具备如此不同的一种本性，以致它呈现出两种原初便相互对立的电物质的假象，虽然它就是**同一种物质**，这物质只不过在两种情形下做了点不同的修正，就显得**仿佛与其自身二分了似的**。

对**实在性**对立概念的正确理解，使得人们必然会与**富兰克林**一道将某种**同质的**东西假定为电现象的原因，却根本不管这个概念同样会迫使他们与**西默尔**③一道假定，当某种电冲突（ein elektrischer Conflikt）发生时，也就有两种相互有别并仅仅在关联起来时才相互呈现为正的或为负的、**就其自身而言却是肯定性的**

---

① E 代表电（Elektricität）。——译者注
② 第一版中为"可度量的基础"，而不是"可度量的元素"，下文同此。——原编者注
③ 西默尔（Robert Symmer, 1707—1763），苏格兰哲学家与物理学家，以电的流体理论闻名。——译者注

本原在起作用了。①

只是这些电物质的本源应归于某种流体,这流体虽说是由一些异质的,甚至相互对立的材料聚合而成的,却表现了**一个同质的东西**,而且只有在通电的时候才被分解。普遍的相似现象使得人们先天(a priori)就期待,两种相互激发起来的电物质是通过特别不同的材料相互区别的。

现在看来,关于哪种物质在通电的时候被分解了,如果我们研究一下分解的类型与机理,或许就可以发现了。

众所周知,在**摩擦**的时候,**热**就被激发出来了。我们在当前的情况下可以引证这一**事实**,即便我们没有能力解释它自身。

正如我以前认为的,也正如**皮克泰**先生和其他人在一些表明相反情形的实验说服他之前也猜测过的,即便在摩擦的时候,**热的本源**也应归于一种**机械的空气分解**,而这一点我如今已不再相信。因为不可能有任何热物质脱离空气,同时又不同时使周围的空气遭受什么变化。现在只要物体一带电,我们当然就感知到这样一种变化了。**马伦**②指出过,电物质可能采取热的作用形式,**皮克泰**也(在他的《**火的实验**》§162中)猜测过,由摩擦产生的电物质促进了热物质的发散。

一度发散的电物质也作为热而起作用,这是非常自然的。但通过摩擦,在电还没有被激发起来之前就有热被激发起来了,而且

---

① 这里"肯定性的"与前文中的"正的"在德文中同为positive,由于中文的习惯才采取不同的译名。——译者注
② 马伦(Martinus van Marum, 1750—1837),荷兰医生、自然科学家、化学家,他监督建成了那个时代最大的发电机。——译者注

II, 438

一个物体的先行加热本身似乎就成了它带电的条件。

如果一个物体摩擦生热的原因是某种机械的空气分解,那么更猛烈的摩擦也必定带来更强的加热。**皮克泰**先生恰恰从中发现了反面结论。棉花虽然极轻,也只在很少的几个点上接触温度计球①,它通过相当柔和的某种摩擦,却会使得温度计在短时间内攀升约5-6度,而最坚硬的实体如果相互摩擦,只会产生极其微不足道的一点热。

但在这种情况下,必须考虑到棉花和玻璃能摩擦生电的②特征。**皮克泰**先生用来摩擦的那些坚硬实体都多多少少是导电体,因而这种实验最终恰恰会证明热的激发的原因是空气的某种分解。

通过同样的摩擦,在**稀释的**空气中远比在**稠密的**空气中能激发起更多的热,这是**皮克泰**先生最引人瞩目的一个观察。人们是否应当认为,稀释的空气要比稠密的空气更容易分解?或者人们应当回想一下电在稀释的空气中的表现?普遍被假定的一点是,稀释的空气比起稠密的空气来是一种更好的导电体。或者人们应当认为,如果周围的空气在钟形罩底下被稀释了,比起在稠密空气中来,物体的特殊的热就不太能维持平衡了?

一旦物体被加热到某个特定的程度,它就获得了与周围的氧的某种特定的亲缘性;这样它就能将它周围涌动的空气转变为**电**物质。然而空气在摩擦物体之间遭受的**压力**也必定会促进电的

---

① 温度计最下面装水银的地方。——译者注
② Idio-elektrische,指原本是绝缘体而又能摩擦生电的情形。——译者注

分解。

就此而言，通电仿佛就是生气**在化学上的**某种分解，因为物体的某种加热和它对氧的引力的某种增强要先于它在电方面的状态。只要单纯的摩擦还在一旁协同发挥作用，它仿佛就成了一种**机械的**分解。

对电的**性状**的激发的一切观察都引向下面这一点，即电现象干涉了光与热之间的普遍流通，也干涉了物体与包围它们的那种广泛传播的电物质之间的普遍比例。我看不出，何以人们不能要求自然科学家们来留意这一理论。如果人们是用一些假设的元素聚合成电物质，那么人们恰恰以此表明，这一理论是想避开一切的检验。我们当前的这种假说不接受任何来路不明的元素，并不畏惧检验；要使它摆脱怀疑，或者从根本上并一劳永逸地驳倒它，稍稍做几个实验就足够了。

因为即便在燃烧之前，也发生了生气的某种分解，故而产生了这样的疑问，即**通电**与**燃烧**如何以及何以相区分，**这里预设了一点，即前者也是生气的某种单纯的分解**，或者它们就像 ±O 与 ±E 那样相区分。

在燃烧的时候，生气被分解为两种相互**绝对**有别的物质。因而 ±O 这个记号可能并不指一种**实在的对立**，因为后者只存在于**同一种类**的事物之间。因而，无论如何 ±E 的含义都完全不同于 ±O，它的含义是指，有两种电物质相互**实在地对立起来，而且通过不可度量的与可度量的材料之间在量上的反比例关系**而相区别。

在通电的时候，这些相互对立的物质有规则地产生，这一现象得到了解释,因为依据一条必然的规律,脱离平衡的任何力量都会唤醒与之对立的力量。只是人们事先可能很难相信,被通电的介质的**异质性**丝毫无助于激发异质的电。

此外,有**光**的地方也有氧,而这样一来,这种物质一定成了两种电物质的一个成分,如果人们不愿意假定,比如说,它们中的某一种只有在穿透氧气的时候才展示出**光现象**的话。但两者中的某一种通过分有更多的氧才得以区别开来,这种现象在我看来已经通过下面这一点得到澄清了,即摩擦**生热**在协同起作用①,因为一个物体如果不与氧达到某种特定的比例,就根本不可能被加热。

燃烧是**彻底**分解为两种**绝对**不同的物质,因而在这两种物质之间不可能有任何实在的对立。通电是生气的某种**部分**分解,在如此分解的时候,两种电物质就将**光**作为它们**共同的**成分保持下来了。

如果两种电流体无非就是各自以相互对立的方式修正了的光,那么电流体的大部分也至少要遵循光与各种物体之间的不同比例。

众所周知,通常而言,所有**透明的**物体,即所有吸引光的**肯定性**物质的物体,都因为摩擦而带**正**电。

由此将会得出,**透明物体特有的那种电物质**,比起非透明物体具有的那种电物质来,必定与光的肯定性物质有着更密切的亲缘关系。

玻璃带有的——比如说——正电,归于它的**透明性**(它与光的

---

① 第一版中为:"生热(比如通过摩擦)是激发起电的普遍手段。"——原编者注

+O 的比例关系),这种现象很可能由于下面这一点才确定无疑,即因久用而模糊不清的或者由于长期摩擦或其他任何原因而变得**不透明的**玻璃,与过多的实体放在一起时会带**负**电。

的确,人们从这一事实还可以进一步推出,两种电物质在任何情况下都是凭着它们的扩张力与可度量的基础之间在量上的不同比例,而相互区别开的。因为很明显,**两种**电都与光有亲缘关系,区别仅仅在于**多一点**还是**少一点**。因为一个物体带正电还是带负电,这仅仅取决于透明度的**大小**。

通常的规则是,一切**不透明的**、易燃的物体与**玻璃**摩擦后都带**负**电。这个规则的少数几种例外情形是可以解释得通的,人们也不必抛弃这个原则:**透明的**(固定)**物体**(依照**阿哈德**先生①,甚至包括零下 20 度的冰)带**正**电,**不透明的**(易燃的)物体与前者相冲突时带**负**电。

这就有了该如何解释这种特质的问题。——读者们会想到,**拉姆福德**伯爵证明了,一切易燃实体都以某种特殊的方式将空气聚拢到自身周围来。因为人们唯有通过它们的**易燃性**,亦即通过它们与 -O 的巨大亲缘性来解释这种现象,除此之外别无他法,那么就会预先猜想,它们聚拢到自身周围来的空气是**纯净的生气**,它们将这生气与那和它们结合在一起的氮气分离开来;人们甚至倾向于认为,挨着它们的表面的一些物体由于与 -O 的巨大的亲缘性,而使生气进入某种近乎分解的状态,而要在电方面分解空气,只需

---

① 阿哈德(Franz Carl Achard,也写作 François Charles Achard,1753—1821),德国自然科学家,法国信仰难民的后代,在糖业方面贡献很大。——译者注

等待某种外来的压力，或只需等待它们与 -O 的亲缘性的增大。

由此人们就更容易理解，为什么最初围绕这些实体的空气没有表现出对热的任何导流力；至少依照我们前面确定下来的那些本原，氧到处都成了容量扩大的根据。不过一切证据中最有说服力的还是那样的经验，即这类实体，比如水下的丝线，遇到光照就会**产生最纯净的生气**。这里毋庸赘言的是，思考水的分解，或者撇开可燃实体的表面，而去思考这种气体的任何一种别样的根源，在这里根本就不合适。

我得承认，依照这些观察，我以为比起近代的一些自然科学导师们喜欢向我们宣讲的来，将物体划分为**自电体**（idioëlectrica）和**非电体**（anelectrica, symperielectrica）①的古老做法远远更为真切，也更切合于其他许多现象。

如果那些实体的气体覆盖物应归于与 -O 的亲缘性，那么首先 -O 就会最强烈地被吸引到它们的表面来，然而它并不与 +O 相**分离**（这发生于燃烧之时），因而它就会在那里聚集起一种物质，那种物质在 -O 和 +O 之间摇摆，简单来说大约就像我们设想的负电物质那样。

这样一来，我就觉得自己在一条新路上又被引回那样一个命题，我认为我已经在《**自然哲学的理念**》（第 55 页起 [上文第 130 页]）中从完全不同的另一个方面发现了那个命题，亦即：**在两个物体中，总是那个与 -O 更具亲缘性的物体带负电**。由于现在针对这个主张有更多的质疑被提出来，因此我认为有必要在此对其做一

---

① 分别指可以或不可以通过摩擦生电的物体。——译者注

回应。那就是

1)的确,易燃的,即与 -O 极有亲缘性的那些实体,如果与完全透明的,至少没有因久用而模糊不清的玻璃相摩擦,就总是表现出 -E。

这个规则的某种例外只有在那种情形下才会发生,即玻璃与**白色**实体,比如与白色法兰绒相摩擦。(这个现象是**卡瓦略**①发现的,大家可参见他的《**论电**》,德译本第 324 页。)但现在就与 -O 的关系而论,一个白色物体与透明物体完全是等效的。**二者都排斥 -O**(白色实体之所以如此,是由于它的表面浸着氧),且二者都吸引 +O。因而就可能发生那种现象,即这样一个物体与玻璃摩擦后,就将 -O 驱往玻璃,并将 +O 占为己有。我希望将来在所有这类实验中,物体的**颜色**都被规定下来,正如我将表明的,颜色在此维持了最大的影响。

因而至少**这个命题**是有把握的:**排斥 -O 的物体在通电的时候表现出 +E**,这就预设了它与另一个物体结合在一起,那个物体不像它那么排斥 -O,它还可能吸引 -O。

我可以满足于这个命题,完全不管那种可疑的研究,即考察与 -O 具有亲缘性的**两种**物体之间在电上的比例。因为不管下面这一点是否同样很自然,以及是否事先就值得期待,即在两个易燃物体中总是那个与 -O 具有**更大**亲缘性的物体表现出 -E,然而这个命题在运用的时候还是遇到了极大的困难,

a)因为物体与 -O 的亲缘性等级是最不确定的,而且在一些物

II, 443

---

① 卡瓦略(Tiberius Cavallo,1749—1809),意大利物理学家与自然科学家。——译者注

体之间事实上有着不可确定的小差别。

恰恰因此,经常会发生如下情形,即与 -O 有着同等的亲缘性的物体,表现出最微不足道的一点电。电物质的彻底分解只有在如下情况下才是可能的,即一个与 -O 有着巨大亲缘性的物体和一个与 +O 有着巨大亲缘性的物体相摩擦。只有在这种情形下,两种电物质才能完全分离,并分散到两个物体上。这样一来,**马伦**便认为,因久用而模糊不清的一片玻璃通过与水银摩擦也只能产生**一丝丝电**,由于水银在其他情况下可以充当极好的摩擦物,这一现象就更加引人瞩目了。因而要是谈到应当依据什么原理来确定两个相互摩擦的物体中哪一个会表现出 -E,人们应当只看那些**关键**例子,在那里,被激发起来的电足够强,而且不太受制于那些偶然的、微不足道的状况。因为

b)两个物体在电方面的比例实际上取决于一些细节,由于人们的忽视,这些细节就产生了仿佛是规则的某种例外的假象,但归根结底却是对规则的最完美的证实。

这样一来,一个物体,如果它通常比起另一个物体来与 -O 不那么有亲缘性,那么它**在这种情形下恰恰被加热更多**,因而在这种情形下也就更强烈地吸引 -O,而且一如依照规则所应是的那样,表现出 -E,而另一次在对两个物体同等加热时则表现出 +E,复如依照规则所应是的那样。这样一来,一个本身不太易燃的物体,它的表面可能比另一个物体**更粗糙**,通过摩擦它就会被**加热更多**,并表现出 -E,因为依照规则,在其他条件相同的情况下,它应当表现出 +E。这样一来,物体在电方面的比例多半取决于它们遭受的压力的相对强度。

比如要是在一条丝带上拖动另一条与之完全相似的丝带,使得它的整个幅面都在第二条丝带的同一个地方摩擦,那么这个不断被摩擦的地方自然要比整个幅面都被摩擦的那条丝带被加热更多,因而那个地方自然就更强地吸引 -O,也如理所应当的那般表现出 -E。

实验物理学就是基于这些研究而行事的;哲学家关心的是**普遍规律**。通过细节的变化,具体的**情形**固然可能被改变,但那基于更大的一些类比之上的**规则本身**却从不偷偷被改变。此时即便对寻常的统计表匆匆一瞥也足以见得,实际上在大部分情况下不用考虑周围条件的改变,下面这个规则还是得到了应验,即:

2)在周围其他条件相同的情况下,**在两个可燃的物体中**,**那个本身就与 -O 具有更大亲缘性,或者通过摩擦达到了与 -O 的更大亲缘性的物体,都很规则地表现出 -E**。

II, 445

当人们将一些端项,比如将金属与硫黄进行比较时,这个命题通常都得到证实。如果只有物体本身的差别被足够强烈地凸显出来,它们在电方面的差别也就极为清晰地表现出来。那么在那些与 -O 具有完全相同或差不多相同的亲缘性的物体中,后一种差别必定取决于一些难以察觉的细微条件,或者完全变得隐微不明,这就毫不奇怪了。没有人会否认,比起——比如说——硫黄来,金属对于与生气中的氧相结合,表现出更弱的倾向;因为,一些金属遇到大气时会被氧化(生锈),这一现象最有可能是由于大气中的**水分**的分解。似乎氧在比气态**更具体的**形态中对于金属的作用要远远更强烈。我绝非要否认,金属没有像一切物体无疑会做的那样,在自身周围构成某种特有的气层;我也没有否认,它们在相当大的

程度上吸引 -O；我不过是主张，比起更易燃的实体来，它们**不太吸引**它。那么在与大部分易燃物体摩擦时，金属实际上表现出**正**电。只有与玻璃（包括久用后变模糊的玻璃）、**白色丝**绸、白色的动物皮革等等摩擦时它们才带**负**电，相反与树脂、黑色丝绸等摩擦时则带**正电**。相反，硫黄与其他任何实体摩擦时都顽固地表现出 -E。的确，硫黄的（负）电特质是极强的，以致在它内部一旦有电被激发出来，在数月间都会在其周围呈现出带电的大气，这就再清楚不过地证明，一切这类的物体都有某种**自电的**本性。

关于周围的哪些细微条件会对不同物体在电方面的比例造成影响，人们首先是通过**西默尔**用**不同颜色的**带子所做的那些具有游戏性质的实验才看出来的。一条黑丝带与一条白丝带在手指间摩擦，前者表现出 -E，后者表现出 +E。我在前文中已经说过，有白色表面的物体就像透明物体一样排斥 -O，吸引 +O。由此便有了那样的现象，即黑色带子放在焦点上就更容易着火，因为它更强烈地吸引 -O，在与一条白色带子摩擦的时候总是带**负**电。一条白色带子如果被放在一只黑袜子上，并与一只黑袜子摩擦，就变成带正电的了。一条白色带子如果与暖和的黑丝绒摩擦，就变成带正电的，一条黑色带子如果与白丝绒摩擦，就变成带负电的。（大家可在《哲学学报》第 LI 卷第 I 部分第 36 号读到这个实验，以及类似的一些实验。）我无需再重复，黑色总是标志着燃素方面的某种特质（即与 -O 的某种更大的亲缘性）。

当易燃物体相互更接近，并将它们的差别融合起来，通常**颜色**似乎仅仅规定了它们的电的比例。比如羊毛与极多的物体，与久用后变模糊的玻璃、树脂、火漆、木材等等摩擦时就表现出 +E，因而这个现象最有可能是由于，人们通常用的是**白羊毛**，用的纸和其他一些实体也是白色的，在这种情况下，人们迄今为止总是没有留意去规定颜色这个因素。

然而这里或许还会出现另一种比例关系，基于那种比例关系，我们必定会注意到物体不同的**导电力**。

如果我们愿意坚守前文中提出的导流力概念，那么那些对 +O 或 -O 有极大容量的物体便全都是**非导电体**了。被 +O（光）穿透的玻璃、硫黄、羊毛以及其他一些以 -O 贯通自身，并且将 -O（即便在通常状态下）作为一种特有的气氛聚集在自身周围的易燃物件，都是正电以及负电的**非导体**。①

对电物质保持**中性**的那些物体都是**半导体**，人们首先将**水**算入此列，水虽然是一种导体，却是电的一种比较糟糕的导体。在这类物体上，电物质只是由于它自身的电才往前运行。

导电体是这样一些物体，它们**通过某种特有的运动**（排斥）而传播电物质。

非常引人瞩目的是，没有任何导电体**发出磷火**，没有任何**易燃**物体在通常状态下能为电物质导流，但也没有任何燃烧过的（与 -O 结合过的）物体是一个导电体。**普里斯特利**②从最后这种情

II, 447

---

① 这里"电的非导体"译作"非导电体"更通顺，但谢林为"非导电体"(Nichtleiter)加了重点号，故勉强如此翻译，下同。——译者注
② 普里斯特利(Joseph Priestley，1733—1804)，英裔美国神学家、哲学家、化学家和物理学家，于1771年首次描述了氧的合成与作用，后来还描述了二氧化氮、一氧化碳等多种物质的合成方式。——译者注

形得出结论说(《对不同种类空气的考察》第 II 部分,第 14 页),物体的导流特质归功于**燃素**。"我若是在水中也找到了燃素",他说,"那我就会得出结论说,在大自然中没有任何导流力不是这个本原(Principium)与任何一种元素之间发生的某种结合的后果。金属和木炭在这一点上正好是一致的。只要它们包含燃素,它们就能导流,一旦人们将燃素从它们那里抽走,它们就再也不导流了。"后来他还在一个注释中补充说:"由于我从此时起就发现,空气在水中长时间来回晃动就会损坏空气,以致在它当中不能燃起任何光(那光正是燃素以各种方式分解的结果),那么如今我就要得出结论说,前面提出的原理普遍为真。"(大家可参见前引**卡瓦略**著作第94 页)。

只是**普里斯特利**在这里忽略了那种情形,即物体实际上不仅仅是与其燃素特质等级成正比地成了导电体,毋宁说这里发生了某种合成比例(combinirtes Verhältniß)。我会进一步说明这一点。

只有在下面这种情况下,物体才会**摩擦生电**,即它们并不在和它们吸引可度量物质同等的程度上排斥电物质的 +O。相反,电的**导体**全是那样一些物体,它们在和它们吸引可度量物质同等的程度上排斥电的 +O。经验符合这个原理。金属的**导电能力**与它们**能被电火花融化的程度成反比**,或者这样说也一样,与它们对于**电的 +O** 而言的**可穿透性**成反比。(因为它们只有在如下情况下才能被电火花融化,即电光将它们穿透,原因在于[依据上文中的理论]**燃素化的光**是 = **热物质**的,而没有任何物体能被除了热物质作用之外的作用融化。)**马伦**发现,在所有金属中铜最不容易被电融化

（大家可参见他的《**对大型摩擦电机的描述**》，**第一续篇**，第 4 页）。**铁**如果太厚，以致不能被火花融化，至少会变得**炽热**，**铜**只有在极薄的时候才会如此（同上书，第 8 页）。那么这种似乎对电**光**而言最不可穿透的金属，依照**马伦**（同上书，第 33 页）的看法，同时也是最好的导电体。

人们知道，金属（在金属状态）一般而言是光不能穿透的，它们只有当其表面被很好地抛光后，才能将大量的和大力度的光反射开。相反，其他一些在日常状态下不透明的物体，在通电状态下，变成了在某种程度上可被光穿透的了，而这些物体恰恰是电的非导体。当人们在那些其中有被稀释空气的玻璃球的内部敷上火漆，使得它们仅仅在离极点几寸①远的地方没有敷层，因而成为透明的，这样人们就会吃惊地发现，在外部摩擦这些球的手就因火漆敷层而里外通透，纤毫毕现。

或许对于 +O 而言，更大的可渗透性便是一些易燃物体在其他一些同样易燃的物体面前，在与后面这些物体摩擦的时候，会带**正电**的原因。

现在一清二楚的是，摩擦生电的物体既不是由于它们与 -O 的亲缘性，也不是因为它们对于 +O 而言更易于穿透，才将电留住的。这就完全符合我们先前的期待了，因为电物质的扩张性真正说来仅仅归功于 +O。因而物体变成**负电**状态所依据的那个规律，与它们成为**电的导体**或**非导体**所依据的那个规律，是完全不同的。物体变成**负**电状态，这与它们对于 -O 的吸引力成正比。一旦这种吸

---

① 寸 (Zoll) 为德国旧时长度单位，约 2.7 至 3 厘米长。——译者注

引力达到了某个特定的程度,它们就不再**摩擦生电**了,也就变成了**电的导体**。它们只有达到**对 -O 的某个等级的引力**时才会摩擦生电,**那个等级不会偏转成对 +O 的排斥**。那么摩擦生电的物体通过加热,亦即通过增大它们对 -O 的吸引力,就成了导电体,这不是因为它们现在更强烈地吸引 -O,而是因为它们在相同比例上更强烈地排斥 +O。或许正是因此,玻璃才在其通电能力方面表现出极大的某种差异性。**普里斯特利**发现,这种差异性的最近因(die nächste Ursache)在于,刚刚吹制出来的玻璃的表面表现出些许导流能力(《电的历史与现状》,第 588 页)。**诺莱**①在新浇制的树脂和蜡块中也察觉到同样的现象。或许它们是逐渐才获得对光而言的某种特定的可渗透性的。然而**马伦**没有注意到任何类似的现象。

现在似乎已经弄清楚了,为什么所有**易融**的和**易燃**的实体都是**摩擦生负电的**。它们带**负**电,是因为它们**易燃**,它们**自身带电**,是因为它们**易融**,亦即可被光穿透。

已经弄清楚了,为什么**透明的**、**不易燃的**物体是**自身带正电的**。它们带**正**电,是因为它们**不易燃**,或者换句话说,是因为它们排斥 -O,它们**自身带电**,是因为它们在同等比例上是**透明的**,或者换句话说,吸引 +O。

II, 450

最后,已经弄清楚了,为什么所有**易燃**却**难流动的**实体,比如金属,都是电的**导体**。它们为电导流,是因为它们不仅**易燃**,亦即不仅吸引 -O,而且它们还**难流动**,亦即对于 +O 而言还高度不可渗透。

---

① 诺莱(Jean-Antoine Nollet,1700—1770),牧师,法国第一位实验物理学教授。——译者注

最引人瞩目的是,依据一个物体对于**热**的容量被增大或减小所遵循的那同一个规律,它对于**电**的容量也被增大或减小。一个物体在多大程度上排斥热物质,也在多大程度上发热。这样一来,导电体在被加热的时候,便会更好地导流;半导体通过加热就成了全导体,非导体至少能成为电的半导体。一个物体如果与 -O 发生结合,它对于热物质的容量正好会同比例地得到增加。最好的导电体,金属,同样也会由于钙化而失去它们对电的排斥力,也恰恰与它们被 -O 穿透或被引向玻化状态等比例地成为**摩擦生电的**。

如果有任何东西能证明**光**、**热**和**电**的**肯定性物质**的**同一性**,那么它就构成了那样一些规律的相符之处,这物质就是依据那些规律而在它所能达到的这些不同状态中被物体吸引或排斥。我没有找寻这个相符之处,我为自己提供了它。

我深信,谁要是正确理解了在大自然中一再重现于氧和热之间的那种交互关系,凭着这种交互关系,他就找到了解释物体的一切主要变迁形式的钥匙。人们应当考虑到,如此之多的相似之处,在电现象的根源方面不可能留下什么疑问。但那些相似之处只是为有能力理解它们的那个人而存在,对于那个人而言,它们甚至常常比那些已经做过的实验更有说服力;但实验却能**普遍地**说服人。但迄今为止已经做过的全部实验,还远不足以令任何一种理论无可置疑。只有当某一位化学家立志成为**电学界的拉瓦锡**时,一些新的和迄今尚不为人所知的实验才会使事情作一了断。

II, 451

* * *

6

我能够，也愿意对我自己坦承，眼下的研究是多么不完备，因为它最多只向我们揭示了两种电物质中的某一种的本质。也就是说我对此思索得越久，便越不能说服自己认为，在两种电物质中除了氧之外就没有任何别的材料在起作用了。起初我相信发现了一点，即物体在电方面的比例取决于它们与氧的不同的亲缘关系。我所期望的只不过是，有某种更高的比例被发现。

在电的二元结构方面，**实验**还根本没有提供任何关键性的教益。但我相信以先天的方式(a priori)即可知晓，在电现象中显示出了两种电物质之间的某种冲突，这两种物质之间的比例要**高于**氧与燃素物质之间发生的那种比例，或者说得更清楚些，通电现象完全不同于某种**燃烧现象**。**氮**，从它在大气中的表现来看，决非**可燃材料**。恰恰因此，它或许才成为大气中的那个使它可以**在电方面**实现**某种分解**的成分。即便空气是**纯净的**生气时，它也能在燃素方面实现某种分解。谁知道在纯净的生气中究竟能不能激发出电来，或者至少在这样一种介质中是否能唤醒两种电呢？

只要现实的实验劝导我们从事某种改良，甚或令我们深信其反面，我总是倾向于认为，**大气中原初的异质性**（迄今为止，实验都只是在大气中做的）与**两种电物质的异质性**处在某种人们尚不知晓的整体关联之中。

II, 452　　如果人们考虑到，在电的反应过程中显示出一种**二元结构**来，考虑到同一种二元结构在**动物的**本性中（大气仿佛包含了这种本性的最初**草案**）重现了，人们预先就倾向于认为，大气的聚合是远比大家惯常想象的高得多的东西。

或许还有一些新的、迄今未被做过的实验可以试一试,它们会启发我们了解氮气的本性,那本性如今还近乎秘而不宣。

对于大气中完全异质的物质之间的这种不可思议而又均衡的结合,只要人们除了通过两种异质的**空气类型**的某种**混合**来解释之外,再也给不出更根本的解释了,我就(撇开大量的化学实验不论)认为包围我们的空气是整个大自然中最不熟悉的和(我甚至想说)最神秘的实体。

难道大气中的氮的存在,真的最终只是为了不让某种纯净的以太气(Aetherluft)耗尽我们的生命力,或者说难道氮气还有一些未知的特质和任何一种**肯定性**目的吗?法国化学家们新近发现,在纯氧气中呼吸,就不**再**像在**普通**空气中呼吸那样能分解空气了,然而持续吸入纯净的气体,会对动物的身体造成极危险的后果。

那么**有关磷光照进氮气**的种种体验,是否都已经得到了充分的解释和很好的探讨?某种带有电物质的元素如何以及何时能被包含在氮气中?——磷在这种气体中放射出并传播到承受器的整个空间中的那种发光烟雾,难道不是和空气被稀释了的空间中的电光很相似吗?

难道**氮**不至少是那样一种条件,只有在那条件下才能从生气中产生出对立的电物质吗?正如戈特林(Göttling)①的实验表明的,氮气的出现是必要条件,没有这个条件,低温下的磷就不发光了,这种现象实际上也没有得到很好的解释。

---

① 戈特林(Friedrich August Göttling, 1753—1809),德国哲学家与化学家。——译者注

就这方面而言,难道那些实验本身不是对那迄今不为人所知的**磷**的聚合现象有所启发吗?当磷光照进氮气的时候,某种带有电物质的元素或许就会从磷本身中产生出来?在整个房间里蔓延的磷的气味从何而来,人们在何处使其带电?伟大的化学家们猜测,磷的主要成分就是氮(磷光 [Phosphorogène]?)。动物身体中不断被产生的大量的磷从何而来?

当人们在**不同类型的气体**中,首先在**纯净的生气**中,然后在**氮气**中,而后在由**两种类型的气体按照不同比例混合而成的某种气体**中通电之前,即便关于光和燃烧的理论(正如电理论一样,后者更甚),也是不完备和不确定的。

当人们开始在不同的实体上,尤其在不同类型的气体上检验负电以及正电的作用之前,从那些迄今为止都只以正电进行的片面实验出发,人们在电物质的本性方面都完全得不出任何可靠的结论。如果说存在着两种完全对立的电物质,难道它们不会产生完全不同的作用吗?

阿哈德看到融化的硫黄因为电击而**碱化**(**洪堡**[①]:《**关于应激的神经纤维与肌肉纤维**》,第 446 页)。这个经验得到了更多的解释。但当氮或这类的某种元素进入电物质中时,近代化学家的那套将氮视作碱本原(principe alcaligène)的思想当如何由此得到证实,又

[①] 亚历山大·冯·洪堡(Alexander von Humboldt, 1769—1859),德国自然研究者,威廉·冯·洪堡的兄弟。谢林所引书名有笔误,全书名为《关于应激的肌肉纤维与神经纤维的实验,以及关于动物世界与植物世界中生命的化学反应过程的猜想》(*Versuche über die gereizte Muskel- und Nervenfaser nebst Vermuthungen über den chemischen Process des Lebens in der Thier- und Pflanzenwelt.* 2 Bände. Posen, Berlin 1797)。——译者注

能得到什么样的证实呢！那是多么彻底的一种二元结构！在大气中,生命的肯定性本原和否定性本原、肯定性电物质和否定性电物质、氧(oxygène)①和碱(alcaligène),据说形成了在整个大自然中反复重现(最初是在酸与碱之间)的一种对立。

的确,依照我在本部分对应的附录中通过涉及电物质的本性的那些最引人瞩目的尝试展示出来的一些实验,带电的东西不会带有任何**燃素**材料。但大气中现成存在的那种**氮**也根本不是燃素材料。**电火花**只能使纯净气体和氮气构成的某种混合物中的弱硝酸沉淀下来。那种经验恰恰证明,**通电**是**自然运行的一个远高于氧化过程的层面**。因为在通电中没有出现某种已有的或新产生的酸的任何痕迹。

II, 454

7

总的来说,电的产生与大气的特质和大气的一些最引人瞩目的变化紧密相关,这样一来,一种新的和基于精确实验之上的电理论或许最终也会让自然学说中最隐秘的那个部分——**气象学**——获得新生。

我在《**自然哲学的理念**》中提出的问题,即通过哪些手段,大自然才懂得撇开空气中无数的变化不顾,而维持空气的这种(化学)特质不变,在我看来是最重要的,但却没有得到此前的物理学所见的一切事实与理论的回答。

或许大气层中的那些变化本身就是手段,通过这手段,大自然

---

① 在那时的化学中,氧也被称为"酸性材料"(Sauerstoff)。——译者注

才懂得使我们的空气的这种幸运的混合比例保持不变。仿佛电就产生于这个比例的某种变化，仿佛正**因此**，某种电爆炸（elektrische Explosion）才成了恢复这个比例的手段？大型的电爆炸到来之前普遍能感受到的焦躁不安，难道不是预示整个空气的混合发生了某种变化，而每一次雷雨之后呼吸到大自然充满生机的气息，难道不是预示着生命的这种普遍介质中的比例得到了恢复吗？气压计刻度的升高和随着每一次雷雨而来的清冽气息难道不是显示出大气中氧的增加吗？因为空气的热容量仅只取决于**后者**（参见前引书，第428页起）。

从雷雨云中爆发出来的电的来源，就像那从云层倾泻下来的雨的来源一样，在它**之外**。**德吕克**证明了这一点。

这样一来，雨就仿佛只是**空气容量**的某种普遍变化的外部现象，而云仿佛只是遮掩着使自然秩序重新恢复的那场巨大的**大气反应过程**的帘幕。

毫不奇怪，迄今为止关于**大气中的电**的起源的种种猜测，与迄今为止关于雨的起源的种种假说，都表现出表象方式的**贫乏性**。

如果云不过就是**沉淀了的水汽**，那么认为电物质与来自地上的水一道上升，又与那水一道回到地上的想法，当然就是最自然的想法了。**沃尔塔**①假定，转化成汽的水获得了对电物质更大的容量，反之亦然。前者是他从一些实验中得出的结论，依据这些实验，水留下它由之升腾而出成为雾气的容器呈**负**电。人们很容易

---

① 沃尔塔（Alessandro Giuseppe Antonio Anastasio Volta，1745—1827），电池的发明者，电学的奠基人之一。——译者注

看出,他在这里倾向于**富兰克林的假说**。此外,**索绪尔**还发现,水由之升腾而出成为雾气的容器也同样几乎总带**正电**。

认为随着雾气或蒸汽的产生总会有电生成的那种主张也极为常见,然而我还是希望人们仔细考虑,**在大多数雾化带电的情况下,是否并未发生水的分解**。

*　　　　　*　　　　　*

在通过蒸汽产生电方面,**索绪尔**做了如下有趣的实验。 II, 456

水被浇入一只被加热到发红的铁质熔炼坩埚中后产生电,起初是 +E,而后是 -E,一直达到电在此顺序下所能达到的极值,然后是 0,最后又产生 +E。——同一个实验以同一个容器进行第二次,得出了完全不同的结果。电一直是正的。(或许是因为第二次实验所用的容器能引起水的某种**更彻底的**分解。)第三次实验在一个**铜**质的小熔炼坩埚里进行,一直产生 +E;此时重复实验,一开始产生 -E,然后产生 +E,直到最后。在同一种实验中,一个**银**质的小熔炼坩埚第一次总是产生 -E,然后产生 +E,然后是 0。在第三次实验中,人们得到远远更强的电,一开始是 -E,此时静电计上的软木球在 3.5 格线处分离开来,然后是 +E,那时软木球分布在 0.7 格线到 6 格线之间。——在一个磁质的熔炼坩埚中,人们通过同一种实验得到的总是 -E。

从这些经验中,**索绪尔**(《阿尔卑斯山游记》,第 III 部分,§ 809-822)得出下面的结论:"电与**能够分解水的物质结合**(比如铁和铜)则是正的,如与不能导致改变的物质结合,则是负的。"① 到此为止,我觉得他讲得都很好。

索绪尔进一步得出结论:"因而,我倾向于把电流视为火的元素与一些我们未知的原理相结合的产物。它将是**一个类似于易燃气体的流**,但是无比微小。——**电的流动将通过分解水而作为易燃气体产生**。——基于这个体系,当把水转化成水蒸气的同时就产生了**分解**,产生了电的流动。"②

针对这种假说,人们可以反驳说,在如此之多的有关水的分解的实验中,比如当水被注入炽热的铁质管道中时,人们总是得到**可燃气体**(氢气 [gaz hydrogène]),因而**一道出现的电物质并非也是可燃气**,或能从水中的那种构成了这种可燃气的成分中产生出来。**索绪尔**虽然可以引证他在上文中叙述过的一个实验,亦即当他往一个被加热到白炽状态的、直径为 3.5 寸的铁质空心球中注入水,在打开它时就会冒出极旺的火苗——这明显是氢气(gaz hydrogène)的火苗,氢气与大气接触,被灼热的铁点燃了。"只要火苗冒出来",索绪尔说,"**就检查不到任何电,在它消失的那瞬间,电就出现**。"只有当空心球开始出现电的迹象时,可燃气无疑也才开始散发出来,只是它不再被**点燃**罢了,因为空心球现在不像先前那般灼热了;但只要散发出的气化为火焰,就没有任何电表现出来,这种现象极易理解,因为火焰和烟雾乃是电的一流导体。

---

① 原文为法语。本书中几处法文的翻译得到陕西师范大学王辉博士的协助,在此致谢。——译者注
② 原文为法语。——译者注

因而早先我倾向于认为,这类实验中出现的电的来源,(不要到**可燃的**成分中,而要)到水里的**氧**中去寻找。水被分解为**两种类型的气体**,**可燃气**和**氧气**:有易燃的气体发散出来,**索绪尔**自己就发现了这一点。因而这里也有氧气产生;因为后者充当了灼热的金属的可度量基础的一个部分,那么如果我们的上述理论是对的,它就必定由此而变为**电物质**。

为什么一会儿出现 +E,一会儿又出现 -E,**索绪尔**若是没有提出一些新的假说,是无法解释这一点的。依照我们的假说,这一点可能仅仅取决于金属所能氧化的程度,不管那金属使氧气变为带正电的还是带负电的物质;而这样一来,**这些**实验也就与那个预设相一致了,即两种电物质不过就是由同一种氧分解而成的。

然而所有这些实验都需要重新检验一番。为什么在蒸发的时候,**炭**(在分离状态下)总是发出 -E? 这种现象依照我们的假说是难以解释的;依照**索绪尔**的假说就更难解释了。

II, 458

*　　　　　*　　　　　*

如果我们要与**沃尔塔**一道假定,空气中的电只能通过水蒸气的沉淀才能产生,我们将何以解释,比如说,当**空气最清朗**的时候,尤其在**冬天**(此时蒸发现象要少得多),落于地上的电物质的数量要比夏天多得多。("在夏季,空气中的电要比冬季弱得多"[①],索绪尔,同上书,§802。)

---

① 原文为法文。——译者注

引人瞩目的是,空气**在电方面的应激性**明显是与天带①和季节的寒冷程度(在干燥气候下,氧气就在大气中聚集)同步增加的。——(关于俄国的大气在电方面的特质,**埃皮努斯**②在他写给**格思里**③博士的信中分享了他的一些有趣的观察。)——我并未放弃如下希望,即将来在空域的化学特质、大气所带的电、气压计和气候的变化之间,会有某种整体关联被发现。当气候温暖快要下雨时,如果我们这个地区的气压下降,依照所有观察来看,通常大气中所有的电似乎都消失了(似乎这电与雨的形成有某种亲缘关系)。为什么在潮湿的空气中,激发电的所有手段通常都失效了?——空气变成了一种导电体,这一点并未解释这里的问题。因为在没有任何电被**激发出来**的地方,也就不可能有任何电进一步被导流了。雨水降落,随之就有大量的电物质落到地面上来。同时空域重又获得了它先前的重力;一旦天空变得清朗,大气中的电就稳定了(**索绪尔**和所有气象学家都发现,清朗的空气带的电从不 =0)。当人们考虑到,大气的**重量**大部分取决于它所含的**氧气与氮气在量上的比例**;当人们进一步考虑到,电的来源**毫无疑问**要到氧气中去寻找;考虑到在每一场雨刚要开始之前,空气的重力就会减小,大气中的电通常也变弱了;考虑到降雨之后空气的重力以及与之一道而来的电都恢复了:这样一来,人们还是无法拒绝关于那

---

① 天带(Himmelsstrich)是一个古旧的地理学概念,谢林时代的人们认为天上的区域与地上的区域是相对应的,有时单指相应的地上区域。——译者注
② 埃皮努斯(Franz Ulrich Theodor Aepinus,1724—1802),德国天文学家、数学家、物理学家和自然科学家。——译者注
③ 生平不详。——译者注

些现象之间存在着某种整体关联的思想,即便他们无法自行或对别人充分开展出这种整体关联,也是如此。

如果说即便在地面附近,在刚要下雨之前,我们的大气的两个部分之间比例的这种改变也不会在测气管中表现出来,那么这并不能证明,在任何实验都没有达到的地带,在真正下雨的区域,在量上不成比例的某种氧气并没有在刚要下雨之前以任何未知的方式消失,并在雨开始下的时候又能重新被产生出来。

还有另外一些现象,比如冷与热之间通常极为快速的转换,总归还是表明了大气中的氧气的快速产生与消失,如果后者(依据上文所说)就是空气的热容量的根据的话。比如说,在太阳刚要升起之前,寒冷的不成比例的快速增加由何而来?

V

一种哲学的自然学说的最初本原便是,**在整个大自然中要着眼于极性与二元结构。**

如果说地上的空气是一些异质本原的产物,难道它之中的所有变化不会遵循二元结构的普遍规律,使得**空气中**肯定性的和否定性的反应过程总能自行保持平衡吗?或许所有这些问题的答案都要到一种更高级的物理学中去寻找,那种物理学恰恰在当今的物理学**开始**的地方**停止**了。**培根**①曾经的希望,即自然科学家们的注意力越来越多地转向对普遍扩展开的诸种以太本原(ätherischen

---

① 弗朗西斯·培根(1561—1626),英国哲学家、法学家与政治家,经验主义开拓者。

Principien)的考察之上,如今正在逐渐实现。对我们的大气的更深的认识,将会给出通往一种全新的自然学说的钥匙。大自然于其中永不停止的那种普遍的循环,穿透了大气;在作为秘密作坊的大气之中得到酝酿的,乃是春天里令人心醉神迷的东西或夏天里令人恐怖惊惧的东西;终究而言,受到鼓舞的自然科学家在它之中已经看到了地上一切有机体的最初萌芽乃至图式结构。

a

目前而言,我久已渴望了解的是,若是大自然不操心将常新的东西注入空域中,便必定会被裹挟进大自然的每一个反应过程之中,最终必定会被耗尽的那种元素,是被我们的空域中的哪些介质不断更新的。

由于地上的植物从不停止生长,那么几乎在所有气候下,都必定会有大量生气不停地从植物中发散出来。当我们想到一棵树叶浓密、不允许一丝光线穿透的树木在夏季的一天时间里会接收到多少光线时,我们甚至可以假定,气体依此路径被大量散发出来了。由于地球的某一面上的植物只有当另一面上的植物死去时才开始生长①,那么这个时候通常会出现的大量的风就会将发散出来的生气从地球的某个面吹向另一面,而这样看来,在每个季节、每个天带中的大气的特质,就总体而言,就必定能保持恒等。

只有当人们考虑到,动物的呼吸和那自普罗米修斯以来在地上未曾熄灭的火,在每个季节消耗的纯净气体,无疑都和植物在春季

---

① 这应是就南北半球的差异而言。——译者注

和夏季散发出来的纯净气体同样多；只有当人们想到，那种气体或许注定要在完全不同的另一种形态下回到大地上，而大自然能将它用于我们尚一无所知的一些反应过程之中：这样看来，越发可能的是，那种元素是与光中的以太一道从太阳那里涌流而来的，因而很有可能的是，那个仁慈的天体说到底就是使我们的空域每天重新神采焕发，并返还它由于大量化学过程而失去的东西的那个原因。

b

如果说生命的肯定性本原是从**太阳**涌流到我们这里的，那么否定性本原（氮）必定形成了**地球**上**特有的**大气。后一种本原的原初本性是什么，这一点我们目前不能深究了，因为毫无疑问，既然我们的空域是由于相互对立的气体交汇而形成的，它的本性就会由于光的影响而被改变。毫无疑问，最初它与光就构成了普遍极性的两个本原，这两个本原如今被普遍扩散开来，而它们的单纯**残余物**便是我们如今在大气中发现的那些空气类型。

经验直接教给了我们的，只是异质的各种本原在我们的大气中被结合起来了；所有进一步的东西都是从单纯的**推论**得出的。倘若我们的研究发生了另一次转向，或许我们如今就不会将大气当作生气与氮气的混合物，而是当成**相互对立的一些电物质的**某种**产物**了，而将来的实验或许会发现，这两种物质也能表现为两种异质的空气类型。我们的研究似乎走上了相反的路径。我们迄今为止只将大气当作两种气体的混合物，这不过是由于，我们迄今极为片面地只通过燃素的反应过程来研究它。

c

我们并不知道什么东西是流转于我们地球的作用范围之外的,而这种无知总会使我们的自然学说不完满。但所有扩张性的物质,在没有遇到任何阻力的时候顺从的都是它们本有的扩散之力,这样一来,每个恒星体系内部的空的空间必定都充满了不同强度的弹力。可能光并不是从太阳中涌流出的唯一物质。如果说这种元素由于它的扩散之力特别强大,它凭借自身的力量便传播到地球上了,那么那些不太具有扩张性的①物质或许就期待着某种引导性的介质,以便被这种介质传播到我们这里来,而这样一种介质甚至可能只有通过光对地球及其空域的影响,才产生出来。

或许在大气的高层,那里只有在夏天时才有——比如说——云出现,而在古人安置诸神的居所的那些区域——

> 他们既不会受风吹也不会受雨
> 淋——无云的天空永远遮护着,
> 带着远远散开的光辉在微笑。
> (Quas neque concutiunt venti neque nubila nimbis
> Adspergunt – semperque innubilus aether
> Integit et large diffuso lumine ridet.)②

---

① 第一版中为:"或许更易逝的。"——原编者注
② 诗句出自卢克莱修《物性论》(*De rerum natura*)第三卷"序诗",中间有节略,个别词汇有改写。这里借鉴了方书春的部分译文(商务印书馆,1981年,第131页)。——译者注

我们的大气触及某种**易分解的东西**，那种东西一旦碰到某种能起导流作用的介质，在临近地面的时候才得到我们在雷雨天气中惊奇赞叹的那种毁灭性的强力。

一些气候现象的根源至少在某一个空域中，依据所有计算，我们的大气都不会上升到那个空域去。

这样一来，比如说，天文学家**哈雷**①在1719年3月看到了一颗流星，就像人们在更深的空域常常看到的那些火球，其高度依据他的计算是距离地面69—73.5英里。他算得球体的直径为2800码②，它运动的速度达到了每分钟300英里。还有更远的，依据精确的计算，英国人在1785年8月18日看到离地面90英里处有一颗同样大的流星，它一分钟似乎能运行1000里。两颗流星，尤其是1719年的那一颗，都发出了远比北极光通常能发出的亮得多的光辉，又不像北极光那样以火一般的光线往外涌流。两颗流星都伴随阵阵爆炸，还有在全英国上空都能听见的大气震动。

如果人们愿意相信通常的计算，那么这些现象必定是在比我们在其中呼吸的空气稀薄300,000倍的某种空气中，亦即在某种几乎完全空虚的空间中才得以实现的，那个空间既不能维持这样大的火焰，也不能传播如此有力的声响。尽管如此，人们还是不能假定，这种高度上的大气有与如此巨大的效果成比例的某种密度。因而人们必须假定，在更远的空域有某种流体循环着，它按不同的

---

① 哈雷（Edmond Halley，1656—1742），英国天文学家、数学家、制图员、地球物理学家和气象学家。——译者注
② 一码（Yard）合0.91米。——译者注

比例与大气混合起来,能产生突然的变化,由于某种原因而快速压缩,然后又膨胀,随着强劲的爆炸而分解,又能通过发光现象显示出它与光的原因的亲缘性。

d

不同介质之间的接触,或者各种特别歧异的物质在空域的高处的快速产生与发散,对于我们的大气的改变产生了多大的影响啊!——

大自然真正的**力量**并不居于天体由以结团成形的那种僵硬的物质①中,因为天体的团块不过是普遍的化学过程的沉淀物,而化学过程则将贵物质②与非贵物质区别开来。天体的团块均衡地穿行其中得到扩展③的那些空间,并未因为相对更粗糙的物质的沉淀而变得空虚,反而只有在那之后,各种扩张性的流体才更自由无羁地穿行世界的所有空间并扩展开来;真正说来,各种肯定性力量的取之不尽的源泉就在这些区域中,这些肯定性力量在各种物质中全方位地扩展开来,并在坚固的天体上推动与维持了运动与生命。每一个天体能从这些物质中得到的东西,它都作为大气聚集在其周围,对于这天体而言,大气就是所有能赋予事物生机的力量的源头,虽然对它本身而言,这些力量只从位于更遥远得多的一些区域中的某个源头涌流而来,那些区域只有我们的推理能达到,我们的

---

① 第一版中为:"僵死的物质。"——原编者注
② 贵物质(die edleren Materien)为字面直译,借鉴"贵金属"之说。——译者注
③ 指天体在太空中凝结成形。——译者注

观察是达不到的。

对于在宇宙的深处不断重新产生、在一次次涌流中从世界体系的中点向周边倾泻的那种力量的充盈,我们只想依据通过那些片面的实验从我们的大气中发散出来的东西,来加以评价,这就表现出概念的贫乏,那些概念无法从个别的一些只能在小范围内观察到的结果提升到终极原因的地位。

然而在我们这粗糙的大气中已经发生了一些事情,只要我们的(那才刚刚形成的)化学的那些贫乏概念成了拖坠我们在地面上的种种研究,使之不得飞升的铅,那么即便人们竭力解释这些事情,也是枉然。人们洞见这些概念的不完满后,也才会再度体会到像**德吕克**这样一位先生的怀疑主义的道理,这种怀疑主义驳斥的只是那些有缺陷的和肤浅的表象,但同时也开启了远远更广泛和更高的一些对大自然的解释的前景。

自然学说中没有任何一部分能比气象学更显著地表明,我们的实验在探究大自然的整体进程方面达到的成果是多么可怜。在一部决意要通过某种彻底的推导来表明迄今为止仅限于实验之上的物理学的不尽人意之处的著作中,举出这样一个例子是很有益的。

* * *

对通常的气象学概念的批判

一切浅薄的气象学概念的开端和根据都是关于**水分解于空气**

之中的那种固定观念,然而关于这种分解,人们迄今为止都给不出任何易于理解的概念来。

II, 465　　空气通过何种力量分解水? 而且难道后者真的就像人们想象的那样,表现得完全被动吗? 然而我却主张,没有任何物质能分解于另一种物质中,如果双方没有被某种共同的力量穿透的话。

　　一些自然科学家洞若观火的是,普通的分解概念,如果人们无法指出这个反应过程的某种**原因**的话,是完全没有任何意思的。为了找出这种原因,他们设想出**热素**来,这样就将事情弄得更加摇摆不定,弄得三倍地不确定了。——那么,比如**索绪尔**就解释说,他不相信空气**直接**分解了水,他毋宁相信,水只有**当通过火的作用被转化成某种带电的蒸汽时**,才能够分解于空气中(《试论测湿术》①,§191)。**皮克泰**更进一步:通过在无空气的空间中所做的一些实验,他确信**热物质**或**火物质是唯一**促使蒸发现象产生的**力量**,而空气很少或根本不参与此事(《火的实验》,§111)。

　　如果**索绪尔**能证明,热物质能以化学的方式分解水,并将它转化为某种永远有弹性的蒸汽,那么**德吕克**对他提出的所有异议便都失去力量了。但依照水的本性来看,热物质与水形成某种化学产物乃是完全不可能的。我在水的**脱燃素化**特质中发现了此事的根据(参见本书第65页起②)。只有当水被燃素化之后,它才转变为那样一种气体,它现在不再与水或水蒸气有任何共同特质,而且

---

① 《试论测湿术》(*Versuch über die Hygeometric*),法文书名为"*Essais Sur L'Hygrométrie*"。——译者注
② 见上文第419页起。——原编者注

永远有弹性了。

因为热物质并不由于化学上的亲缘性而与水发生什么关联，那么便可推出这样的结论，即一旦不再有容量更小的物体将它驱往水，或者迫使它与水蒸气相关联，那么它必定与水相分离。

如果没有**某些质产生**或被**消除**，就不会发生任何化学过程。发生渗透的物质，必定获得了某种**共同的**质，若是双方不失去它们**个体的**质，这种共同的质是不会发生的。这样看来，固体的一切化学分解都与不同类型的气体的发散结合在一起，但气体的**一切**发散都会留下某种残余物；在水向蒸汽形态过渡时却没有发生任何类似的事情，而且一般而言，没有任何化学过程只是**状态**的改变。

因而通过热物质，水只能被分解为蒸汽，而人们何时才能大而化之地以"水的分解"这样的说法，哪怕只是解释清楚这一个现象呢！要让水变为蒸汽形态，汽转球（Aeolipila）①中哪能不需要热度呢？在热物质和水之间根本不存在任何化学上的整体关联，因此二者之间的某种结合就只能是强迫而成的。作为蒸汽的水处在某种被抑制的状态下，一旦它来到热物质并非在所有方向上都受到排斥，能够更自由传播的某个区域之中，它就会离开那种状态。即便水的滴状－流体状态，也只有在某种特定的温度下，在一个对热有着足够的排斥力的物体体系中，才是可能的。当大气的压力被消除后，水不是通过热，而是通过其本有的种种扩张力，才会延展为蒸汽。只要这种压力还在，蒸汽形态就根本不是水的**自然**状态，因而也根本不是它的**常态**。

II, 466

---

① 由蒸汽从内部驱动的一种圆形容器。——译者注

每时每刻且在所有温度下都在发生的那种**自动的**蒸发,必定是由完全不同于热的另一种原因维持的。因为即使冰也会在**低于冰点的**某个**温度**下蒸发掉。这一点**索绪尔**本人也必定是承认的(同前书,§251)。热当然会**促进蒸发**,但**索绪尔**根本没有以任何手段证明,它能使水分解到大气之中,以致**水不再对湿度计起作用**。

如果水在大气中仅仅作为蒸汽而被分解,它必定还保留**蒸汽**的那些辨识性特质,亦即它必定作用于湿度计,而且那作用与它被蒸发的量成正比。倘若大气中的水没有这种特质,它就无法作为蒸汽,而是必须以别的某种形式(照**德吕克**先生的看法是以**气体形式**)存在。

但从地面不断上升的水,在大气中实际上不再对湿度计起作用。如果它作为蒸汽而被分解,那么在天气好的时候,当海洋或沼泽地里有大量的水上升,空气必定变得越来越潮湿,直到像气泵的承受器底下那样达到湿度的某个最高值。与此相反,即便在海面上方的大气层,也像在内陆上方的大气层一样,在天气好的时候,大气并非越来越潮湿,而是越来越干燥。

德吕克首次在布特山①的顶峰注意到,在山谷中同等温度下那里空气干燥的程度是闻所未闻的。那里在一段时间之前下过雨,山谷和临近的山上还浸着水,冰还在蒸发。当德吕克站在冰川上时,尽管很干燥,他周围的大气层还是产生了一些云,它们围着山转动,不久就进一步向平原扩展,而且发展得极快,于是德吕克认

---

① 位于法国。——译者注

为还是下山比较好,而此时湿度计还在不断指向更干燥的刻度;不久冰川就被云覆盖了;然而当德吕克先生抵达他的住处之前,刚才还极其干燥的那片空域中却下了雨,那雨非常大,下了一整晚,还有第二天的一段时间。

这些**经验**多半与人们一般的那种泛泛又含糊的分解**概念**相对立。只有**皮克泰**先生打算通过一次实验驳倒**德吕克**先生的那些结论。他注意到,将一个充满水蒸气的球形瓶的温度从+4度降到冰点,就有水珠在球形瓶的内壁生成,完全出乎他意料的是,**湿度计极为迅速地指向干燥那头**。"因而这里我们似乎遇到了这样的情形",他说,"即湿度计被浸入其中的水蒸气越是强烈地被冷却,湿度计就越是指向干燥点。"(《火的实验》,§111)

这位实验者就所观察到的现象给出的解释如下:只要球形瓶保持恒温,分解了水蒸气的热物质便处于平衡状态,而蒸汽则按湿度计的辨识方式浸透了它的丝线。但当人们将这仪器置入更低温度的瞬间,平衡就被打破,火便会努力恢复平衡,并在瞬间从球形瓶的中心流**向外部**;它离开了**丝线**,一道带走带电的水蒸气的一部分(它使蒸汽沉降到内壁,变成水滴)。**湿度计之所以指向干燥那头,是由于沾湿了它的那些蒸汽突然散发掉了**(§111)。

我们的那些做实验的自然科学家极容易忘记,在那些阴暗斗室里进行的一场实验,比起在大自然本身的广大天际中发生的事情来,其周围状态完全不可同日而语。当那自行扩散着的热物质将潮湿的蒸汽从湿度计那里**引开**时,湿度计必定指向干燥那头,这一点人们心领神会。但本应当得到说明的是,为什么当空气中的水的某种沉淀现象**实际**发生了的时候,湿度计依照德吕克先生的观察却指向干燥那头。但这种现象在所描述的实验中并未**实际**发生,只是**看似**发生了。因为内壁之所以结出水滴,不过是由于热(导引性的流体)不能穿透玻璃将它从湿度计那里引开的蒸汽一道带走。

II, 469　　当**皮克泰**先生,比如说,想从他的实验推论出大自然的整体运行时,他的解释就会自相矛盾。因为既然当水蒸气从空气中沉淀的现象发生时,有那么多的热物质释放出来,足够在湿度计上为空气的湿度维持平衡,那么这种热物质也就足以将水维持在气态了,正如**皮克泰**先生的实验中实际发生过的情形那样,因为水滴之所以被沉淀下来,是由于它们不能穿过玻璃将推动导引它们的流体带走。

反正我们肯定是知道了,伴随着某种水蒸气的每一次沉淀,都有热物质的**释放**。但我们希望说清了的问题恰恰是,下雨的时候水蒸气**如何**以及**由于哪些原因**而失去了它的热物质。你们对问题的把握太滑头了;你们给我们的是一种**伴随现象**,而不是**原因**;但我们要请你们在将这种伴随现象提升到原因的高度之前,先为我们把这现象解释清楚;但我们料想到,所谓的**原因**就像所谓的**结果**一样,对你们而言是难于解释的,而且通过这样一种解释你们实际上毫无解释——反而不过是将问题推移罢了。

随着降雨一道,总是有**热**降到地面上来。当热往下方涌流时——(在其他情况下,这种物质应该遵循某种**反重量的**方向 [direction antigrave])——在这种情况下,比如说,难道就像你们将充满了蒸汽的球形瓶从一个温暖的房间拿到寒冷的房间时那样,热的平衡被打破了吗?那时热向其扩展的底层空域似乎在降雨之前必定会突然被冷却;与此相反,人们经验到的却是,在降雨**之前热**总是在增加的,这与你们的实验恰恰相反。

你们在你们的整个大气中见到的无非只是热、空气和水。现在当水蒸气势必要失去它的热物质时(据说水蒸气降而为雨了),你们却跟我们提出什么实体,说它把这种热物质从水蒸气那里抽走了,而你又不会承认,你们其实是想用更隐秘的东西来解释本身就很隐秘的东西。

II, 470

人们似乎完全忽略了一个极其重要的问题,如果热物质不是蒸汽的推动导引性流体,那么蒸汽是否并非反过来(就其是通过**自动的**蒸发形成的而言)成了热的推动导引性流体,反过来说,水在雨中降下来,是由于它失去了它的热物质,还是说反过来,它失去它的热物质,是由于任何一个别的原因(不管什么原因)使它在雨中被沉淀了。换言之,有疑问的是,水(在量上的)容量被减小,是由于它的热物质释放出来了——还是说后者释放出来,是由于(任何一个别的原因使得)水的容量被减小了。

如果说在雨中只有被热蒸发的水分降下来,那么在雨和露水之间有什么差别呢?尤其在那些夜间异常寒冷,且由热导致的蒸发也极其强烈的热带地区,为什么又并非每一滴露水都转化成雨水呢?露水是因热而蒸发的水分的某种沉淀物,这一点人们是可以讲清楚的,因为露水的形成很规则地与寒冷的增加相关。众所周知,热带气候的降水要远比寒带或温带充沛。因而如果说雨并非某种与露水完全不同和比露水丰富得多的东西,那么在整日都不断发生蒸发的那些热带地区,降水也频繁得多。与此相反,在前面提到的那些地区,降雨只局限在某个特定的时段,而整年的大部分时间里天空都清朗无云。而在温带空域恰恰发生了相反的事情。

人们必须承认,与化生雨水的大气反应过程有规则地相关联的是气压计的变化。这两种现象处在某种神秘的整体关联中,这一点人们从下面这种现象就可以推论出来了,即在大气的一切变化都合乎规则,整年被分成干燥季节和潮湿季节的那些地带,气压计的变化极少失灵,而在更寒冷的区域,雨季的分布没规律得多,而气压计也服从于远远更为频繁、无规则和巨大的变化。

现在看来,如果雨与露水根本没有差别(正如关于雨的普通理论所见的情形那样),那么在露水下降的过程中,何以大气的任何变化都没有在气压计上反映出来呢?

"人们并不容易看出",索绪尔自己说(见前引书,§333),"在一个空气极其**纯净**而**干燥**的美好夏日过后,何以还是更频繁地降下露水,露水使非常干燥的空气变得极其潮湿,那时气压计根本就没有变化,或者变化极小,以致人们必定只能将这变化归于气温的交替?而这露水是**在极高的地方**被感知到的;在最多山的那些地带,霜就意味着最高处的草甸的枯败。在这里,露水不仅仅出现在草地上,还出现在最干燥的岩石上,那里不会出现一丁点潮气。因此,这里与理论相一致的这种经验就证明,太阳落山时的冷却使得分解在空气中的蒸汽降下来了,尤其当空气由于这种冷却而达到某个饱和点的时候更是如此。**由于如此大量的蒸汽的发散与收缩的交替,在气压计上没有带来任何改变,或者至少只带来极小的改变,难道人们不是必须承认,这种交替根本不会对气压计发挥任何如此巨大的作用,以致不能被算作它的种种变化的原因之一吗?**"

请允许我进一步得出结论:但由于在我们的地带中,气压计的变化是**规则地**与**降雨**的产生联系在一起的,难道人们不是必须由此推论出,降雨至少是大气的一种远远(比露水)更高等的变化的**伴随现象**,并且要比水蒸气的单纯发散或沉淀更丰富吗? II, 472

我不知道还有什么是能与这个推论相对立的①。在蒸汽沉淀时空气极大的潮湿并未与气压计的任何变化相伴相生。是否连**索绪尔**自己也必须承认,**干燥的**和**潮湿的**空气在浓度上的差异从未解释清楚气压计**在两条线上的变化**,而且,是否像他补充的那样,人们凭此就能解释清楚日内瓦达到21或22度,而北欧则达到30度以上的现象呢?(《**试论测湿术**》,第329页)**德吕克**先生由于表示过,前述关于气压计变化的原因的所有假说都落空了,都不令人满意,于是希望下面这种预设能将它解释清楚,即水蒸气使得空气**尤其变轻了**;唯有**索绪尔**通过实验驳斥了这个假定,而**德吕克**自己在他的新作《**气象学**》②中发现必须撤回这个假定。

既然由此说来迄今没有任何自然科学家成功地在空气中的水蒸气的量与大气的重量,亦即与气压计的下降或上升之间建立起任何比例关系,那么一种更高的大气反应过程就必定规则性地在

---

① 第一版中为:"什么是比这个推论更清楚和更明显的。"——原编者注
② 完整书名为《气象学的理念》(*Idées sur la météorologie*,1786)。——译者注

降雨之前发生，这种反应过程同时也是预示了降雨的气压计变化的原因。

那位自然导师没有能力推论出更高的原因，只知道——如他所言——待在现象那里不动，居然常常有那样的事情发生，即他将那些**共存**的现象相互当作对方的原因和结果。

II, 473　　水蒸气从空气中发生的沉淀却不可能与气压计的下降处在任何**因果性整体关联**中，因为极为常见的是，就在天刚要降雨之前，气压计会下降，还有，在最干燥的时候，降雨期间极为常见的反而是气压计开始上升。似乎还在雨完全降下来之前，单是空气在雨中的分解就恢复了大气的自然重量。因而当探寻同时既**减小**了空气的重量，又**形成**了雨，既使雨**沉降**，又**恢复**了空气重量的某种共同的更高原因时，我们不会误入歧途。

＊　　　＊　　　＊

解释气压计变化的假说

我不能妄说自己打算指出气压计变化的直接原因。但下述推论在我看来还是很明白的：人们认为从**外部**来到大气中的东西，水蒸气，或燃素的蒸发（**皮尼奥蒂**①想以此解释气象的种种变化），或别的任何一种材料，就已证实的而言，都不足以解释空气重量的哪怕些微的变化，更不要说解释它的某种可观的变化了。由此说来，空气重量的这种变化性的原因必须**到空气本身中**，到它原初的元素

----

① 生平不详。——译者注

之间的比例关系中去寻找。依据前面的那些研究，我们可以主张，对立的（异质的）诸种物质结合起来构成了我们的大气。肯定性本原与否定性本原之间的那种对于生命和植物都很必要的比例的维持，必定是大自然的主要运行的对象。这些运行预示着作为气象变化的它们自身。由于这个反应过程是在空气本身中发生的，**肯定性物质和否定性物质在不同的量的比例下**的不断**发展就会改变空气的重量**，这就使得空气获得或失去了重量，而获得还是失去重力则取决于是否定性本原还是肯定性本原得到了更大的发展。

我能为这个看法引证的，（除了没有任何别的假说足以解释所有现象之外）主要是下面的现象： II, 474

1)气压计在赤道地区表现出极少的变化，相反，人们越靠近极地，这些变化就越多，也越频繁；要是人们考虑到地球的极性，这种现象也就不难解释了，极地的正电流和负电流不断在对立方向上相遇，若是在回归线以内，它们倒比起在回归线以外来更能维持平衡。所有相互对立的力量都在向着一个共同的重心起作用。因为明显相互对立的一些物质在我们的大气中可以维持平衡（人们至少得承认，地球有相互对立的电极和磁极），那么中点必定落在某个地方，使得对立双方都可以向其用力。但由于否定性本原和肯定性本原不断以不同的量而得到发展，这个中点就必定不断被改变，看起来仿佛被挪动了。然而它自然总是落于回归线以内，从不落于它之外；因此之故，大气几乎总是维持着平衡，这种平衡在这个区域是通过气压计刻度的不变性显示出来的。

一些自然科学家会认为，如果我不能引证下面这一点的话，这个理据就根本不值一顾,即与赤道的距离上的这同一个比例也在磁针的偏转上表现出来;因为在赤道地区,偏转从不超出偏东或偏西15度这个上限,而在极地附近有一些地方,那里的偏转超过58度和60度。如果人们使用正确的概念,就必须承认,地球上任何时候都有某个地方在磁方面是个中立点;但这个中点非常易变,磁针的不断偏转就表明了这一点。

2)依照这个假说,气压计的变化最容易与**季节**的更替变换被置于整体关联之中。大家知道,到了秋季和春季的昼夜平分时①(那时极地的正电和负电涌出,成为北极光和南极光),气压计的变化最不规则。因为阳光的射入毫无疑问就是使空气中的肯定性本原与否定性本原不断保持冲突的原因,那么在地球上的所有区域,除了白天和夜晚永远等长的地方(在赤道地区)之外,每一个季节向另一个季节的过渡(因为来自太阳的肯定性本原的涌流开始变得更充沛或更贫乏了)自然就与某种转变,即与大气中肯定性本原与否定性本原之间的平衡的某种普遍扰乱,即(依据上述假说)与空气重量的变化,结合在一起了。

3)因而气压计变化的下一个原因就是大气中相互对立的本原②之间的比例被打破;但降雨只是那种变化的伴生现象;因此在赤道地区——那里大气的平衡从不被打破——几乎总是在降雨,但在回归线以外,有时极少降雨,气压计根本不变化或者甚少变化就表明了这一点。

---

① Nachtgleichen,亦称"二分点"。——译者注
② 第一版中为:"异质物质。"——原编者注

4)然而为什么在较接近极地的地方,**降雨**却经常与气压计的变化一道出现?这只能由下面这一点来解释,即与气压计刻度下降所预示的大气变化结合在一起的,通常还有那样一种扩张性本原的分解,那本原就是水的气化的原因,而当水被分解了的时候,它就是降雨的原因。但要想规定或解释这个本原本身,说清楚大自然是通过哪种反应过程而引起扩张性本原的那种分解的,这就太过狂妄了,因为迄今为止还没有任何人的眼力能洞穿那种反应过程在某个区域的发生。

5)如果说我证明了下面这一点,这对我来说就足够了:气压计的变化,还有间接意义上的气候的变化,都是大气的某种更高的反应过程的后果——是异质的本原之间的那样一种比例的后果,那种比例或许会被普遍的蒸发打破,也会因相反的反应过程而重新恢复;那些异质本原不断形成我们的大气,或许只有在地面附近它们才像是被压缩成了两种对立的气体。即使由于我们的认识的缺陷,解释必定失之泛泛,这样它也至少打开了远远更高的一些原因的前景。难道下面这种现象不是很值得惊叹吗:迄今为止的各种气象学解释,既然声称某种以最均衡的方式运行的原因在此起作用,且必定远远低于一些重要现象,那些现象与其说指向任何一种从属性的原因,不如说指向某种**普遍的、支配着整个大地的规律**?如果迄今为止的东西也只能证明,**气压计的变化服从于地球普遍的极性规律**,那我就心满意足了。

VI. 是时候更精确地规定极性概念了

1

在整个大自然中都有分化了的、实在地相互对立着的各种本原在起作用，这是先天（a priori）确定的；结合在一个物体中的这些相互对立的本原，赋予物体**极性**；因而通过极性的现象，我们似乎仅仅了解了普遍的二元结构在其中起作用的那个**更狭窄**和**更确定的**层面。

当两个异质物体被相互摩擦而激发起电时，正电和负电在**双方**均有分布。现在我们设定，如果在同一个物体中存在着这样一种**原初的异质性**，使得在它的表面能同时激发出两种电来，那么电的极性就被归于这个物体了。

电的激发的普遍中介是**加热**，而且由于**两种**电总是同时被激发出来的，那普遍中介便是**不均衡的加热**；由此便有了那个规律，即在两个相互摩擦的物体中，被加热最少的物体（如玻璃）带正电，被加热最多的物体（如硫黄）带负电。

现在看来，对于热而言的那种**不均衡的应激性**，当**电气石**发生摩擦时，而且毫无疑问当其他更多与电气石类似的物体发生摩擦时，处在**一个物体**中。的确，电气石在维持某个热度时便不会表现出电的任何迹象，但当人们将它**加热**或**冷却**时，它就变得带电了。这种现象的根据可能仅仅在于，电气石通过**同样的**热度却并不被**均衡地加热**，而是**在某一极比在另一极被加热更多**，或者说它的两极的**热容量不相等**。实际上电气石上的两种相互对立的电从不在它的整个表面表现出来,而是只在两个对立之点所在的地方表现出来,人们称那两个点为它的两极。但这块石头在电方面的极性实际上归功于(对于热而言的)那种**不均衡的应激性**,这一点由下面这种现象可知,即当它被冷却时,它的两极就**交换**它们的电;因而也由下面这种现象可知,即由于**正**加热(positive Erwärmung)而呈**负**电的那个极,会由于**负**加热(negative Erwärmung)而呈**正**电。

2

现在从这个简单的事实出发,已经可以推导出更多有趣的命题了。

a)我们看到,**热**是激起和维持一切二元结构的普遍原因,因而我们将它仿佛看作世上的肯定性本原和否定性本原之间的中介性的中间环节,是非常有道理的。如今很清楚的是,为什么在每一次**燃烧**之前都先发生了**温度的提高**,为什么不通过摩擦或任何别的原因产生某种不均衡的加热,电就从不被激发出来,如此等等。

b)但由于一个物体的加热只不过是一种**相对的**现象,而且由于它取决于这物体的特质(它的容量),以及这物体在多大程度上会被某种特定的热量加热,那么各种本原之间的某种二元结构就可以在双重的意义上被激发出来:在**两个物体之间**,

或者当它们原初就是**异质的**,而且被**同样的**原因在不同等的程度上加热,

或者当它们原初就是**同质的**,但被**并非同等地**起作用的一些

原因(比如同样多的热量)加热;

但在一个物体中,

或者当它那里有某种原初的**异质性**现成存在,

或者当它**不均衡地**被加热。

c)人们必须建立起二元结构的应激性的如下原理:**在一个物体中,如果否定性本原被正加热激发起来,那么肯定性本原必定被负加热(冷却)激发起来,反之亦然。**

d)由此得出,在每一个物体中,**通过不均衡的加热**,能导致**极性的产生**,而通过不均衡的冷却,也能导致极性的更替变换。

3

最引人瞩目的是,**电气石**中毫无疑问有**电**极和**磁**极并存,它们之所以并存,不仅仅是因为它被打碎成许多小块之后,在每一小块中还表现出原先的整个表面所表现出的那同一种极性,还因为它实际上(至少依照**布鲁格曼**①的观察)被磁体吸引。由此人们预先就倾向于认为,电气石在电方面的极性归功于它的那同一种**原初的异质性也是它的磁的极性的原因**。人们将倾向于认为,磁的极性就是**依据电的**极性在某一个物体中被激发起来时所依据的那同一种规律被激发出来的。但还有其他一些事实支持这种猜想。

a)众所周知,每一种**不均衡的振动**,尤其是**不均衡的加热**,都给铁(以及其他各种金属实体)带来磁的特质;比如要是人们加热一根铁棒并将它直立起来,那么它的两端就会不均衡地冷却,并表现

---

① 生平不详。——译者注

出**极性**。那么这一事实就完全符合上文中(第2小节d)建立起来的电的极性的规律。

b)**索绪尔**发现,磁体的力量根本不像热衰减得那么迅猛;列氏温度计上半度的差别就会影响到磁力计。**索绪尔**说:"这个仪器设置五年来,我已多次观测到它的作用;我已经看到了吸引力的变**化,它们变化的最普遍的原因是热量。当热量增加时,磁棒丧失吸引力,而当热量下降时,磁棒又恢复吸引力。**"①(《阿尔卑斯山游记》,第Ⅱ卷,§459)人们只能从上文中(第2小节d)建立的关于**极性的更替变换**的规律出发来解释这一现象。由于正加热而带负磁的那同一个极,就会由于负加热而带正磁。现在设定下来的是,如果份量落在负极上,那它就会由于热的作用而带正磁,而且会在这个过渡中失去它的力量,一旦它的肯定性特质由于冷却而得到恢复,它马上就会再得到那种力量。

c)电物质照其本性来看能产生一些相互对立的效果,因为它到处都唤醒相互对立的力量。那么通过电火花的作用,金属就会被氧化和被脱氧化,水就会被分解和重新被合成。那么毫无疑问,当带正电的火花碰到正极,负磁就会被唤起,当它碰到负极,正磁就会被唤醒。——因此通过电火花的作用,磁体的两极就被颠倒了。然而实验似乎还不够多样化。这里可能表现出负电和正电之间的某种巨大的差别;同样可能并非无关紧要的是,电火花是通过哪一极(依照它是正的还是负的而定)涌入的;人们可能由此发现,磁体两极中的哪一极是正的,哪一极是负的。

---

① 原文为法文。——译者注

4

一旦磁的极性和电的极性是依据同样的**规律**被激发起来的这一点得到澄清,那么进一步说,毫无疑问的是,磁的极性和电的极性也是以同样的**方式**并通过同样的**机制**产生的。

为了解释一个物体是如何燃烧或带电的,我们以往首先就必须在物体外部假定某种**肯定性**本原(作为燃烧和电方面特质的原因),除了这个本原之外却还得在物体内部假定某种**否定性**本原,我们以后者指的其实只是物体在燃素或电方面激发起来的状态下,对燃烧或电的肯定性原因所表现出来的排斥力的减少。因而在磁激发出来的时候,我们**首先**会在磁体中假定某种**否定性**本原,由于这种本原,磁体便与磁的肯定性原因处在动力共同体中了。在缺乏那种否定性本原的地方,根本就不会展现出任何磁。我们会将存在于磁体**外部**的某种肯定性本原与这种否定性本原相对立。进一步说,那肯定性本原必定**在其自身**就是**异质的**,并能进行某种**分化**。对于磁的**原因**方面的这种**肯定性的双重性**,我们将以**磁体自身**内部的某种**否定性的双重性**与之对立,由于否定性的双重性,这磁体才对磁的某种**元素**比对它的另一种元素表现出更少的排斥力。

通过这种表象方式,我们得到了如下几点。

a)我们可以将磁的原因视作某种四处扩散、无处不在的原因,那原因不断对所有物体起作用,穿透所有物体,但它的双重性却只在那样一些物体上展现出来,它们的各元素所占的比例各不相同。

b)因此我们就排除了**引力**(磁体会对磁物质表现出这种引力)

这个僵死的概念——这个概念与磁的本原的那种不同寻常的效应不合拍,磁的本原无疑是不断重新被产生和被展开的,普遍地对**所有物体**起作用,却只有当排斥力减小时才能激发出**特有的运动**来。

对于所有现象的构造极为有益的是关于世上的某种普遍的动力共同体的概念,凭借这种共同体,那些四处扩散、无所不在地渗透着的原因便能到处产生运动,在那里,平衡被打破了,仿佛还有一些特别的层面形成了,那些原因便能在这些层面中起作用。

5

如果说必须有某种**物质**被假定为一切有限力量的工具,那么我们也不能缺少这种假定,以便解释磁现象,虽然由此并不能得出,我们有些微的理由假定某种真正意义上的**磁物质**(即磁体**特有的物质**)。磁体**外部**的某种肯定性本原使磁体运动,是磁体的极性的原因,这一点必定也能从下面这些经验中被推理出来。

a)如果说磁力是某种**绝对内在的**力量,那么铁的引力和磁体的引力便必定与它们的**质量**有某种特定的比例关系。这种比例关系却根本不由双方中的哪一方单独表现出来。如果人们将不同的一些尚未被磁化的、等长却不等粗的**铁棒**与磁体的某一极相接触,那么铁棒越粗,磁体对于这些铁棒的引力就越增加,但增加也只**以某个特定的限度为界**,这样一来,超出这个界限之外,引力就根本不再增加,即便铁棒变粗也没用(**普雷沃援引阿维**[①],**见普雷沃**[②]:

[①] 阿维(René Just Haüy,亦写作 Abbé Haüy,谢林写作 Haüy,1743—1822),法国矿物学家。
[②] 普雷沃(Pierre Prévost,1751—1839),法国-瑞士哲学家与物理学家。——译者注

《论磁力的本源》，§116)。——**索绪尔**已注意到(在他的《阿尔卑斯山游记》，第Ⅰ卷，§83)，两块质量不等的铁对磁体的作用的比例，要远远更接近于它们的**表面面积**的比例，而不是它们的**质量**的比例。——人们普遍注意到，在具有相同品质的磁体中，那些就重量的比例来看较小的磁体，要远比那些较大的磁体力量更大(这无疑是因为磁的穿透性存在着某个边界，那个边界从未被逾越过)。但人们并未普遍注意到下面这一点，即在**具有相同质量**的完全类似的磁体那里，它们的引力的比例等于它们的表面面积的比例。**贝尔努利**①在一封被**索绪尔**引证的致**特朗布莱**②的信中声称发现了，人造磁体的绝对力量总是与重量的平方的立方根一道增长，这就是说**与它们的表面面积成正比**。

b)只有某种**普遍**世界秩序的可能性才再也不能从物质性本原中得到解释，因为这类本原本身已经预设了某种世界秩序，只有在那世界秩序之中它们才是可能的。只有在普遍体系内部，普遍自然力的各个层面似乎才组织起自身，而在那些层面内部，这些普遍自然力具有同样多样而特别不同的各种物质的假象。只有普遍的世界运动才取决于一些永恒不变的原因；但可变的原因则表现出物质性的本原；这样一来，便有了人们无法解释的那种磁的偏差，人们不能在此假定有那样一种物质在起作用，它已经开展出来或归于平静，被分解后重又被聚合起来，而且(像大气中的电一样)产生和消失。

---

① 贝尔努利(Daniel Bernoulli，1700—1782)，瑞士数学家和物理学家。——译者注
② 特朗布莱(Abraham Trembley，1710—1784)，瑞士动物学家。——译者注

6

这里的问题仅仅在于,人们必须将哪种特质归于磁的物质性本原?

人们必定会抱怨,磁力的范围根本不允许进行多样化实验和比较性研究。

要是可以突破那些范围,要是目前能成功地在比此前更多的物体上发现磁的特质,这样会使可能性的领域得到多么大的扩展,将会为比较性研究赢得多么大的空间啊!

要是还能成功地让人们觉察到磁力的那些最细微的等级(就像觉察到电力的那些最细微的等级一样),难道人们不会发现,它是大自然的**每一个**物体,即便无穷细微等级上的物体,都具备的吗?

要是人们能够先进行**一些比较**,难道不会发现,磁力的作用远不像我们如今以为的那么**均衡**吗,因为我们只能把铁与我们称为磁体的铁矿石相比较?——难道不会发现,或许**每一个**像铁这样的物体都有它的**矿石**,即都有那样一个物体,该物体对于它而言是**一个磁体**?

人们之所以此前在这个领域里所作的发现较少,难道不正好可能由于如下这一点吗,即人们还没有为**每一个**物体找到它的**磁体**?这样一来,对于洪堡发现的蛇纹石而言,只有磁铁,而不包括无磁性的铁,才是一个磁体。难道**自磁体**和**非磁体**(*idiomagnetischen* und *symperimagnetischen* Körpern)之间的差别不会存在吗?迄今为止,人们还不知道有哪**一次**关键性实验能使人推知磁的本原的特殊本性。

那不勒斯科学院教授**瓦伊罗**①据说已经发现,在那不勒斯附近的**狗穴**(gotta del Cane)②中,磁体失去了它通常对铁的作用,在那里磁针的指向要比通常空气中的远远偏离北方,尤其引人瞩目的还有,在那里不能激发起任何电力来。(大家可参见**詹森**③的《**意大利书简,尤其关于当前药物学的状态,兼及自然史**》,第 1 部分,第 363 页。)

自从**默里**④以这个洞穴中的空气做过一些实验,人们就知道那是一种**碳酸气体**。(大家可参见**克雷勒**的《**化学的最新发现**》,第 3 部分,第 118 页。)在这个气体空间中不可能唤醒电,难道这要归结为似乎充斥着那里的湿气吗?——然而人们要如何解释磁体在那里失去磁力这种现象?也许要以它**生锈**太快来解释?——然而这是难以置信的。

人们自然知道,铁被**脱氧**之后,比起先前来,被磁体吸引得**更厉害**(比如可参见索绪尔的《阿尔卑斯山游记》,第 II 卷,§ 425)。在磁体极多的厄尔巴岛⑤,好的磁体必须埋起来,因为一旦暴露在日光之中,它们就逐渐失去了其磁性(**斯温伯恩**⑥的《**两西西里游**

---

① 生平不详。——译者注
② 那不勒斯附近的一处洞穴,位于一个已干涸的火山口湖的边缘,因地面二氧化碳浓度极高,曾有一次使一条被带入其中的狗昏迷并窒息,由此得名。——译者注
③ 生平不详。——译者注
④ 默里(Johan Andreas Murray, 1740—1791),瑞士植物学家和医学家。——译者注
⑤ 厄尔巴岛(Insel Elba),意大利第三大岛,位于意大利中部托斯卡纳大区西部海域。——译者注
⑥ 斯温伯恩(Henry Swinburne, 1743—1803),英国游记作家。——译者注

记》,福斯特译,第 I 部分,第 35 页)。由此自然得到解释的是,磁体与大气中的氧,或者与和氧结合在一起的以太之间的某种特有的比例,同时也包含了它的种种特质的原因。但这一发现所能教导给我们的,却丝毫不比我们先天地(a priori)就能认识到的东西更多。

7

人们得承认,磁力属于**穿透性的**力,而且就此而言,要远比**电力更原初**。因为电力只在物体的表面聚集,而且在接触到某种导流性介质的时候就被导开了,而此时物体本身却没有被改变,但磁体似乎只有通过**分担**(激发),而从不通过**传播**,才作用于其他物体。它特有的力量无法通过**外部**原因,而只有通过**渗透性**原因,才能被夺走。因而磁的本原必须被算作**基本**物质,亦即被算作那样的物质,没有任何物体是它们不能穿透的。迄今为止,我们已了解的这类物质只有光和热,但我们知道,它们的这种共同特质归功于一种更高的本原,那种本原确实也在磁现象中起作用。若是人们没有假定**一切物质都有某种原初的同质性**,那么在世界上就根本无法设想任何动态的整体关联。我们必须将展现于光和热之中的肯定性物质视作**一切物质的普遍的分解工具**了。现在看来,如果粗糙的材料在变为个别物质之前就在宇宙空间中均衡地得到扩展,并在以太(作为**万能溶剂** [menstruum universale])中被分解了,那么它之中的一切物质最初就必定是相互渗透的;这就像人们在多种物质通过某种共同的工具达到彻底溶解的现象中必须假定某种相互渗透一样，因为只有在那个时候分解才是彻底的，即那些物质**完全是同质的**，亦即正如康德证明过的，在它们内部不能找到任何无穷小的部分，它不是由分解工具和待分解的物体聚合而成的。如果有粗大的团块从共同的溶液中沉淀出来，就会产生**异质的**物质，它们不能进一步相互渗透了，因为它们的相互渗透只能归功于共同的溶解工具。但对于后者而言，如今看来一切物质都是高度可渗透的，甚至可以通过持续进行的活动而溶解，正如经验也教导我们的那样，因为在空气中，即便最坚硬的实体最终也会风化的，其他一些实体会按照别的方式，逐渐被一些未知的自然运行毁灭。

现在看来，如果磁的本原（由于它的穿透力）与以太具有亲缘性，那么它的效用也必定远远更为普遍，甚至可以说在大自然中必定（似乎如此）没有任何实体不能被这个本原推动。因而虽然我们迄今为止只知道在矿物界有少数实体显示出磁的特质，然而我们还是必须主张，由于磁是一种普遍的自然力，那么世界上就没有任何物体是绝对非磁性的，这正如没有任何物体是绝对透明的或绝对非透明的，是绝对热的或绝对冷的一样。

8

毫无疑问，所有物体都被磁的原因穿透了；但只有对于那些各元素所占比例不均衡的物体，磁的原因才赋予它们极性；物体中肯定性本原的双重性必定与那里否定性本原的某种双重性形成对立。磁性电气石，比如说，便通过它表面上相互对立的电而显示出它的各元素之间的某种**原初的异质性**。

因此当我们考虑如下现象的时候，就必须倍加谨慎，即位于**两类自电物体之间的**电气石，似乎**处在正中间**。一般来说，**正自电物体是透明的。负自电物体则是不透明的**。电气石属于**半透明**物体，由此它仿佛被置于一个能使那两类自电物体得到概念性把握的更高层面上了；非常自然的是，它在自身中也将**两种**电结合起来了，同时也与这两种电一道带有了磁的极性。

如果说所有物体都**在某种程度上**带有磁性，难道极性不是首先在所有**半透明**物体上表现出来吗？难道所有像电气石一样通过加热便带上相互对立的两种电的宝石，不是也会表现出磁的特质吗？在此人们必定会建议对黄玉（巴西与叙利亚的黄玉）、方硼石和所有与电气石一样也具有（电的极性的）那种特质的物体展开精确的研究。

（**索绪尔**已经注意到**石榴石**对磁针的影响。他讲述道："我们的一个5格令重的石榴石，开始在距离磁针2.5①法寸处起作用。我把石榴石加热变红，我给它涂蜡，然后给它的某些外表部分提供燃素；接着，石榴石在距离磁针3.25法寸处起作用。"——这一现象的根据并不在崩开的碎铁块上，这从下文可见。**索绪尔**说："我们的这些石榴石质地不纯且几乎不透光，它因含有铁便被磁石吸引，发现这一点并不奇怪。不过或许会令我们感到奇怪的是，我们发现东方的石榴石，无论是红色、桔色或者紫色，都呈现出同样的现象。我曾看到一块叙利亚的石榴石，它有十格令重，异常美丽并且**有最好的透明度**，它可以在距离2法寸的地方使磁针发生明显的位移。——我同样也发现

II, 487

---

① 谢林此处引文误写为"2"(deux)了，这里依据原文校正。——译者注

一些小石头,其中石榴石的那种材质完全消散了,并且没有结晶,那么我们就以它的颜色来辨识它的材质——也以它对磁针的作用来辨识它的材质。"① (《阿尔卑斯山游记》,第 I 卷,§84、85)

由于所有透明性都只是**相对的**,而透明物体与半透明物体之间的界限又不确定——难道所有透明物体②不是都会在某种程度上表现出磁的极性吗?难道所有摩擦生电的实体,当有质上的某种原初差异性支配着它们时,不是都会表现出磁的特质吗?或许磁的特质会逐渐转变为摩擦生电的特质?

9

此前所阐明的这些理念如果被运用于地球上,它的极性的根据就要到它最初的形成过程中去寻找。如果可以以类比的方式从小的东西推论出大的东西,那么最初的根据就必须到它的形成过程的某种**不均衡性**中去寻找。正如不均衡的振动、冷却等会将磁的特质传给铁,那么下面这一点就是可信的,即地球的极性归功于某种类似的原因,比如它在最初形成时在某一极比在另一极冷却得更快。依据**布丰**③的看法,那便是南极;他由此解释了,为什么水起初要流往南方(《自然时代》,第 167 页)。更深入的地质学研究或许会表明,最初就已经有某种磁场或电流赋予地球的一些大的层叠或地层以某种朝着极地的特定方向,这大约就像磁引力或某种

---

① 以上两段引文的原文皆为法文。——译者注
② 最近版本中的附释:"至少包括那些从未遇过火的物体。"——原编者注
③ 布丰(Georges-Louis Leclerc de Buffon,1707—1788),启蒙时代的法国自然科学家。——译者注

电流在被铁锉刀导流时，就赋予后者某种十分规则的方位。如果说大的地层的这种方向并非普遍可察觉的，那么人们就必须到后来的种种变化，到洪水的泛滥和巨大力量中去寻找根据，那水逐渐才开辟了它规则的流向，并预备了如今海洋得以汇入的那些大型海床。

然而仿佛在没有某种持续起作用的原因不断重新激发起磁力之前很久，地球上的磁力毫无疑问就已减弱了。这种原因就是太阳的热量，这热量毫无疑问是以不均衡的方式对地球的两个半球加热的，因为两个半球之间的某种原初的异质性已经很好理解了。众所周知，在北半球的相同纬度上，温暖气候要比南半球更多。**埃皮努斯**（在他的《电磁理论试述》中）以天文学上的真理解释了这种现象，即在北部区域，温暖季节的时长大约要比寒冷季节的时长多出7天。"很明显"，他说，"南半球上发生了相反的事情；那里寒冷季节大约要比温暖季节多出7天。因而太阳每年在北半球上传播的热量大约比它在南半球上传播的热量多出1/14或1/16。因而毫不奇怪的是，历经许多世纪，这个原因在我们的区域积聚起来的热量，已经足以产生出两个半球在温度上的某种差异了。"——（参见**普雷沃**:《**论磁力的本源**》，德译本，第161页。）

我注意到，很可能不仅是每年在两个半球上被传播的总热量的不同，而且首先必定是**每天日照和加热的不均衡**，不断重新激起地球的极性；电的和磁的极性在地球上的共存（我预设北极光和南极光算得是电现象），允许我们将电气石的类比，尤其是前面提出的极性**更替变换**的规律用在地球上；当然这种转换可能永远无法完全实现（虽然依据**利希滕贝格**的看法，地球的电极的混淆似乎偶尔会先发生），然而电极的混淆却很可能是它每天以及每年发生偏转的原因，因为这原因依据电极每天发生偏转的某种不可否认的规则性，遵循的是日夜的更替变换，而在每年发生的偏转方面，遵循的则是季节的更替变换，当然这里也必须考虑到，在地球的许多地方，尤其是在有大型铁矿的地方（比如在厄尔巴岛附近），将磁场从原有方向上引开的干扰情形。

10

太阳对地球的最初作用无疑是唤醒了后者的磁性特质，那么**极性规律**很可能是一种**普遍的世界规律**，它在每一个行星体系里对每一个下属天体起作用的方式，与它在我们的行星体系里对地球起作用的方式是相同的。将普遍的重力现象归结于物理学上的某些原因的一点希望的微光，是那些追寻这希望的人可以在这种理念中瞥见的：因为即便磁引力也根本不能在机械的意义上（从碰撞出发）来解释，而只能**在动力的意义上**（通过**远程传输运动的某种原因**）来解释，这样一来，他们通过假定普遍重力的这样一种原因，至少不像关于**产生重力的小物体**的那种假说那么强烈地侮辱健全的哲学了。

我还仅仅注意到，磁的肯定性元素确实就是在**光**中展示出来的那种元素；但地球在磁上的极性无疑是**普遍二元结构**的**最原初**现象，而普遍二元结构在物理学中远不是派生性的，而必须被直截了当地预设下来，而且它在电的极性中已经在某个深刻得多的层次上显现出来了,直到它终于在地球附近的两种气体的异质性中,最终还在生机勃勃的有机体中(它在那里构成了一个新的世界)消失——至少在普通人眼中是如此。

————

论普遍有机体的本原

西西里的缪斯啊,让我们吟唱伟大的事物吧。

——维吉尔

I. 论植物与动物之间最原初的对立

人们最近常说,植物和生命①要看作**化学过程**才好;至于这话有什么道理,我后面会予以研究。此外极为显著的现象是,人们并未运用这一思想,以便从它当中推导出植物生命和动物生命之间最原初的差别。

目前我们了解两种主要的反应过程,无机自然中的物体的大部分变化都依赖于这两种反应过程,这些反应过程与燃烧现象的

---

① 在谢林这里,植物的生长只是"否定性的生命过程。植物本身没有任何**生命**,它只有通过生命本原的**发展才产生**"(见正文边码第495页),因此本书中的"生命"有时既包括动物,也包括植物(比如本段第二句),但更多的时候单指动物生命,不包括植物生命(比如本句,以及后文中大部分地方)。——译者注

肯定性本原与否定性本原之间的那种能支配整个大自然的对立相关。陷入结合状态（Mischungen）的大自然，如果不被一些外来本原的持续影响阻碍了它自己的运作，无疑最终会以某种普遍的中立化告终，这大自然使自身维持永恒的循环，因为它在某一方面会将它在另一方面结合起来的东西分离开，在此处却又将它在彼处分离了的东西结合起来。

这样一来，它的反应过程的很大一部分都是**脱燃素化**的，然而那些**不断燃素化**的反应过程却与前述反应过程形成了平衡，这样就永远不会产生某种普遍的单调性了。

因此我们目前会假定两类主要的有机体，其中第一类的起源和延续取决于大自然所维持的某种**脱氧化过程**，另一类的起源和延续取决于某种不断的**氧化过程**。

II, 494　　我们在前文中已经提醒过，**氧化**和**脱燃素化**、**燃素化**和**脱氧化**是一些可以互换的概念，它们在相互联系起来看时可能互为肯定性的和否定性的，然而由此表现出来的无非只是某个特定的比例。

因而当大自然维持某种**还原过程**或**脱氧化过程**时，就会不断**有燃素物质被产生**出来，这种现象在**植物**那里是不容否认的；因为植物如果脱离了光，即脱离了**还原**的普遍中介，就会变成**苍白无色的**；一旦它们**遇到光**，就会重获**颜色**，这便是**燃素材料**在它们内部被制造的最明显证据。一旦肯定性本原消失，燃素材料（作为否定性本原）就出现，反之亦然；而且这样看来，在整个大自然中就没有任何这类本原是**自在地**存在的，或者说脱离了与它的对立本原的交互关系而存在的。

这样看来，正如**植物**存在于连续不断的**脱氧过程**中，反过来说，生命过程存在于不断的**氧化过程**中；在这里不可忘记的是，植物和生命只存在于**反应过程本身**中，因此下面这个问题成了某种特殊研究的对象，即大自然通过哪些手段赋予那反应过程**持久性**，通过哪些手段阻碍持久性，不可忘记的是，比如说，只要动物活着，那么在动物的身体中就从不出现什么**有限的产物**；因为再明显不过的是，生命在于某种持续的**生成**，而每一个**产物**恰恰**因为**它是产物，就都是**死的**；由此才有了大自然在两个相互对立的目的之间的摇摆，即要达到相反的本原之间的平衡，却又要维持二元结构（只有在那种二元结构中，大自然本身才得以延续），真正说来一切活的生物在大自然的这种摇摆中（在这里从不出现什么**产物**）才得以延续。

附释：自从人们发现，植物遇到光就会**散发出生气**，相反，动物在呼吸时则**分解生气**并呼出某种不宜吸入的气体，人们既然见到两种有机体的这种**原初的内在**差异性，就没有必要去寻找那些**外在的区分标志**了，比如（依据黑德维希①的看法）植物受精后就失去其生殖器官；这尤其是因为所有的这些标志，比如**植物运动的非自觉性**（比如在吸收**食物**的时候，依据**布尔哈弗**②的意味深长的说法，植物的胃在根部，动物的根在胃里），或者植物**没有神经体系**——所有这些都必定只能从那种原初的对立被推导出来，正如我在下文

II, 495

---

① 黑德维希（Johann Hedwig，1730—1799），德国植物学家和医生，现代苔藓植物学的奠基人。——译者注
② 布尔哈弗（Herman Boerhaave，1668—1738），荷兰医生、化学家和植物学家。——译者注

中将要表明的那样。

首先得到澄清的是,植物散发出生命本原(Lebensprincip),动物则留下它,在动物那里远比在植物那里表现出更加自发和更有改变其状态的能力的样子。此外得到澄清的还有,动物由于(通过分解空气)在自身内就**产生**出生命本原,就远比植物更加不依赖于季节、气候等因素,而在植物中,生命本原只能通过光的影响(从营养液中)产生出来,也通过使之得以产生的那同一种机制而不断被输出。

植物的生长是**否定性的**生命过程。植物本身没有任何**生命**,它只有通过生命本原的**发展**才**产生**,而且只有在这种否定性过程的时刻才表现出**生命的假象**。大自然在**植物**中**分离**开的东西,在**动物**中则**结合**起来。动物在其自身中就有**生命**,因为它不停地从自身中产生出生机勃勃的本原,那本原是由于外部影响而被从植物那里抽走的。

此外,如果说植物的生长是反过来看的生命过程,人们当会惠允我们在下文中将注意力主要放到肯定性反应过程上,这尤其是因为我们的植物生理学还极不完善,而且比起通过否定性东西规定肯定性东西来,更自然的做法是通过肯定性东西规定否定性东西。

II, 496

II. 论动物生命的相互对立的本原

生命概念应当被**构造**出来,亦即它应当被解释为**大自然的现**

象。这里只可能有三种情形：

A

或者是，生命的根据唯独在动物物质本身中。

看看一切现象中最普通的那种现象，这个假定便自相矛盾了，因为足够明显的是，有一些外部原因在协助生命。——在这个意义上说，也没有任何理性之人主张过那个命题。但经常发生的情形是，当某个问题对于一个人的知性而言立意过高时，那个问题就会被降格，并随便获得某种意义，在那个意义上它当然很好回答，可是现在它也变成了完全不同的另一个问题。这里涉及的问题并不是，生命取决于一些从外部被引向身体——比如通过呼吸，通过饮食等等——的**材料**，因为这些材料的吸收已经预设了**生命本身**。我们都知道，我们的延续取决于那发生在我们肺部的空气分解，但这种分解本身已经是**生命的**一种**功能**了；但你们应当向我们解释清楚，**生命**本身和生命的某种**开端**究竟是什么。

因而上面提出的命题真正的含义据说必定是**那一个**，即生命的最初**原因**（而非下属条件）**在于动物物质本身**，而**这个**如此这般规定过的命题如果从经验来看也无可辩驳的话，还是必定会被某种先天地（a priori）被发现的哲学**否定**的。

非哲学（Unphilosophie）的极致，便是主张生命就是物质的某种**特质**，并且针对普遍的惯性规律提出，我们在有生命的物质那里找到了这个规律的例外情形。因为**或者是**人们在动物物质概念中已经接受了生命的**原因**，那原因不断**对**动物实体（因而也**在**动物物质**中**)起作用,那样人们在**进行分析**的时候当然很轻松了;但这里的**关键**不是对**动物生命**概念进行某种**分析**,而是对它进行某种(**综合的**)**构造**。或者是人们假定,根本不需要任何**肯定性**原因,反而在动物身体中一切已经如此这般被聚拢和混合好了,由此自动就产生了混合的种种变化形式,而从那些变化形式中也就产生了动物物质的种种收缩,那情形大概就像特定大小的一堆中性盐自动就会分解(好像这实际上也是哈勒都那位著名的**赖尔**①先生的看法)。——如果说这就是上述主张的意思,那么我要请人们在所有事物面前,回答我们下面这些问题。

鉴于我们在与之打交道的那些生理学家那里甚至无法预设关于**化学**与化学运行的任何确定的概念,如果人们惠允我们首先采取某种牢固的立场,那么我们大概都知道,不同的实体在相互接触时是相互推动的(此外最明显的证据是,它们是**惰性的**,因为它们不是**个别地**运动,而是只有在交互作用时才运动)。——我们还知道,**静止**物体在**静止**物体中产生的这种运动,依照**推动力**的那些规律是解释不清楚的,我们也不能说它们相互之间表现出的那种引力与它们特殊的重量之间有任何比例关系。(对于那些用**选择性吸引力**来解释动物身体中发生的一切,却又将选择性吸引力本身看作**重力**的表现的自然哲学家,不知人们当作何感想!)——因此我们是在为这些现象寻找另一种解释,并且主张,它们属于自然运行的一个更高的层面,它高于服从于推动力或重力的那些规律的那

---

① 赖尔(Johann Christian Reil,1759—1813),德国物理学家、生理学家、解剖学家和精神病学家。——译者注

个层面。我们主张，物质本身只是相互对立的力量的某种产物；如果说这些力量在物质中达到了某种**平衡**，那么一切运动便或者是**肯定性的**（排斥），或者是**否定性的**（吸引）；只有当那种平衡被**打破**时，运动才同时是**肯定性的和否定性的**，那时便会出现两种原初力量之间的某种**交互作用**；——原初平衡的这种打破在化学运行中发生，因此每一个化学过程似乎就都成了新物质的某种**生成**，而先天哲学（Philosophie a priori）教导我们的那一点，即所有物质都是相互对立的力量的某种产物，就在每一个化学过程中都**可以直观**到了。

通过这种表象方式本身，我们得到了**更高的**一个化学运行概念，从而在类似的意义上用这种表象方式来解释**某些**动物反应过程就更有道理了。因为所有真正的生理学家都一致认为，动物的自然运行用推动力或重力的那些规律是解释不通的。但这就是化学运行的情形，因此我们可以预先猜想，在二者之间存在着某种隐秘的相似性。

可见有机体的本质在于**物质与形式不可分**——在于所谓的有组织的（organisirt）物质被无穷**个体化**了；因而如果问题的关键是动物**物质**的**产生**，那么人们便要求发现那样一种运动，在那种运动中某个事物的物质与它的形式一道**产生**。然而一般说来某个**事物**的原初形式根本不是自顾自地**持存的东西**，正如物质也不是如此；因而双方**必定**是通过**同一种**运行产生的。但只有当某个特定的**质**被产生时物质才**产生**，因为物质根本不可与它的质相区分。因而我们只在**化学**运行中才看到物质的**产生**；因而化学运行是那样一

II, 499

些运行,我们只有从它们出发才能理解某种物质形成特定形式的过程。

因而如果人们认为能在化学上的渗透现象中看出大自然(在一个个有机体中)不断将物质加以**个体化**时所用的那个隐秘的把手(Handgriff),他们并没有误入歧途。因此毫不奇怪的是,人们自从最初试着了解物质的化学力量的时代起,就认为似乎在那里看出了当前的那个大自然。巴德尔①先生在他思想宏富的《**基础生理学论集**》中说:"没有什么比得上对化学的自然运行的那些最古老的观察中比比皆是的狂喜之情(当然那种狂喜大部分都退化为喧闹的胡扯了)和**对大自然**的那种特别的**虔敬**;我们应归功于那种狂喜之情的种种成果也是众所周知的,而与之对立的机械论体系则没有揭示出任何类似的成果。"——因而我们根本不是要在解释动物的反应过程时将化学上的类比排除在外,毋宁说我们将仅仅从这些类比出发来解释同化过程和再生过程,虽然我们必须承认,这也不过是无知的一种托辞罢了(因为到现在为止我们对化学运行的了解要多于对动物运行的了解),因为比起把植物和生命称作化学过程来,似乎自然得多的做法是,反过来将一些化学过程称作**不完美的有机体反应过程**,因为更容易理解的是,大自然的普遍构形冲动(Bildungstrieb)如何最终**消失**于一些僵死的产物之中,而非反之,大自然形成结晶体的那种机械倾向是如何提升**纯化**为植物和

---

① 巴德尔(Franz von Baader,亦名 Benedict Franz Xaver,或 Franz Benedikt von Baader, 1765—1841),德国医生、采矿工程师和哲学家,他熟知波墨著作,也读过谢林著作,他的自然哲学颇有神秘主义色彩。——译者注

生命的种种形态的。

有了这样的预设,我们就要请人们回答我们下面的这些问题了:

1)我们不仅承认,而且**主张**,**动物物质的构形**只能依照化学类比来解释,但我们看到,这种构形在发生的时候总是**已经预设了生命本身**。那么你们如何还能一本正经地通过你们那些化学上的语词装置(因为不过如此而已)解释**生命本身**?

生命不是动物物质的**特质**或**产物**,那物质反而是**生命的产物**。**有机体**不是个别自然之物的特质,反而在同等程度上**个别自然之物**是**普遍有机体的限制形态或个别直观方式**。"我不知道还有什么比将生命当成物的某种特质更荒谬的做法了,因为相反,物只不过是**生命的特质**,只是生命的**不同的表现形式**;因为只有在有生命者中,杂多的东西才能相互渗透并合而为一。"(雅可比:《大卫·休谟》①,第171页)。因而物并非有机体的本原,**有机体**反而**是物的本原**。

一切物(它们不仅仅是**现象**,而是在**个体化**的一个无穷的层级序列中渐近)中**本质**的东西都是**生命**;至于它们的生命属于何种类型,那只是**偶然的事情**,而且即便大自然中**僵死的东西**,也并非自在地便是僵死的——它只是**熄灭了的生命**。

因而生命的**原因**照其理念来看必定先于物质便存在了,那物质(不是**活着**,而是)**被赋予生机**;因而这原因必定不能在被赋予生

---

① 该书全名为《大卫·休谟论信仰,或观念论与实在论》(*David Hume über den Glauben, oder Idealismus und Realismus*)。——译者注

机的物质本身中，而要到它之外去寻找。

2)我们郑重地向你们承认，生命存在于某种化学过程中，那么你们也必须承认，没有任何化学过程是**恒久的**，而每一次发生这种反应过程时都暂归宁静，这一现象显示出，这种反应过程只是**对平衡的某种追求**罢了。**化学运动只有当平衡被打破时才会延续。**因而你们目前必须解释清楚，大自然在动物身体中如何以及借助什么才能使得平衡不断**被打破**，它借助什么才**阻止**了平衡的恢复，为什么平衡总是伴随着**反应过程**出现，却从不形成什么**产物**；但人们似乎迄今都没有思考过这一切。

3)如果物体中的一切变化的根据都在于**物质的原初混合**，那么何以发生下面这种现象，即同一些变化，比如心脏的收缩，不断被重复？之所以如此发问，是因为(按照假说 [ex hypothesi])通过每一次收缩，混合就发生了某种变化，那么在**首次**收缩之后，就再也不会发生任何收缩了，因为它的原因(器官的特定混合)不再存在了。

4)大自然如何造成下面这种现象，即在动物身体中发生的化学过程从不**逾越有机体的界限**？大自然(正如人们针对生命力的拥护者们很正确地主张的那样)并不否弃任何普遍规律，而且当一个有机体中发生化学过程时，这些化学过程就一定是依循僵死的那部分大自然中的规律发生的。何以发生下面这种现象，即这些化学过程总是将同样的物质和形式再生产出来，或者说大自然是通过何种手段达到各种元素的分离的，那些元素的冲突便是生命，而它们的结合便是死亡？

5)固然,存在着那样一些实体,它们仅仅通过接触便能在化学上相互起作用;但也存在着那样的一些结合和分离,它们通过外部手段才被造成,比如通过温度的提高等等。你们谈的是生命过程,为我们举出的却是这过程的**原因**!是什么在动物有机体中正好将那样一些材料聚集起来了,有限的结果,即**动物的生命**,就产生于这些材料的冲突,或者说是什么原因迫使那些相互对抗的元素聚合起来,又将那些追求结合的元素分离开来?

我们坚信,这些问题中有一些是可以回答的,但也坚信整个化学生理学只要没有真正回答这些问题,便不过是概念的戏耍而已,而且没有任何实在的价值,甚至从来都没有意义和理解力。但我们必须承认,我们迄今为止恰恰只是徒劳地在那些最多只了解他们的化学生物学的人那里寻求这些回答。

B

或者是,生命的根据完全在动物物质外部。

人们可能会将这种意见归于那些只在**神经**中寻找生命的最终根据的人,而神经又是被一种外部原因推动的。**哈勒尔**①的大部分反对者,不像他那样在肌肉的应激性中寻找生命的根据,而是仅将这根据置于神经之中,只是他们至少与他一道让神经本原(Nervenprincip)在身体本身中被产生了(除了被产生之外,他们不

---

① 历史上有大、小两位哈勒尔,名字相同(Albrecht von Haller),且都是瑞士植物学家。前者亦写作 Albert von Haller 或 Albert de Haller (1708—1777),瑞士医生、自然科学家、诗人和科学评论家,著作颇丰。后者(1758—1823)不如前者著名。谢林这里更可能指前者。——译者注

知道还有别的方式)。但由于关于这样一种神经本原的假定日益具有假说的性质(因为没人能说清楚它是如何在动物身体中被产生的),而且由于成为生命之**本原**的东西本身总不能是生命的**产物**,那么那些生理学家最终还是必须回到神经活动的某种外部原因上,而且当他们只在神经中寻找生命的根据时,还要主张生命的根据完全落于身体外部。

但如果生命的根据完全落于动物身体外部,就生命而言这身体就必须被当作**绝对被动的**。但绝对被动性是一个毫无意义的概念。对任何一个原因的被动性只能意味着对这种原因的抵抗力的消除。正因此,世界上每一个肯定性本原都必定有某种**否定性**本原与之对立:这样一来,与燃烧的肯定性本原相应,在身体中就有某种否定性本原,与磁的肯定性本原相应,在磁体中就有某种否定性本原。磁现象的根据既不在磁体中,也不仅仅在磁体外。这样一来,与在动物物质**外部**的生命的**肯定性**本原相应,在这物质内部必定有某种**否定性**本原,而且这两端相结合的真理照例也就在此了。

C

生命的根据包含于相互对立的本原中,这些本原中的一个(肯定性的)要到有生命的个体外部,另一个(否定性的)要到这个体本身中寻找。

系理

1

生命本身是一切活的个体所共有的,将它们相互区分开来的只是它们的生命的**类型**。因此生命的**肯定性**本原不可能是任何个体所**特有**的,它扩展到一切造物中,并作为大自然的共同的呼吸贯穿了每一个生物。——这样看来,如果人们惠允我们这样类比的话,为一切**精神**所共有的东西便落于**个体性**层面之外了(它位于**无法度量者**之中,位于**绝对者**之中);将精神与精神**区别**开来的东西,是每一个精神之中的那个**否定性的、个体化的**本原。这样看来,生命的普遍本原便在每一个有生命之物中(就像在一个**特殊的**世界中),依照它的接受性的不同等级而个体化了。生命在全部造物中的全部多样性,就在于一切生物中**肯定性**本原的那种**统一性**和**每一个生物**中**否定性**本原的那种**差异性**;因此前述命题本身是有些真理的,即便它并不能得到生命的所有个别现象——如其在每一个个体中展示出来的那样——证实的时候,也是如此。

2

如果不站在少数派一边说一下迄今为止的各种生理学体系是如何在前述命题中结合和协调起来的,我就裹足不前了。

目前看来,伟大的**哈勒尔**配得上那样的名声,即无论他是否能马上彻底脱离那种机械性哲学,生命的那样一种本原都是由他提出的,它用机械性概念是无法解释的,他必须从研究**内感官**的生理学那里借用一个概念来表示它。

II, 504　　如果说**哈勒尔**的本原在生理学中表象了某种隐秘的质（Qualitas occulta），那么他通过这个措辞仿佛已经预设了未来对现象本身的那种解释，并无声地预告了，生命概念只能作为大自然中每一个个体内主动性与被动性的绝对结合，才能构造起来。

因而哈勒尔为他的时代选出了生理学中**最真确**也**最完满**的本原，因为他一方面抛弃了机械的解释方式（因为在应激性概念中已经有那样一种意味，即应激性用机械原因是无法解释的），另一方面却没有与**斯塔尔**①一道陷入种种超物质的虚构幻境之中。

如果**哈勒尔**想到了如何**构造应激性**概念，他无疑会看到，这个概念要是没有**相互对立的本原**所构成的某种**二元结构**，因此也没有**生命器官**所构成的某种**二元结构**，便是不可想象的；那样他当然也会认为**神经**在应激性现象那里**派不上用场**，由此也就会使我们的时代免于某种分裂了，即免于他的（部分而言确实颇有迷信色彩的）支持者和片面拥护只在神经中起作用的**单一之物**的那些人之间的分裂。

这场争论唯有通过**两种**一旦**分离**便会陷入**错误**的本原之间的结合，才能得到平息；从经验的理由出发，**普法夫**②最初在他的《**论动物的电与应激性**》一书中（第258页）进行了这种结合，因此正如我认为的，他就先行划定了对动物运动的一切解释都必须严守的

---

① 斯塔尔（Georg Ernst Stahl，1659—1734），德国冶金学家、炼金术士、化学家、医生。——译者注
② 普法夫（Christoph Heinrich Pfaff，1773—1852），德国医生、物理学家、化学家，研究以生物电学见长。——译者注

一些界限。因为两种本原的这种结合对于从本原出发尽可能地构造动物生命概念的必要性,恰恰是可以先天地(a priori)被推导出来的,这样一来,人们在这里就有了哲学与经验在同一点上汇合的一个显著的例子,未来还会有更多这类例子被发现。

3

a)**生命的肯定性的最初原因连续不断**而**直接地**对一些器官**起作用**,这些器官必定被表象为**主动的**器官,它又仅仅**间接地**(通过前面那些器官)对一些器官起作用,后者必定被表象为**被动的**器官(神经与肌肉)。

b)生命过程的可能性预设了:

aa)某种**原因**,它通过不断起作用而一再重新激起反应过程,而且不间断地维持它,因而它是这样一种原因,它不能涉入反应过程本身中(比如作为成分),或者说不能因反应过程才**产生**出来。

bb)所有**物质性本原**都作为**否定性条件**而隶属于反应过程本身,它们之间的冲突(分离或结合)**构成**了生命过程本身。这个命题反过来也说得通:所有涉入生命过程本身之中的本原(比如氧、氮等等)都不能被视作生命的**原因**,而只能被视作生命的**否定性**条件。

c)生命的**肯定性**本原必定是**一体的**,否定性本原必定是**多样的**。这多样之物结合为一个整体的可能性有多少种,就会有多少种特定的有机体,它们中的每一个都表象出一个**特定的**世界。生命的各种否定性本原全都有一个共同之处,即它们虽然是生命的**条件**,却不是生命的**原因**;作为一个**整体**来看,它们都是动物的应激性的本原。

  注释：苏格兰人布朗①虽然使动物生命源于两种因素（**动物的应激性**和**激动力** [exciting powers]），这看起来固然与我们所说的生命的肯定性和否定性本原相一致；但如果人们细察**布朗**的激动力指的是什么，就会发现他以此所理解的是那样一些本原，它们照我们看来已经属于生命的**否定性条件**了，因而**生命的肯定性原因**这个尊贵名号是归不到它们头上的。很快他在其体系的第二章中就提到了几种激动力：**热**、**空气**、**食物**、其他一些被胃吸收的物质、**血液**、与血液相分离的种种**体液**，如此等等！（**布朗**：《**医疗学体系**》，**普法夫**译本第 3 页）。由此可见，要是人们认为这位苏格兰人飞升到了生命的最高本原那里，他们怕是过于盲从他了；毋宁说他一直处在一个从属性层级上。否则他就不可能说这样的话："应激性是什么，这我们是不知道的，我们也不知道它是如何受激动力刺激的。——在这里以及其他的一些类似的对象上，我们都必须严守经验的界限，并且小心翼翼地避免有关大体而言不可把捉的那些原因的滑头的研究，避开哲学的那条毒蛇。"（同上书，第 6 页）

  人们从布朗的这些和其他许多文句可以看出，他想到的是应激性的**基体**，那当然是一个完全没有哲学意味的概念，如果想要就这样一个概念说出点哲学，那当然是一个**滑头的**计划。——现在的问题在于：**应激性**是一个**综合性**概念，它表达的是各种否定性本原的某种多样性因素；但**布朗**并没有如实地接受它，否则的话他也能对它进行分析了。**布朗**在这个概念下想到的是动物生命中彻底被

---

① 布朗（John Brown, 1736—1788），苏格兰医生、神经生理学家。——译者注

动的东西。但设想大自然中有某种彻底被动的东西是荒谬的。但如果人们将这个概念作为综合的加以接受,那么它所表达的无非就是**生命的一切否定性条件的共同之处**(复合体 [Complexus]),**布朗**的激动力也属于此列,因此通往生命的真正肯定性本原的道路还是开放着的。

从激动力与生命的肯定性本原之间的这种混淆来看,**布朗**关于生命的表象中那显著的东西[①],以及他的整个体系中的**过分之处**,便再自然不过地得到了解释,**巴德尔**先生也注意到了这一点(见他的《基础生理学论集》,第 58 页)。顺便提一下,这里只涉及作为**生理学家**的**布朗**,这是他的支持者们给他打扮出来的形象;而作为**疾病类型学家**(这是他唯一**想要**树立的形象),他的功绩则越来越受到认可,因为一切疾病的直接来源还是要到**生命的否定性条件**中去寻找,**布朗**对疾病进行分类的整个根据都得自于这些条件。

III. 论生命过程的否定性条件

1

生命过程的否定性条件是**各否定性本原之间**的某种**对抗**,这种对抗通过肯定性本原(生命的最初原因)的不断作用来维持。

如果这种对抗在生物中恒久存在,那么它内部的各种本原之间的平衡就必定不断被打破。这一点的根据依然不在生物个体本

---

① 第一版中为:"显眼的东西。"——原编者注

身中。这里重又表现出植物与动物之间原初的对立。因为在植物中维持着某种脱氧化反应过程,这样一来,植物有机体中的平衡就被打破了,被一种普遍能发散出氧的原因打破了。这样一种原因就是**光**。众所周知,植物生长的过程在于**水**的某种**分解**,因为某种脱燃素化本原从植物中被散发出来了,而可燃的东西则保留在它内部了。通过光的作用,生气从植物中被发散出来,就**此**而言,它就将湿气吸引到它的整个表面上了;这样看来,这个反应过程似乎是自动延续下去的,因为平衡不断被打破,又不断被恢复。因此**光的作用**(**一般来说**)就是一切植物生长的最初条件。

我注意到,倘若人们将光当作植物生长的**原因**,那还是会误入歧途的;光不过是**激动力**,不过是植物生长过程的否定性条件而已,这过程的**原因**则完全不同于此,这一点从——比如说——下面这种现象来看极为明显,即水在植物内部的上升既不能通过光的作用,也不能通过植物根管的应激性来解释,因为这种应激性本身也只有在某种肯定性的、不断对它起作用而又与**光**相区别的原因的条件下才是可以解释的,因为在各种管道的结构不变的情况下,甚至在气道一类的东西持久保持弹性的情况下,当植物死去(人们不知原因何在)的时候,它内部的所有运动都停止了,因此即便植物生理学家们——我们要将显微镜下对植物根管的最精确的认识归功于他们——最终都要"回到起驱动和推动作用的**力量**(在这种力量的论说上,自然学说还不算训练有素)和生命本原上,这本原通过某种井然有序的运动,造成了植物中发生的一切"。(参见黑德维希:《论纤维的植物起源》①,第 27 页;洪堡②:《植物化学生物学箴言录》,第 40 页。)

2

与植物那里恰恰相反的情形,必定在动物那里发生。因为动物的生命是一种**脱燃素化反应过程**,那么动物内部各种否定性本原之间的平衡必定由于**燃素物质**的接受和形成而不断被打破,单单因此,动物就必定能够进行表面上显得**服从自由选择的**那种运动了。因此动物身体内部的两种否定性生命本原就是燃素物质和氧(仿佛生命杠杆上的那些砝码),二者之间的平衡必定不断被打破,又不断被恢复。这种现象之所以成为可能,不是因为动物恰好在呼吸时以和它形成燃素物质的程度成正比的程度分解着氧,反之亦然。

实际上,在动物身体内,在空气分解的量和燃素反应过程的量之间发生了一种精确的交互关系,大量的经验使得这一点毋庸置疑。一般而言,动物内部空气分解的量既不取决于它们的**重量**,也不取决于它们内部**生命过程**的量。这样,在**更灵活的**动物——比如鸟类——的肺里,比起那些**更迟钝**,但重量上比其他动物占优势的动物来,按比例而言,就发生着远远更多的空气分解。一个动物所需要的食物的量,同样也不那么规则而精确地取决于它的**重量**:

II, 509

---

① 谢林在此有所节略,全书名为《论纤维的植物起源与动物起源》(*De fibrae vegetabilis et animalis ortu*)。——译者注
② 指亚历山大·冯·洪堡,下同,不另注。——译者注

迟钝的骆驼在沙漠中旅行时可以整日忍受饥饿,呼吸更快的马则需要更快得多地补充快速消耗的燃素材料。——所有动物在消化的时候,都远比在饥饿状态下分解或毁坏更多的空气。

如果身体内脱燃素化本原过量了,那么(依据**格尔坦纳**的看法)就会产生动物的那种不适感,人们称之为**饥饿**;动物以看似任意的行为缓和饥饿,实际上它不过是在遵循一条必然的规律,根据这条规律,生命的否定性本原之间的平衡必定不断得到恢复。通过缓和饥饿,燃素本原变得过量了;单凭**呼吸**(在快速消化的动物那里)达不到恢复平衡的效果,这便产生了**口渴**现象,这种现象通过水(作为脱燃素化本原的工具)的吸收,然而最快的是通过**酸性**的,同时又总是**冷却性**的饮料(人们可以回想一下,氧是热容量增加的普遍根据)的吸收得到了缓和;而这样一来,生命的否定性本原之间的对抗就通过双方之间持久地交互过量(Wechsel des Uebergewichts)的现象,得以保持自身。

3

生命的否定性本原之间的平衡总是会被打破,又总是会被恢复。因而通过食物进入身体内部的燃素物质必定首先被分解,它的那些更强烈地与氧发生结合的成分必定被排出体外,只有那些更强地与氧产生平衡的成分才保留在体内。大自然是通过哪些运行造成这种分解的,这一点我们不知道该如何明确规定,但我们现在已经可以指明食物材料在体内经历的分解的所有层级了。

动物的食物或者是植物性的,或者是动物性的;植物性食物的主要成分是碳、氢、氧,而动物性食物中除了这些之外,氮占主要部分。大自然的首要事务是将这些不同的材料从它们的结合状态中离析出来,在消化器官中氢似乎已经与其他成分脱离了。不知通过何种机制,在发生这种分离时,淋巴管已经在协同作用了,它们马上就吸收了,这种吸收很类似于同化现象。碳似乎首先在小腹中被发散出来,首先助成此事的是**脾**,血液在脾中流通时会变为**黑色**(参见**普卢奎特**①:《**生理学概要**》,§927);此后在**肝脏**里似乎就发生了碳与氢的内在结合,由此产生了某种**油**(胆汁与之最相似),以及动物脂肪最初的基础,那脂肪首先是在肝脏里分泌出来的。最后,似乎在形成所谓**乳汁**时就已经有可凝结的部分(氮)显露出来了;在穿过淋巴管的过程中,尤其在腺体中,似乎还有已形成的油要被沉淀下来;这股流体最终注入到血液中,在那里各种汁液达到了它们的形成的最高层级,而身体的固定部分就是直接从血液中来的。然而在穿过各种不同的管道的过程中,血液的结合状态又不断被改变;首先血液在其循环过程中似乎要充满氮,后者通过大自然最后的配置(氧与肺的接触),最终是要摆脱血液的。

很明显,大自然的所有那些先于同化而发生的运行,都以**氮**(作为动物物质的主要成分)与食物的其他材料的分离为目标。因此动物化(Animalisation)②的机理似乎首先在于,在食物汁液穿过先已分离的各器官时,**氮**逐渐就获得了超过其他材料的优势。近

II, 511

---

① 普卢奎特(Wilhelm Gottfried Ploucquet,1744—1814),德国符腾堡地区医生,曾任图宾根大学校长。——译者注
② 指化为动物物质的反应过程。——译者注

代化学无疑引领我们走过了极远的路程。(可参见**富克鲁瓦**①发表在《**化学哲学**》上的卓越论文《**论动物实体的产生**》,德译本,第149页。)

我们仅仅知道事情是如此这般是不够的:我们还需要知道,为什么事情必然**是**如此,而不**可能**是别的情形;我们上文提出的那些本原回答了这个问题。

4

一旦身体中的否定性本原之间的平衡被打破,大自然就赶紧将它恢复。但这种平衡只能是一种**动态的**平衡,就像是温度在一个物体体系中达到的平衡那样(依照上文提出的解释)。我们设定,在一个物体体系中温度总量会由于外来的影响而增加,那么当大自然以固定不变的比例增加物体的热容量时,大自然还是能维持平衡的。那么在动物的身体中,大自然就要在氧和燃素材料之间不断维持平衡。因为现在氧恰恰是和燃素材料在身体中被接受的程度成正比地在呼吸中被分解的,那么在活的身体中动物化的整个过程的目的,似乎就是将它对氧的容量增加到两种对立本原相互之间能完满地维持平衡的程度。当身体不断被渗入氮的时候,此事就发生了。在健康身体中,大自然必然规则性地在完成同化过程之后才达到这种平衡。但由于那些否定性本原中的一种(氧)会不断重新被引向身体那里,所以这种平衡就只能是**暂时的**,

---

① 富克鲁瓦(Antoine François Comte de Fourcroy,1755—1809),法国医生、化学家和政治家。——译者注

而且一旦达到便必定再次被打破,真正说来生命便仅仅在于平衡的这种不断恢复和打破。

现在看来,大自然在不断使氮渗入身体中(真正说来营养的本质仅仅在于此)的时候,实际上达到了恢复生命的否定性本原之间平衡的目的,这一点可由下述评语来澄清:

II, 512

氮气就其在大气中被传播而言,不是任何可燃材料,而且迄今为止也只有通过电火花才能使它与氧发生结合。在身体中是否发生类似的情形,这个问题我们暂且搁置不论,但我们注意到,这种材料直到它被氧化到一定的程度之前,恰恰都需要对氧的最大容量,这样一来,它(正如在氮气中发生的那样)通过单纯的接触,就大量且快速地将氧分解了。因而当大自然在身体中增加了氮的量时,仅有的意图便是恢复身体中的否定性生命本原之间的动态平衡,因为这种材料比别的任何材料都更适合于吸住氧。这是通过什么机理,以及以何种方式发生的,这些问题我暂且搁置不论。——是我弄错了吗,还是大自然通过这种机制同时也为应激性这种动物物质最引人瞩目的特质奠定了最初的根据?

*　　　　*　　　　*

注释:当人们想到,**围绕我们地球的水蒸气**将那两种其冲突似乎构成了生命的元素,以和动物身体行事的方式同样未知的方式结合在自身中了,这样人们才会看到下面这种现象**有何种**意义,即(依据**利希滕贝格**的措辞)一切(这至少是地球最美丽之处)都是从水蒸气中流淌出来的。实际上,如果说生命的秘密在于否定性本原之间的某种冲突,这些本原中的一个似乎(以氮的方式)抵制生命,另一个似乎总是重新激发起生命,这样一来,大自然在大气中就已经写下了地上的普遍生命的草案,而人如果不希望自己是随意胡乱构成的,他至少必须承认,他与全部有生命的造物分享了他希望世世代代流传的那个以太本源(ätherischen Ursprung)。

因为生命和有机体的肯定性本原是绝对的一(Eines),那么真正说来各种有机体之间就只有通过它们的否定性本原才区别开来。

近代化学称**碳**为植物生长的否定性本原;但由于碳本身(至少在原初的意义上)无疑是植物生长的**产物**,那么几乎无可怀疑的是,**水的可燃成分**真正说来就是植物生长的原初否定性本原,由此产生了下面的类比,即在全球扩展的**水**在其自身中包含了一切**植物生长**的最初草案,正如到处可见的**空气**在其自身中包含了一切**生命**的最初草案。

如果说大自然在那些僵死的实体中(如在水和大气中)达到了相互对立的本原之间的某种结合,那么它在有组织的东西中又消除了这种结合;但植物生长和生命只在于**分离**和**结合**的**反应过程本身**,而**彻底的**分离堪比**彻底的**结合,它就是死亡的开始。

照此看来,元素之间的那种在整个大自然中扩展开来的二元结构,正如在一个狭窄的圈子里一样,在地球上的有机体中闭合了,这一点我们目前可以通过下述图式直观地加以呈现:

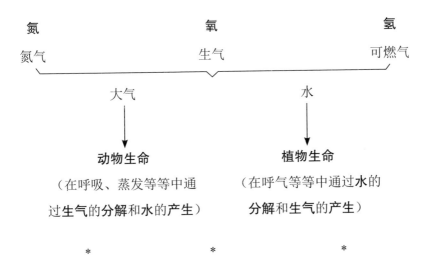

5

大自然在现在描述的反应过程里的直接目的只是这**反应过程本身**,只是物体中的否定性本原之间的平衡的不断打破与恢复:**在这个反应过程中仿佛私底下产生**的东西,对于反应过程本身而言是**偶然的**,不算大自然的直接目的。

A

1)首先大自然不能使生命的物质性本原摆脱它本身最初刻入物质之中的那些普遍规律。因而在有生命的物质中,正如在一切别的物质中那样,存在着对平衡的某种不断追求;但平衡一旦**达到**,便是**死寂**。因而在大自然于其中维持着某种有组织的反应过程的每一个物体中,都必定有僵死的团块在**萌发了**(**成长**、**给养**)。

但这种**萌发**只是**生命过程的伴随性现象**,而不是**生命过程本身**。由此看来,动物物质发源于生命过程之中完全是**偶然的**,而且(依照有机体概念)情况必定如此,僵死团块的给养和萌发(这团块通过它的影响最终会压制生命本身,要是物体中固定部分相对于流动部分的比例大幅增长之前,生命还没有死于其他偶然因素的话)是大自然的某种**盲目**作用,这种作用违背大自然真正的意图,似乎也违背大自然的意志(invita natura),作为大自然无法阻挡的一种后果,从那些必然在无机世界以及有机世界中起支配作用的规律中产生出来。

2) 大自然仍然没有将有机物质完全交付给僵死的引力,反而在寻求平衡的惰性物质的这种追求与抗拒活动中,以及在赋予生机又讨厌平衡的大自然中,至少**被迫进入特定的形式和形态**,恰恰因此,这种形式和形态在人类判断力看来就是大自然的**目的**,因为当大自然尽可能长久地将相互对立的元素**分离开**时,这种形式是无法产生的,而那样的话大自然就会迫使它们恰恰在某种特定的(似乎与它的目的相适应的)形式下从它手中溜掉。由此必然性与偶然性在每一个有机体中的绝对结合就得到了解释。动物物质在一般意义上的产生,在我们看来还不是大自然的**目的**,因为这样一种产生只是依照盲目的必然性规律进行的。但对于这种物质向着特定**形态**的构形,我们却只能将其视作大自然的**偶然**成果,就此而言也只能视作某种人格化了的(personificirten)大自然的**目的**,因为大自然的机理并不**必然**会产生某种特定的构形。

因而在我们看来,生命真正的**化学**过程只能解释大自然盲目和僵死的作用,这类作用运行在活的身体和死的物体中,但却不意味着大自然本身在活的东西的盲目力量的这些僵死作用中仿佛也还维持着它的**意志**,这一点并不是通过动物物质的**合目的的构形**显露出来的,很明显它只能从那样一种本原出发来解释,它处在化学过程的层面之外,而且并**不**进入化学过程之中。

附释:1. 如果我们考察一下**有机体**概念的本源,我们会得到如下结论。

在大自然的机理中我们认出了(只要我们不把这机理本身当作**回归**到其**自身**之内的某种**整体**)原因与结果构成的某种单纯的相继序列,这个序列中没有任何一个部分是自在地持存的、持久不变的、经久不衰的——简言之,根本不能**构成**一个**它自己的世界**,也不过就是那样的一种单纯的**现象**,它依照某种特定的规律产生,又依照另一种规律消失。

但如果这些现象受到**束缚**,或者如果大自然本身**迫使**物质性本原**在某个特定的层面内部起作用**(否则的话它们就会四分五裂,归于消散),那么这个层面就会表现出某种持久不变和不可移易的东西。那么**经久的东西**就不是这个层面内部的那些现象(因为这些现象在这里也会产生又消失,消失又再产生),**经久的东西**反而是这个**层面**本身,在这个层面内部那些现象才得到**概念性把握**:这个层面本身不可能仅仅是**现象**,因为它还是在那些现象的冲突中**产生**的东西,是那些现象的**产物**,仿佛它们的**概念**(**持久不变的东西**)。

II, 516

恰恰因此,**概念**便是某种**固定下来、宁静不波的东西**,是归于消散的种种现象的**纪念碑**；在那个**产物**中种种现象便是那变动的东西，它们的产物就是那变动的东西；不可移易的东西唯有（某个特定层面的）**概念**，那些现象必定会不断表现这概念；在这个整体中存在着**变动的东西**和**不可移易的东西**的某种绝对的结合。

因为这件事中那（并不显现的）**不变的东西**只是共同起作用的那些**原因**的**产物**（**概念**），那么这产物本身就不可能又是某种只有通过其作用才被区别出来的东西，而必定是**那种东西**，它在其自身内就具有某种区别特征，而且它置身于它的一切作用之外，**在其本身就是其所是**，简言之，在**其本身**就是某种**整体**和**闭合的东西**（in se teres atque rotundum）。

因为这个产物的概念根本不表现任何**现实的东西**，就此而言它是共同起作用的那些**现象**的概念，而且因为反过来看，这些现象根本不是任何**持久不变的东西**（固定下来的东西），就此而言它们是在这个**概念**内部起作用的，那么在那个产物中**现象**与**概念**就**不可分割地结合起来了**。

当然，这个产物中**不变的东西**仅仅是它所表现的那个**概念**；但由于这个产物中的物质与概念不可分割地结合起来了，那么在这个产物的**物质**中也就必定有某种**不可毁坏的东西**。

但**物质**在其**自身**就是**不可毁坏的**。一切**实在性**，我们的认识中**不可超克的东西**，都取决于物质的这种**原初**的**不可毁坏性**。但这里的关键不是物质的**这种**（先验意义上的）不可毁坏性。由此说来这里的关键就必定是某种**经验意义上**的不可毁坏性，亦即那样一种不可毁坏性，它不应归于物质**本身**，而应归于作为某种**特定东**

西的**这种**物质。

但使得某种物质成为某种**特定**物质的东西,要么是它的**内在因素**,即它的**质**,要么是它的**外在因素**,即它的**形式**与**形态**。但物质的每一种内在的(质的)变化都通过**它的内聚性程度的改变**而启示于**外**。同样地,如果物质的**内聚性**——至少部分地——不被取消,它的**形式**与**形态**也不能被改变。因而表示某种特定物质的**可毁坏性本身**的共同概念就是**它的内聚性的可变性**,或者它的**可分割性**(由此看来,如果没有彻底实现的无穷分割,任何化学分解都是不可想象的)。

因而那个**产物**的物质只有就其不是作为**一般物质**直截了当地是**不可分割的**(因为那样的话它必定是**可分割的**),而是作为**这个特定产物的物质**是不可分割的而言,亦即就其表现了这个特定的**概念**而言,才是不可毁坏的。

因而它必定同时是**可分割的**和**不可分割的**,亦即在**不同的意义**上是可分割的和不可分割的。的确,只有就它在另一种意义上是可分割的而言,它才必定在某种意义上是不可分割的。它必定**像其他的每一种物质一样**是可以**无穷分割**的,必定作为**这个特定的物质**是**不可分割的**,那同样是在**进至无穷**的意义上说的,亦即通过无穷分割不会在它之中见到任何一个并不表象整体、不回指向整体的部分。

照此说来,这个产物的区别特征(它从单纯**现象**的层面取来的东西)就不是任何**绝对的个体性**了。 II, 518

它必定只有就其(照**现象**来看)是**可分**的而言,才是(照**概念**

来看)**不可分**的。因而在它之中必定**可以区分**出各部分来。但**各部分**(这里谈的不是**元素**,因为虽然普通物理学有这种表象,但元素不是**部分**,而是物质本身的**本质**)只有通过**形式**与**形态**才被区分开来。

因而物质的**成形和造型**就是向**个体性**的首次过渡。在普通生命中,一切自动便得以维持或假借人手而获得**形象**的东西,便都被看作或当作个体。因此需要先天地(a priori)推导出来的是,每一个**固体**都有某种**个体性**,还有就是,**从液态向固态的**每一次**过渡**都与某种**结晶**,即与**向着特定形态的形成**,关联在一起;因为**液体**的本质恰恰在于,在它当中不会见到任何**部分**是通过**形象**与其他各部分区别开来的(它处在绝对的连续性中,亦即液体各部分的非个体性中),反之那个过渡的反应过程越彻底,不仅整体的,而且各部分的形象便越明晰。(从化学中不难得知,任何合乎规则的结晶的形成,当它**静静地**发生时,亦即当物质从液态向固态的自由过渡不被打乱时,都是不可能的。)

引人瞩目的是,即便被普遍接受的那种语言用法(最近有一些人基于很好的理由在悄悄反对这种用法了),也将**流体**之名赋予那些不能从其中区分出任何**部分**来的物质性原因了:人们就是这样普遍地谈论**电流体**、**磁流体**(fluide électrique,magnétique)的。

人类的技巧就在于,既将不可毁坏性,也将**可毁坏性**赋予未经加工的物质,亦即它只能**在某个特定的程度上**达到大自然在它的一切产物中所达到的那种不可毁坏性。任何未经加工的物质,就它通过人类的技巧获得某种特定的形式而言,人们都不说它是**可**

毁坏的。研究古代的行家所精通的是(或者至少表现得像他精通此道一样),从一个断裂下来的雕像头部不仅能测定它所属的整个立像,甚至常常还能测定它所属的那个艺术时代。然而**整体由部分而来的这种可认知性**在自然产物那里(即使当训练有素的眼光不能进一步追踪它时,更敏锐、更有穿透力的眼光也还可以继续进行下去)可以无穷推进,在艺术产物那里却永远不能无穷推进,由此人类艺术的不完备性恰恰显露出来了,人类艺术不像大自然那么具有穿透力,而只能支配一些表面的力量。①

这样一来,关于每个有机体的不可毁坏性的那个概念无非是指,在有机体中即便细分到无穷,也不会见到任何部分是不在自身中仿佛延续了整体的,或者不能在其中认出整体的。——但一个部分之所以能从别的部分那里辨别出来,仅仅由于它是**这另一个部分的结果**或原因。那么由此看来,从个体性概念中就得出了每个有机体的双重面向,即有机体作为**观念性**整体是所有**部分**(即作为**实在性**整体的它自身)的原因,而作为**实在性**整体(就其具有**各部分**而言)是作为**观念性**整体的**它自身**的原因,那样人们就毫不费力地在大自然的每一个产物中认出上文中提出的**概念**与**现象**(观念东西与实在东西)的绝对结合了,而在有限的规定那里发生的事情是,**每一个真正个体性的东西都同时是其本身的结果和原因**。但我们必须视作仿佛同时是其本身的原因和结果的这种东西,我

---

① 第一版中这里还有下面的话:"大自然单独就可以赋予它的各种产物以**不可毁坏性**,换言之,**可无穷毁坏性**。(下面这一点的根据便在人类精神的深处,即为什么一切无限者,由于我们**内部**和**外部**都永不可能**现实地**出现某种**绝对**的**无限性**,就必须作为某种**经验的**无限性、**时间中的无限性**被构造出来。)"——原编者注

们称之为**有组织的**东西（康德在《判断力批判》中分析了这个概念）——因此**大自然中带有个体性特征的东西便必定是一个有机体**，反之亦然。①

2. 在每一个有机体中，(各部分的)**个体化**都进至无穷。(这个命题，如果也不能证明它是出自于经验的建构性本原，至少一定可以作为**调节性的东西**，充当每一种研究的基础；即便在普通生命中我们也断定，我们越是能更进一步追踪这种个体化，一个有机体就越完满。)因而起组织作用的反应过程的本质必定在于**物质的那种进至无穷的个体化**。

但现在看来，就一个有机体的部分中还能辨认出有机体的**整体**，那整体仿佛还在那里被表现出来而言，却没有任何部分可以说是**个体性的**。但这个整体本身却仅仅在于**生命过程的统一性**。

因而在每一个有机体中，就整体而言，生命过程最高的**统一性**居于支配地位，同时就每一个器官而言，生命过程最高的**个体性**居于支配地位。然而当人们假定**同一个生命过程在每一个生物中都个体化至无穷**时，上述双方却无法结合起来。我们必须暂时将在生理学上阐明这个命题的任务搁置一下；它先天地(a priori)就是确定的，而目前这一点对于我们而言就够了。但在这个命题中还隐藏着另一个命题，在我们看来这里真正重要的就是后一个命题。

"每一个器官的个体性只能从使它得以产生的那个反应过程的个体性来**解释**。"——然而我们现在部分地是在一个器官原初的**结**

---

① 前文"有组织的"(organisirt)与"有机体"(Organisation)的原文有直接的词源关联，中译体现不出来。——译者注

合状态**中,部分地是在它的**形式**与**形态**中才认出这个器官的个体性的,或者毋宁说,一个个体性的器官无非就**是**与这种特定的物质形式结合在一起的这种特定的个体性结合状态。因而**混合型态就像器官的形式一样**不可能成为**生命过程的原因**,而是相反,**生命过程本身是结合状态以及器官的形式的原因**。因而很明显,如果我们希望探寻生命过程的某种**原因**(而不是**各种条件**),那么这个**原因就要到器官外部**去寻找,而且要远远高于器官的**结构**或**结合状态**,后者本身必须被当作生命过程的结果。

此外,由于生命过程本身仅仅存在于生命的否定性本原之间平衡的不断打破和恢复,也由于这些本原正是一切在动物有机体中产生的混合型态的元素,那么生命过程真正说来就只是动物器官的**个体性结合状态**的直接原因,而且只是**通过如下方式**达到这一点的,即生命过程将各种抵抗元素,包括所有器官的**形式**的**直接原因**,都**整个地**逼入某种特定的结合状态中;那么由此就能得出这样一个命题,即**并非动物物质在整体上的以及就单个器官而言的特质**取决于**它原初的形式**,而是相反,**动物物质在整体上的以及就单个器官而言的形式**取决于**它原初的特质**。有了这个命题,就掌握了解释有机的自然王国中那些最引人瞩目的现象的钥匙,而且这个命题才真正将有机体与机器区别开来,在机器中单个部分的功能(特质)取决于它的**形象**,相反,在有机体中每个部分的**形象**取决于它的**特质**。

注释。现在我们可以从已经采取的立场出发,刻画一下到我们的时代为止生理学的逐步提升所达到的各种不同的层级。

原子论哲学不仅对自然科学的各个命题,而且对整个自然哲学的**精神**造成的那些毁灭性影响,也通过如下方式在生理学中表现出来,即人们过去是到器官的**结构**中去寻找生命的各种最突出现象的根据(因而即便**哈勒尔**也是从它们特有的结构出发解释肌肉的**应激性**的)。后面这种意见(如原子论的许多表象方式)可能已经被最普通的经验驳斥了(比如在所有器官的结构完全不变的情况下,死亡可能突然发生);尽管如此,直到最近的时代为止,在许多生理学家那里**生命**和**有机体**还是同义词。

哲学精神的那种不易察觉的变化会慢慢造成哲学思维方式的某种全局**革命**,这种变化已经在单个产物中表现出来了(比如**布鲁门巴赫**①的构形本能,对这种本能的假定算得上在机械自然哲学的界限之外踏出的一步,而且再也不能从结构生理学出发来解释了,因而很有可能的是,人们直到最近为止都没有尝试过将这种本能还原为自然原因),而与此同时,化学上的种种新发现越来越将自然科学从原子论的道路上引开,也将动力哲学的精神传播到所有头脑中去了。

人们必须将一种名誉授予化学生理学家们,即在他们的那套僵死的化学允许的范围内,他们才首次超越了机械生理学,虽说他们对此只有朦朦胧胧的自觉。至少他们首次将如下命题作为**本原**提出来了(尽管他们在其种种主张中并非一直忠于这一命题),即器官的**形式**并非它们的特质的原因,它们的特质(它们的质,化学

---

① 布鲁门巴赫(Johann Friedrich Blumenbach,1752—1840),德国解剖学家和人类学家,他奠定了动物学与人类学这两门学科,他是预定论的反对者,主张活力论和种族理论。——译者注

混合型态)反而是它们的**形式**的原因。

这里似乎就成了它的边界。作为**化学**生理学家,他们到了动物物质的化学特质这里之后就再也不能进一步回溯了。哲学在过去还大有可为的是,即便这些特质的根据,也还要到更高的本原那里去寻找,因而生理学最终要完全超越僵死的物理学的领域。

此外,物质与形式的不可分(这构成了有组织物质的本质)似乎在无机自然中的某些产物身上就已经启示出来了,因为许多产物(当它们的构形不被干扰时)都结晶到它们**自身的**某种形式之下了。如果说特别不同的各种物质,比如在相同的状态下从某种共同的分解介质中分离出来的那些不同的盐,其中的每一种都结晶为其特有的形式,那么人们就可以只到原初的**质**中,甚至——因为一切结晶的肯定性本原无疑都是同一个——到它们的**否定性**本原之间的某种原初差异中去寻找这种现象的根据。——然而,(与**普雷沃**一道)将一切结晶都看作源自原始而不变的一些形态的不同堆积方式的次级构形,即便这样一种本源同样可以以数学方式构造出来,这种看待方式也不过是一种机敏的戏耍,因为如此简单的一种构形也不能被任何一种那样的形态证明,因而它并非什么**次级的**构形。

3. 如果说器官的形式和形态是它们的质的后果,那么问题来了,这些质最初又取决于什么?——它们最初取决于结合状态下的各种元素在量上的比例关系。现在的关键是,它们中那些原初的元素中的哪一种取得优势(是氮、氧还是碳,等等),或者说是否很可能这些元素中只有一种在结合状态中起支配作用。各种器官

II, 523

之间的所有差异都只基于动物身体中这些元素之间可能的种种结合方式,这一点愈发无可置疑了,因为各种器官之间的某一种层级序列,即从那些最缺乏氮的器官到那些必定包含最多氮的器官(那是应激性真正的所在)的层级序列,已经可以感知到了,正如我下面将会证明的那样。

这样一来,人们就会在这个序列中,不仅通过对动物的单个部分进行化学分析,首先还通过考察这些部分的功能,足够精确地规定它们结合时的比例关系了。——我在这里不能分心说明下面这一点了,即由于动物与植物的区别仅仅在于**前者将否定性的生命本原留住,而植物则将其呼出**,那么大自然就不可能通过某种跳跃而从植物过渡到动物,反而在从植物生长逐渐过渡到生命的过程中,必定有某种**材料**加入到植物生长的各种元素中去,它使得它们有能力将生命的否定性本原留住。这种材料就是**氮**,它在我们的大气中与氧结合(人们不知道它是如何做到这一点的),它甚至极难通过人为的手段与氧分离开来被描述,它通盘都表现出与后者之间的某种顽固的亲缘性。现在人们看到了,为什么真正说来氮才是使动物物质独异于植物物质的东西。人们如今只有假定,在**肺**里这种元素在某种程度上与氧渗透在一起,这样才能理解,为什么在这个器官里空气通过单纯的接触就能发生分解,因为正是这种材料在氧化到一定程度之后,就能以极大的力量自行将氧撕裂。

与各种元素的不同结合方式有规则地关联在一起的也必定是某种特有的结晶形式,但这一点不仅仅是先天地(a priori)得知的,也是从许多经验中得知的,因为几乎所有(矿物)结晶体就其在大自然中被产生而言，其结晶能力都归功于与之混合在一起而又通过人为技巧与之分离开的各种不同的元素。

注释。真正说来氮才是那使动物能留住否定性生命本原的东西，由此人们看出，即便像羊肚菌和伞菌（Agaricus campestris）以及大部分霉菌这类有极多的氮混入其中（这就使得这类植物营养丰富）的植物，就呼吸而言也在下面这一点上与动物是一致的，即它们弄脏了最纯净的空气，并呼出不宜吸入的空气（参见**洪堡**：《**植物化学生物学箴言录**》，第107页；《**弗莱堡植物**》，第174页；《**关于应激的神经纤维与肌肉纤维**》，第176页起）。通过硫酸和硝酸，似乎双方就能像动物物质一样被转变为某种相近的实体了（见同上书，第177页）。

4. 一切营养素的来源都在**血液**中，因为每一个器官都有某种**特有的结合状态**，而且只从那个普遍的来源中将这种结合状态有能力加以维持的东西吸引到自身这里来，因此下面这一点就必须被假定下来，即**血液在其流贯身体的循环中不断改变它的结合状态**，经验也与此相符，因为血液不会在不发生可见的变化的情况下就从任何器官中流出。只是因为这种改变的根据要到那器官中去寻找，那么人们也就必须预设，在那器官中有某种**原因**在起作用，那原因使得它**以特定的方式分解**流贯而过的血液，这样同时也就使得它自身能**以特定的方式再生**了。现在看来，这原因就不能再到**否定性**生命本原中，到某种只能由生命过程本身**产生**或分解的本原中去寻找，而照样只能到某种**更高的**本原中去寻找了，那本原**处在生命过程本身的层面之外**，而且仅仅**就此而言才是生命的**

II, 525

最初原因和**绝对原因**。

注释。因而这里我们又立于边界之上了,我们凭着那种僵死的化学是不能越出这边界之外的。——哪一位生理学家从一开始就会迟钝到连下面这点都看不出来,即动物身体中的同化过程和营养过程是以化学的方式发生的?尚未得到回答的问题只有**这一个**:那个化学过程是通过哪种原因得到维持的,它又是通过哪种原因不断被**个体化**以至无穷,使得所有的部分不断能从它当中(总是以相同的结合状态和形式)被再生产出来?如今有些人以他们自己都不明白的一些词汇发起了一场空洞的戏耍:**动物的选择性吸引**,**动物的结晶**,如此等等;这场戏耍之所以显得**新颖**,仅仅是由于老一代的生理学家们害怕将那样一些**自然作用**树立为终极**原因**,无人怀疑那些自然作用发生了,但他们(以及更晚近的这些生理学家)并不知道它们的**原因**何在。

5. 那些生理学家,比如说,对于那些在未获满足的时候,就会驱使人做出最狂暴的行动,也会使人对自己大发脾气的自然本能,该做出何种解释?他们是否读过诗人描述的乌戈里诺①和他的儿子们的饥饿与死亡?——或者说,他们想如何解释那种恐怖的力量,比如当某种隐秘的毒汁有侵染生命最初的源泉的威胁时,大自然就会利用这种力量使这种反抗性材料臣服于动物有机体特有的那些规律之下?似乎许多这类毒汁都以同化的方式在对动物的材料起作用。依据那种僵死的化学的规律,必定会有某种共同的

---

① 乌戈里诺(Ugolino),但丁《神曲》中的人物,曾被投入监狱,他由于饥饿吃了自己的5个儿子,后常被作为人相食的象征。——译者注

产物从双方中产生出来，或许生命凭着这种产物还不足以持存，但那些僵死的力量还不会大力抵制这种产物。大自然在此做了什么？——它使生命的所有工具运行起来，以便抑制毒汁的同化之力，并使其在身体的同化性力量之下就范。并非毒汁的作用，而是生机勃勃的身体自身的某种力量，成了引发这场斗争的东西，这场斗争常常以死亡或康复告终。由此看来（在我看来就是如此）下面这一点就够清楚的了，即在同化过程中起作用的那些僵死的化学力量本身就预设了某种更高的**原因**，它们被这原因支配，并因这原因而运行起来。

B

一般而言，在我看来大部分自然科学家迄今为止都错失了**有组织物体的起源**问题的真义。

如果说那些物体的一个部分有了某种特殊的**生命力**，这生命力像一股魔力一般在活的东西内部消除了自然规律的一切作用，那么正因此它也便先天地（a priori）消除了以物理学的方式解释有机体的一切可能性。

相反，如果其他一些人从**僵死的化学力量**出发解释清楚了一切有机体的起源，那么正因此他们就消除了大自然在构形与组织活动中的一切**自由**。但这两种观点应当被**结合**起来。

1) **大自然在其盲目的合规律性中应当是自由的**：反之在其完全的自由中应当是合规律的，有机体概念仅仅在于这种结合。

大自然应当既非直截了当**无规律地**行动（像生命力的辩护者

们必定会主张的那样,如果他们前后一贯的话),亦非直截了当地是**合规律的**(像化学生理学家们主张的那样),**它反而应当在其合规律性中是无规律的,而在其无规律性中是合规律的**。

因而尚待解决的问题就是这个:**大自然如何在其盲目的合规律性中保住某种自由的样貌,反之在它显得自由地起作用的时候,却又如何能服从某种盲目的合规律性?**

对于自由与合规律性的这种结合,我们现在除了以**本能**称之,是没有任何别的概念的。因而与其说大自然在其构形中同时以合规律的和自由的方式行动,倒不如说,在有机物质中有某种原初的**构形本能**在起作用,由于这种构形本能,它才接受、维持和不断恢复某种特定的形态。

2)不过**构形本能**只是自由与合规律性的那种原初结合在大自然的一切构形中的某种**表现**,但不是这种结合本身的**解释根据**。在(作为**解释根据**的)自然科学的基础上,它完全是一个**外来的**概念,无法进行任何构造,如果说它像传说的那样还有**建设性**意义的话,那就无非是阻挡探究性理性的一根横木,或充塞着隐秘的质的软枕,能使理性安卧入眠。

这个概念已经预设了有机物质,因为那种本能只应当而且只能在有机物质中起作用。因而这个本原就不能显明有机体的某种原因,**毋宁说构形本能这个概念本身预设了有机体的某种更高的原因**;当人们提出这个概念的时候,也就**认定**了这样一种原因,因为这种本能若是没有了有机物质,以及有机物质若是没有了一切有机体本身的某种原因,那都是不可想象的。

这个概念远不是要损害自然研究的自由，而毋宁必定会将其扩展，因为它说的是，人们在有机物质本身中达到的那个有机体的**最终根据**，已经**预设**了有机物质，因而不可能是**有机体的最初原因**，正因此，如果真要寻找这个原因，那就只能到**有机体外部**去寻找。

如果说构形本能已经在无穷远处预设了有机物质，那么它作为**本原**所说的无非就是，如果人们要到有组织的**物质**本身**中**寻找有机体的最初原因，那么这个原因必定在**无穷远处**。但某种位于无穷远处的原因，正是那**无处**可寻的原因，这就像人们说两条平行线相交的那个点在无穷远处时，这种说法无异于说它无处可寻。因而在构形本能概念中蕴含着这个命题：**在有组织物质中，有机体的最初原因要到无穷远处去寻找，亦即那原因根本不是要到那里去寻找的**，因而这样一种原因如果会被找到的话（自然科学永不放弃这一点），**就必定是在有组织物质的外部被找到的**，这样看来，自然科学中的构形本能就永远不能充当解释根据，而是仅仅充当对自然科学家们的提醒，即提醒他们不要到有组织物质本身中（比如在它的种种僵死而起着构形作用的力量中），而要到**它的外部**去探寻有机体的最初原因。

注释。我根本不是在断言，提出这个概念的人本身在此已经想到了这一点，只要能从他的这个概念中得出我由此推导出的意思，那就够了。——这个概念被用来代替进化论，就先为可能的解释开了道（而进化论预先就把那条路截断了）。因为我无法相信，它居然会重新堵塞这条路，它本身居然还会充当**最初的**解释根据，虽然有些人（他们以为这样一个解释根据完全合用了）似乎相信这一点。对于这些人来说，构形本能就是生长、再生等等的**最初原**

因;但如果有人越出这个概念之外并追问,构形本能又是由于何种原因而在有组织物质本身中不断得到维持的,那么他们就会承认他们的无知,并要求人们与他们一道保持无知的状态。——一些人甚至希望发现,连**康德**也在《**判断力批判**》中为这种解释张本了。此外,针对那些号称不可能越出构形本能之外的保证,人们最好的回答就是**这一行动**,即越出去看看。

3)我完全相信,即便从**大自然的本原**出发也是可以解释那些起组织作用的自然过程的。如果不是某种外部的、**并不服从化学过程的**本原在不断对动物物质起作用,在不断重新激起大自然的反应过程,并不断**打破**动物材料依照僵死的化学规律进行的那种构形,那么动物材料的构形就会在没有某种外部本原作用的情况下依照僵死的化学力量而发生,而且很快就会造成大自然的反应过程的某种停顿;但如果这样一种本原被预设下来,我们首先就能从在此协同起作用的物质的种种化学力量出发完满地解释大自然在一切构形中盲目的合规律性,从打破那就化学过程本身而言**很偶然的**,某种外来且独立于化学过程本身的本原对动物材料所特有的种种构形力量出发,完满地解释上述种种构形中的**自由**甚或偶然之物。

4)倘若构形本能就是生长、再生等等的**绝对**根据,那就不可能对它进行进一步的分析了;但它却是一个综合的概念,这个概念就像一切这类概念一样,有**两个要素**,其一为**肯定性的要素**(**大自然的本原**,动物物质的僵死结晶体不断被它打破),另一个为**否定性的要素**(动物物质的各种化学力量)。只有从这些要素出发才能构造出构形本能来。——但倘若它是某种本身不能再进行任何进一步解释的**绝对**根据,那么它必定寓于**如其本然的**、一般的有组织物质之中,并以同样的力度表现在一切有机体中,这就像**重力**作为基本特质同等地归于一切物体一样。但现在看来,比如就不同有机体的再生力而言,却表现出最大的差异性,这就证明这种本能本身**取决于一些偶然条件**(因而并非绝对根据)。

5)如果不对每一个器官分派一种**特有的**(特殊的)**同化力**,整个身体的均衡生长就无以解释了;但这同化力本身却又是某种隐秘的质(Qualitas occulta),如果不是有某种起维持作用的原因在有机体外部被假定下来的话。现在人们可以将下面这一点建立为**规律**了,**即一个器官的特殊同化力越大,它被恢复的力度就越大**。倘若构形本能是再生的**绝对**根据,那么一个器官相较另一个器官而言在不同程度上更容易恢复的现象的根据就无法指出来了。但如果这种本能一方面取决于大自然的某种肯定性本原对有机体的不断影响,另一方面取决于有机物质的种种化学特质,那么人们就会看出,(化学)结合状态和一个器官的形式越是其**特有的**,越具有**个体特征**,它恢复起来也必定越困难。由此看来,恢复力不仅显露出一个有机体巨大的**完备性**,也显露出其**不完备性**。倘若构形本能是绝对的,那么所有形式的再生就必定都是有机体各部分的**普遍**特质,而且在适当的形式下,就不仅是那样一些有机体的特质,在那些有机体中见不到器官的任何显著的个体性(依照质与形式来看)。①

---

① 最后这个长句子在第一版中为:"因而再生力决非有组织物质的任何**普遍**特质,正如人们惯常假定的那样,而且倘若构形本能是**绝对的**(不取决于各种条件),那也是人们必须假定的;它只是那类有机体的特质,在它们内部见不到器官的任何显著的个体性(依照质与形式来看);只有当它在有机体本身的性状中碰不到任何抵抗时,它才表现出来。"——原编者注

人们观察过珊瑚的身体。这种因其牢不可破的再生力而非常著名的造物几乎整个身体都是**同质的**;这里没有任何器官比别的器官更突出;这里没有任何鲜明的形态;整个珊瑚似乎就是**一团流动的胶体**;它的整个组织都只由胶质的小颗粒构成,那些小颗粒又是由某种更精致的,同样是胶质的基础集合而成的(见**布鲁门巴赫**:《**论构形本能**》,第88页)。这些珊瑚在恢复身体的某个**部分**时(因为人们很难说它们有**器官**),恰恰是从它的**身体的所有别的部分**的物质中获取材料的,这就证明,它的再生能力取决于物质的**同质性**,它的整个身体的存在也源自于此。"在此人们分明可以看出,在食物极其丰富的情况下新增的珊瑚却比先前**更小**,而残缺的躯干一旦重新长出失去的那些部分,似乎还是同样善于前行,而且变得更短更薄。"(同上书,第29页)

与此相反,所有的那些无法恢复其失去的肢体的有机体,它的器官该具有多么突出的个体性啊!而且当器官的个体性(因而还包括这些器官的结合状态的**异质性**以及由此而来的它们的**形态**的**差异性**)无穷增加的时候,难道它们重新补全的能力不是在显著减少吗?的确,难道我们没有看出,在同一个有机体中重生力的强度是如何减少的,器官的个体性和坚固性是如何逐渐增加的吗?(依据**布鲁门巴赫**的看法)构形本能的强度与**年龄**成反比地下降,能解释这一点的只能是,因为随着年龄的增长,每个器官也越来越被个体化;因为年老带来的死亡难道不是仅仅由于各器官的**僵化**吗?这种僵化打断了各种生命功能的连续性,而当它使生命**个别化**时,也就使得**整体**的生命变得不可能了。——

难道我们最终不是看到,我们由于其功能的重要性便必定将最完备也最牢不可破的个体性归于其上的那些器官,比如大脑,从它们最初形成时起便以最确定的方式被大自然从其他器官中突出出来了,而且恰恰这些器官最缺乏恢复的能力？依据**哈勒尔**的看法,人们注意到,一旦人们在胚胎上能辨别出什么来,胚胎的头部,尤其是脑部,照比例来看是最大的,而身体与其他肢体则很小。在脑部,人们最终发现了始终如一的构形,在其他所有个体化程度不太高的部分则出现远远更为频繁和显著的变异性(参见布鲁门巴赫,第107页)。(我认为)从所有这些现象来看很明显的是,再生力根本就不是某种绝对的力量,而是**取决于一些可变条件**的某种力量,因而它本身无疑将某种物质性本原预设为它的最初原因了。

C

难道我们不是明显看到,大自然在有机世界里的一切运行都是物质的某种持久的**个体化**吗？——通常假托的所谓植物营养液的逐渐改良和精炼无非就是这样一种前进不已的个体化。植物的汁液涌流得越丰富越粗糙,它的生长就越茂盛越舒展;这种生长不是大自然的**目的**,它不过是为更高的发展做准备的**手段**罢了。

1)一旦种子萌发,我们首先就看到植物的叶片和茎干伸展,而供应给它的营养液越丰富,人们就越能长久地使它维持这种生长,并打断大自然的进程,而大自然只要不被干扰,就会势不可当地努力促成所有营养液的有限的个体化。只有当各种汁液得到充分的扩散时,我们才会看到植物在花萼中发生**收缩**,然后才在花瓣上再次扩展。最终大自然就通过对立的性器官的构形,达到了**一个**植物个体中可能达到的最大的个体化。因为凭着大自然再次通过扩展与收缩的某种更替变换而最终在果实和种子中达到的那个最后的层次,一个**新的**个体的根据就已经被埋下了,大自然会在这个新的个体身上重演它的劳作。"这样看来,它就是通过两性而在扩展与收缩的不断更替变换中,成全恒久的繁殖工作的。"(**歌德**:《**解释植物形变的尝试**》①,1790年)

2)因而可以作为规律被提出来的一点是,大自然在每个有机体中的最终目标就是逐渐个体化(在这种逐步进展的个体化中仿佛附带产生的东西,就大自然的这个**目的**而言绝对是**偶然的**);因为一旦在某个有机体中达到了最高的个体化,依据某种必然的规律来看它就必定将它的存在归于某个新的个体,反过来说,大自然在它于植物中**达到**最高的个体化之前,就不会开始**繁殖**。由此便有了逐步进展的生长,因为抽了芽的植物从一节到另一节、从一个叶片到另一个叶片的延续,无非就是逐步个体化的**现象**,而且就此而言是以繁殖本身在延续同一种自然运行(参见歌德,§113)。

3)因而我们在这里就看到了一切有机体的生长与繁殖之间的那种整体关联的连续性。因为我们在**活的**有机体的成长中恰恰认出了大自然的同一种秩序(因为性器官和生殖力的形成便是生长停止的时候;那些与植物最相似的动物,比如那些像植物一样只有通过形变才获得生殖器官的昆虫,会像花朵一样,一旦生殖完成就

---

① 《解释植物形变的尝试》(Versuch die Metamorphose der Pflanzen zu erklären),歌德(Johann Wolfgang von Goethe)的一部植物学著作。——译者注

死去):那么我们必须将下面这一点视作大自然的普遍规律,即**一切有机体的生长都只是一种不断进展的个体化,这种个体化将在对立的两性形成生殖力的时候达到顶点**。

4)使**两性**得以产生的是**同一种成长过程**:这便是植物那里的显著事实。两性的分离只在成长过程的**不同层级**上才发生。未来的植物的种子达到的个体性的程度越高,两性分离得越早(分为两个植株)。而在其他植物那里,个体化是到后来才达到产生相互对立的两性的那个程度的,然而毕竟还是在花萼展开为花朵之前达到的;那么两性就体现在不同的花上,然而还是结合在一个个体中。最终,在最后的(最高的)层级上,两性的分离与花的开展是同时的,而这样一来,每一株植物简单的成长过程就证实了下面这一点,即**生长**与**繁殖**这两者都不过是大自然的同一种将有机体无穷个体化的势不可当的本能的表现,下面这种普遍的观察与此相符:在那些有着最显著个体性的有机体身上,性别最晚才形成,而反过来,性别的较早形成则以个体性为代价。

5)现在,如果我们看看这种逐渐成长的过程的**原因**,那么很清楚的是,比如说,植物在成长的每一个更高的层级上都处在一个更高的**还原**等级(或**脱氧化**等级)上,它最终是以果实的形成同时达到这个等级的。生成中的植物首先在叶片上伸展开,叶片乃是呼气的第一个装置,因为只有通过叶片,生气才真正能蒸发;还原的产物在第一个层级上表现于花朵上(花朵的颜色归功于氧,而当它不断呼出腐败气体时,这却表明它在自身中留住了那种能赋予生机的材料),最后,在最高层级上表现于**果实**中,这果实既然是从植

II, 535

物中吸取全部营养液的,就会将植物本身完全脱氧化后抛开。

注释。蓓蕾一旦成形,就可以视作一个与母体植物完全不同并自顾自持存着的个体,正如**达尔文**在他的《**动物生理学**》(**布兰迪斯译本**①,第182页)非常漂亮地证明的那样。树上有多少蓓蕾,就有多少新的个体。——此外,大自然只是在蓓蕾这里才达到个体性的第一个层级,这一点从芽接现象就看得很清楚了,因为**树干**的特质对于果实的形成完全是无所谓的。果实的不同特质完全取决于在它形成之前就进行的那个还原过程所达到的不同等级,人们,比如说,由下面这种现象就可以看出这一点,即通过补充氧,植物的某种酸就被转化为另一种酸了。——植物本身之所以相互区别开来,仅仅是因为它们内部的营养液还原所达到的不同等级。人们必须注意的是,脱氧化存在着无穷的等级,而且没有任何等级是最大的。最易燃的暗色植物正如颜色更暗的动物一样,是热带气候特有的;我们所在的天带②中生长出来的芳香植物喜爱的是沙土层的热度。橄榄树最好是在干旱多石的地面生长,最名贵的葡萄则成长于多岩的地上,这就证明,植物汁液的改良仅仅取决于植物内部的还原过程所达到的等级。

6)大自然中在两性内部发生的分离与生长一样都是**必然的**,因为它只是**走向个体化的最后一步**;到此为止的同一个本原,此时就分化为两个相互对立的本原了。我们不禁也要依照二元结构的

---

① 该译本全名为《动物生理学或有机生命的规律》(*Zoonomie oder Gesetze der organischen Lebens*,3 Bände,Hanover,1795—1799)。——译者注
② 这里的"天带"(Himmelstrich)并非指天空的某个区域,而是指与特定天空区域对应的地上区域。——译者注

普遍原理解释两性内部的分离了。当大自然达到（被打破的平衡中的）异质性的极点时，它就依照一条必然的规律回转到**同质性**（回转到平衡的恢复）。当生命的各种本原在单个生物中**个体化**到了**相互对立**的程度后，大自然就赶忙通过两性的结合恢复了同质性。——花朵的雄蕊接近雌蕊，并在授精完成后被后者推开，这个过程所遵循的规律，只是带着相互对立的电的小物体一开始相互吸引，在相互唤醒同质的电之后又相互避开的现象所遵循的大自然普遍规律的一种变体。即便那从单一的雄性精华中分泌出授精成分授予雌性的昆虫，在此遵循的也仅仅是某种必然将它从一方引向另一方的本能。即便我们不能在物质上指出那些能把相互对立的两性分离开来的本原都是些什么，或者说即便我们的想象力不能追索这些本原进至无穷的个体化过程，这样一种二元结构还是存在于自然哲学最初的那些本原中了；因为只有那些属于**同一个身体类型**的生物，才能结合起来生产，反过来说，究竟哪个原理是一切自然史的最高本原（参见**格尔坦纳:《论康德的自然史本原》**，第4页起），这个问题只有从那个普遍的二元结构原理（这个原理在有机自然和无机自然中都得到了证实）才能得出来，即只有在属于**同一个种类**的本原之间才**存在着实在的对立**。如果没有种类上的任何**统一性**，也就没有任何**实在的对立**，而如果没有任何**实在的对立**，也就没有任何**生殖力**了。此外，因为大自然在有机世界中不能容忍任何**中立化**，那么通过相互对立的本原的结合，它的个体化本能就活跃起来了；当它打破了两种本原的比例（通过这些本原的

II, 537

中介，比例才会发生)，在它①面前就会产生一个新个体；在这一运行中哪个本原取得优势，在我们看来是**偶然的**，但必然的是，某个本原对于另一个本原的优势是通过某种不同的构形显露出来的，这一点无疑和下面这一点同样自然，即在洒了琥珀粉末的树脂块上，有的形状带正电，有的形状带负电。

6

有机自然以及无机自然中的每一种构形，都是通过物质从液态向固态的某种过渡发生的。这种过渡在动物的流体那里首先称作——凝固。引人瞩目的是，在血液（一切营养液的直接来源）中似乎就能看出动物身体的主要器官的那种二元结构了。血液一旦从血管中流出，就自行分解为两个不同的部分，血块和血清。看起来似乎确定无疑的是，前者包含了肌肉的成分。那种认为血液在身体外部仿佛是通过丢失**热量**才凝结成块的看法，已经由**休森**②，后来又由**帕尔芒捷**③和**德耶**④驳斥过了（大家可参见**赖尔**：《**生理学档案**》第1卷，第2册，其中的论文《**论血液**》，第125页）。最后提到的这位作者主张，某种特有的生命本原的流出就是凝固的原因。

凝固的最确定的原因大概就是**氧**了。因为众所周知，动物的一切流体，比如牛奶，都是通过酸的作用而凝固的；黄油只是通过

---

① 第一版附释："——**偶然地**，而且仿佛私底下（因而个体必须遵照有机体概念而存在）。"——原编者注
② 休森（William Hewson，1739—1774），英国外科医生。——译者注
③ 帕尔芒捷（Antoine Augustin Parmentier，1737—1813），法国药剂师和农学家。——译者注
④ 生平不详。——译者注

大气中的氧的作用才与牛奶相分离。鼻涕需要通过在空气中浓缩的氧的作用才达到一定的强度,伤风感冒的原因也是如此,人们也能通过吸入氧化盐酸的蒸汽人为地引起伤风感冒(参见**富克鲁瓦**与**沃克兰**①在前引文献第3册中的一篇论文,第48页起)。即便眼泪通过氧化盐酸的使用凝固后,通过碱的使用还是会变得更具流动性。血块与血清的分离总是与凝固现象相伴相生。通过与氧接触,血液中这两种实体之间的中立性比例(Neutralitätsverhältniß)似乎就被消除了,那么红色的纤维状部分的凝固也就随之发生了。因为现在确定无疑的是,一切——尤其无机酸——都在促进血液的凝固。与此相反,血液通过接触无氧的介质,比如接触氢气构成的介质,就变得更具流动性和更难凝固了(**汉密尔顿**②:《化学编年》)。

但最引人瞩目的是,**中性盐**彻底阻碍了血液的凝固,这就使得血液无论通过何种手段都无法再凝固了。这一事实表明,在血液凝固之前,两种成分(血块与血清)必定先已分离了。后者包含了纯净的游离碱,因为它能使紫堇菜变绿(前引**赖尔**:《档案》,第111页)。照我的看法,这就表明,在活的身体的血液中,氧和碱自行维持了平衡,而且每一次凝固或结晶为固态部分的现象都与这种平衡的某种打破相伴相生。——我将这种理念视作一种营养过程理论的最初基础。如果说血液的红色部分包含肌肉的元素,那么肌肉中固态部分的每一次结晶很可能都与氧的发散相伴相生,由此便形成了**应激性**的最初禀赋。动物身体的所有**白色**器官,因而尤

II, 538

---

① 沃克兰(Louis-Nicolas Vauquelin,1763—1829),法国药剂师和化学家。——译者注
② 汉密尔顿(William Hamilton,1783—1856),爱尔兰医生与植物学家。——译者注

其是神经,其基础就是**胶体**。现在依照**帕尔芒捷**、**德耶**、**富克鲁瓦**的看法(前引书,第 116 页),血液中的纤维状部分**不**包含**任何**胶体。神经纤维的元素也必定被包含于血液的另一个部分,即所谓的**血清**中。那么只有胶体才是血清所特有的。在血清中胶体与碱结合在一起,而且由于这种结合而失去了作为胶体呈现自身的那种能力。① 血液分解为相互对立的各部分,因此生命最初的器官(肌肉与神经)的不断集合,和与此结合在一起的它们的重生,无疑是**同一个反应过程**。②

7

因为(依照前此达到的结论来看)在每一个有机体中,生命过程都超过了僵死团块——作为沉材(Caput mortuum)③——的某种沉积形态,那么大自然就其总是**一再重复**生命过程而言,亦即通过**物质的不断分解与补偿**,是不会赋予生命过程什么**持久性**的。因而在每一个生命体中,都必定维持着**物质的稳定的更替变换**,纵使僵死团块本身并非已经服从于某种持久的可分解性也是如此,因为它处在某种**被迫**的状态中了,那种状态是生命一旦消失,它就要**自动脱离**的状态。因而**由分解过程和补偿过程构成的**某个稳定的**相继序列**也就属于生命的可能性了,然而在那个相继序列中,动

---

① 第一版附释:"因而当它(在神经纤维中)作为胶体表现出来的时候,碱必定变得游离。"——原编者注
② 第一版附释:"谁要是想一想电镀实验中由**洪堡**发现的酸和碱对肌肉与神经的那种作用,或许就会发现这种猜想并非完全无趣。"——原编者注
③ 直译为"僵死头脑"(对应英文中的 dead head)。——译者注

物物质服从的却不是化学亲缘性的那些盲目规律,而是生命的肯定性原因的影响,这种原因才使生命体不致走向全面瓦解。但我们也必须出于经验的根据接受动物物质的这样一种不断的更替变换,这一点在**布兰迪斯的**《**生命力实验**》中明显已经证明了。

8

现在看来,与固态部分的每一次结晶(通过凝固发生)相伴生的是氧的发散;通过呼吸,血液就产生了结晶。现在如果有氧从血液中散发出来,那么氧所渗透的那些器官最终必定会过氧化(suroxydés),而固态部分的结晶,即**营养过程**,最终必定完全**陷于停顿**,倘若不是通过一个**相反的**过程使氧重新被输出,使器官的容量得到恢复的话。因而我们可以先天地(a priori)证明,必定有一个不断进行的**脱氧化过程**与动物身体中一直都在进行的**氧化过程**对立起来,由此我们最终达到**生命**概念的一个更高的规定,照此规定来看,生命就在于**各种反应过程构成的某种相继序列**,**这些反应过程中的每一个都与它前面的那个相反,或者是它前面的那个的否定**。

II, 540

如今的问题仅仅是,在生命体中是否真的有这样一个不断进行的脱氧化过程后天(a posteriori)被发现?

9

经验似乎自动在迎合我们。人们早就谈过这一点,而且人们可以把下面这一点当作确定无疑的,即氧在**应激性**中扮演了某种十分重要的角色。只是人们必定不会承认氧在这里的作用有**多大**。依照我们的表象方式来看,它在此仅仅扮演了一种**次要的**角色。每一次聚合都是一种**脱氧化**;为了理解这样一种反应过程如何能造成某种聚合,我们**暂时**可以想象,通过每一次脱氧化,发生脱氧化的器官的**容量**都会被减小。

10

连续性会被带入生命的所有功能中去,一种功能会涉入另一种之中,一种功能会不断再生产另一种。——正如行走是一种不断**被阻碍的**下落,生命也是生命过程的某种不断被阻碍的消灭。动物的各种功能必定在其相互关系中互为肯定性的和否定性的。因而在我们看来,应激性目前无非就是**否定性的营养过程**。只有就应激性是反过来看的营养过程而言,它在动物生命体系中才是必要的,那样我们也才能先天地(a priori)将它推导出来。但我们的主张的直接证据如下:

a)一个生物内部的应激性越大,它对食物的需求也就越大。一个动物好动,胃口就好,又总是很瘦。同时在它体内呼吸更快,血液回流到肺部更频繁,以便装满它要分给全身的氧;但恰恰对食物的需求也同比例地变大了(大家可参见**布兰迪斯**的《**生命力实验**》,§16)。因而人们看到,营养的作用被应激性消除了,反之亦然。

b)肌肉本身只有通过多运动才能逐渐**形成**。作为半液态淋巴分布在所有器官周围的东西,似乎通过肌肉的频繁锻炼(这种锻炼有规则地与脱氧化结合在一起)而越来越多地集合成结实的肌肉,由此精壮的身体和有力的肌肉体系便产生了；这样的肌肉系统出现在部分老年男子的形象上，我们对此惊叹不已。因而肌肉多动的时候，它进补营养的力度也就更大，依照我们的那些本原看来事情必定如此，因为那样看来营养就是反过来看的应激性过程。

c)反之，当肌肉缺乏运动，而应激性又低时，身体含氧量就会过多，这种状态就表现为**变胖**。人人都知道，吃得多动得少就会肥胖，而且通常随着脂肪增加，应激性就会下降。但动物脂肪其实无非就是某种油性物质，在动脉末端尽可能远离运动的中点的地方，这种油性物质通过补充可观的**氧气**便形成了脂肪（参见**富克鲁瓦：《化学哲学》**，格勒尔德译本，第156页）。氧气被用于形成脂肪，这一点人们是从下面的现象中看出来的，即那种注定会将脂肪从血液中分离出来的器官，在新生儿——他们是不能通过自主的运动分解任何氧的——身上大得不成比例，人们也从那些在呼吸受限的时候变得迟钝麻木而近乎僵死的动物身上发现了这器官的同一种特质（参见**沃克兰**发表在《化学编年》第X卷和**赖尔**所编的《**档案**》第I卷第3册上的《**论食肉鱼的肝**》，第54页）。这里不是进一步详论下面这个问题的地方，即就某些疾病的来源而言，有哪些后果可以从这种表象方式中得出；这里我只满足于证明，应激性**原本**不过就是反过来看的营养过程而已。

注释。由前此达到的结论可见，**格尔坦纳**完全**泛泛地**说使身体中氧的含量增加的东西会使应激性增加时，他就错了，因为事实毋宁相反，使应激性增加的东西，会使身体中的氧减少（使身体变瘦），而使应激性减小的东西，则会使身体中的氧积累（使身体肥胖)。若是**格尔坦纳**留意到了这一点,他本来也会进一步推论说,氧不可能是应激性的**唯一根据**,**甚**或**最初原因**,因为不是应激性取决于身体中氧的含量,事实毋宁相反,身体中氧的含量取决于应激性的量。我承认,在我看来**格尔坦纳**先生进行的实验恰恰令人觉得(对于他的假说而言)很**有说服力**;然而对于氧在应激性现象中的作用更有说服力的却是从他在其论文中搜集起来的**普通经验**中得出的大量**事实**。这些事实的情况真的太复杂了(**格尔坦纳**所引证的那些尚不在其列),人们不得不费力在其中做出选择。

这里我只想提一下,在海拔 1400—1500 突阿斯,所有肌肉的力量都异常快速地耗竭,而且还有一些显著的症状伴随而生。**布盖**[①]已经在科迪勒拉山[②]上感受过这种耗竭现象,但只将其当作疲乏引起的那种常见后果;只有**索绪尔**(《阿尔卑斯山游记》,第 II 卷,§559)无可辩驳地证明了,这种耗竭现象**完全是一种特别的类型**——完全不能自行运动,但这种不可能性却能通过**短暂休息**而被消除(这在已经疲乏的情况下不会发生)。这种状态很可能并不只是像索绪尔以为的那样,可以用管道体系的萎缩——(同时出现的动脉活动,以及异常快速的血液循环,与肌肉力量通过短暂休息而得到的快速恢复,都是与此不相称的)——或者用外部空气压力的减小使得外部空气不能使身体的各种扩张性力量维持平衡来解释,而远远更适合用那个高度上**氧气的缺乏**来解释,因为那里的空气不仅变稀薄了,还因从常备水系那里一路攀升上来的可燃

[①] 布盖(Pierre Bouguer, 1698—1758),法国天文学家、大地测量师和物理学家。——译者注
[②] 科迪勒拉山(Cordillera)是世界上最长的褶皱山系,纵贯南北美洲大陆西部。——译者注

气而变质了(大家可参见**沃尔塔**:《论本地易燃沼气的书信》,科莫,1777年)。**索绪尔**通过阿尔卑斯山极顶之上进行的一些测气实验发现,在那里空气远不如中等高度的空气那么纯净。

11

这里我们首先发现了一种完全确定的**活动**,这种活动再不能以生命的否定性本原来解释了,它就是一种原因,通过这种原因,生命体中的那个**反过来看的氧化过程**才不断得到维持,因而这种原因是不能在氧中或另外的任何一种次级本原中找到的。倘若首先将氧称作生命本原的那个生理学家自己提出了氧**如何**能成为应激性的原因这个问题,那么研究自动就会引导他发现,氧只能充当应激性的**否定性本原**,因而就预设了这种现象本身还有某种**肯定性的、更高的**原因。——然而无论像新事物的一些死敌们抨击那个假说的粗俗方式,还是另一些人在找不到更好的东西来代替它而只能在它周围盲目摸索——不管一场实验是否偶尔走运,将真理送入他们手中——的时候,针对那个被光明磊落地拟定的假说采取的狂妄自得的腔调,都不能夺走它的美名,即至少它是将大自然的这种现象与化学上的比例关系接续起来的**第一次**尝试。

现在从我们此前的研究中自动就得出了下面这些基本命题:

a)**生命概念**(因而还有**应激性概念**)只能从相互对立的一些本原中构造出来。这个命题是先天地(a priori)确定的(见前文 II. c)。由此得出

aa)**赞成**那个假说的一点,即尽管应激性所特有的某种**否定性**

本原必须被假定下来,现在还是有其他一些出自经验的根据为此辩护的,那些根据是普法夫在他有关应激性的卓越研究(《**论动物的电**》,第 279 页起)中提出来的;

bb)**反对**那个假说的一点,即**仅仅**应激性的某种否定性本原是不足以解释这种现象的。

b)**应激性在生命体系中仅就它**存在**于某个脱氧化过程中而言,才是必要的**(我在此只是利用更简短的表达,对这表达的进一步规定是很靠后的事情);那么由此可再一次得出

aa)**赞成**那个假说的一点,即尽管氧在应激性中扮演了某种角色,还有其他一些根据为此辩护,那些根据是**普法夫**在前引著作中提出的,它们主要是下面的这些:

α)有大量**血管**分布在肌肉中,而植物那里代替它们的是**气管**;

β)当人们将肌肉中的血管结扎时出现的**麻痹现象**,这种现象在人们将肌肉的神经剪断时也一定会出现;

γ)由于大量(全身的或局部性的)**流血**,以及由于那些腐败的气体(尤其是那些吸收了氧的气体,比如氮气)注射到血液中而引起应激性的消除。

这些全都证明,在**动物**中通过**血液**(血液在肺中与空气相接触),在**植物**中通过**气管**,必定会引来一种本原,那种本原是应激性所必需的,因而只能是大气中的**氧**。

注释。或许没有人比哈勒的那位富有学识的赖尔先生更异乎寻常地①驳斥过这种理论。"如果我们",他在他的《**档案**》第 I 卷第 3

---

① 第一版中为:"更敏锐地。"——原编者注

册第173页中说,"假定任何一种有形的材料是收缩性的本原,这种材料就很可能**全盘具有人们归之于它的那些现象,即便当它自顾自地和分离地存在时也是如此**。——只是我们在大自然中找不到任何那样的材料,它能**自顾自地和分离地**产生出我们称为动物的收缩性的那些现象。**氧自顾自地既不具有应激性,也不具有收缩性**"——这些论证无疑就像人们希望如此反驳反燃素论者时那么敏锐:"如果我们希望假定任何一种有形的材料是**燃烧**的本原,这种材料就很可能具有可燃性现象,即便当**它自顾自地和分离地存在时也是如此**。——只是**氧自在地和分离地来看完全没有表现出燃烧性的特质,因而它也不可能成为燃烧的本原**。"——这些生理学家不知疲倦地重复的一点是,生命体中的一切变化都取决于结合状态的变化;然而他们并不希望人们明确规定结合状态的这些变化,反而希望在他们从化学中借来而又无力解释的一些模糊而泛泛的概念之下盲目摸索,或者满足于念叨一些空洞无聊的语词。然而在某种程度上而言那个反驳还是击中了一些鲁莽的解释者,他们声称氧就是应激性的**唯一**原因(却没能解释何以如此)。我们的解释方式避免了这些反驳。

bb)反对那个假说的一点,即氧在应激性中只扮演了某种**次级**的角色,因为应激性是一种**脱氧化**过程;由此看来,应激性的本己原因(**肯定性**本原)必定不是氧,而是**正好与氧相互对立的某种本原**。

*　　　　*　　　　*

此前的工作的唯一目的就是证明,人们迄今为止当作生命的**本原**的东西,只能算作生命的否定性条件。我们通过一种完备的归纳表明,化学－生理学的表象方式总是没有弄清楚生命的肯定性本原和真正原因。如今我们是否应该表明,通过接受这样一个本原,动物的一切反应过程才能得到充分的解释,还有,这样一来,当我们考察生命的肯定性本原的各种不同功能时,难道我们就能通过渐近之法来规定它的**本性**和**本源**了吗?

*　　　　*　　　　*

IV. 论生命的肯定性原因

1

我们必须视作生命本原之功能的第一个东西,便是它于其中维持动物流体的那个永不停歇的回路;因为大自然将流体当作生命真正的要素,当作最内在的东西,分配给每一个有生命之物,只有这样,那通常作为器皿和支架而到处只以僵硬的方式存在的身体,才真正成为赋有灵魂者(**巴德尔**:《**基础生理学论集**》,第47页)。现在我们看到,当身体的一个部分比其他部分更**应激**时,就会发生肿胀,也就是说会发生动物流体涌入的现象。要解释这种现象,人们只能假定,在应激的器官中,通过每一次刺激,对附于血液之中的生命的否定性本原的**容量**就会**增加**(因为单凭动脉所输送的血液,通过机械的或液压的技巧是不能挤压向前的,相反在那暗色的血液下面有静脉关闭瓣膜，这样就能阻止血液从心脏回流了），这大约就像在一个物体体系中，当温度的平衡被打破时，热物质就会涌向那些容量有所增加的物体。只有这样，生命体才会形成**体系**，即形成**在自身内闭合**的一个**整体**。——照此看来，血液的回路就取决于相互对立的反应过程之间的某种不断的更替变换，这些反应过程中的一个是通过那假道于神经的肯定性本原，另一个是通过作为否定性本原的工具的血液而得到维持的。生命体中的这样一种更替变换不断发生，而且只有通过这样一种更替变换，动物流体的运动才能得到完备的解释，这一点很快还会有其他一些经验教导我们。

2

也就是说为了能够理解，每一个器官如何从共同的营养源中得到能维持它的结合状态与形式的东西，我们必须假定，每一个器官都有某种特定的能力，即当血液循环的时候以**特定的**方式分解血液的那种能力。生理学家们在每个器官的某种**特殊的应激性**中寻求**这种特殊的同化能力**的根据。我们希望保住这个概念，只是努力将它追溯到一些自然原因上去，并且在可能的地方讲清楚这一点（因为迄今为止它还是一种十足的隐秘的质 [Qualitas occulta]）。

A. 下面这些命题是被预设了的：

1) 在生命体外部必定有某种本原被假定，那本原不断维持着器官对于生命的否定性本原的容量。

2)但那本原并非**同等地**对所有器官起作用,因而也并非在所有器官中都产生出对于氧的同样的容量;它给予每个器官某种**特殊的容量**:人们现在可以将对于氧的这种特殊的容量称作**特殊的应激性**了。

B. 现在就不难更进一步看清一个器官特殊的同化力是如何能取决于它对于氧的特殊容量的。因为

a)单是这个本原就赋予动物的所有流体以**稠度**(坚固性)。因而在活力纤维中,与每一种氧化过程一道,也就有固体部分的某种结晶现象相伴相生。——要通过类比来弄清这里的事情,人们可以想想,肯定性本原作为正电在起作用,那么当它对活力纤维起作用时,在这纤维中就会产生对于氧的某种特定的容量(这就像金属在生气中会被正电钙化一样),而与此同时,且**与所产生的容量成正比地**,也会发生从血液中吸收氧,并因此而产生固体结晶的现象。——我并不是说,生命的本原就是正电,我用这个例子,只是为了说明我的意思。

b)现在进一步说,每个器官的结合状态就取决于这个器官中氧与其他材料在**量**上的比例关系。因此每一个器官的再生最终就取决于它对于氧的特殊容量,即取决于它特殊的应激性,而这样一来,大自然就通过最简单的手段,赋予生命过程持久性,这是因为它通过应激性过程与营养过程相对抗。

3

a)这就是说,事情的关键早就是,在应激的纤维中有一种持久

的燃素反应过程被维持着,或者换句话说,氧在应激性这里发挥着积极的作用。但所有认可了生命体中有这样一种燃素反应过程的生理学家都陷入下面这种窘境,即不仅要指明这个反应过程是**如何**具有特定的量的,尤其还要指明它具有特定的**量**的原因。比如**布兰迪斯**就在他那本经常被人引用的《**生命力实验**》的§18中说过:"活力纤维内部的这个燃素反应过程并不比它原本可以具有的规模**大**出分毫,为的是不要毁坏了有机纤维,这个现象取决于**每一次储备在那里的些许氧气**。"——只是人们很容易就看到,这种解释是多么不尽如人意。因而很明显的是,为了理解这样一种连续不断的氧化过程,人们就必须假定那样一种原因,**那原因先行规定了它的量**,现在看来,这种情形无非就是——正如我们一开始就立即主张的那样——一个**脱氧化**的本原,它使得每一根纤维内部的**氧化**的程度等于先于纤维便发生的**氧化的程度**。

II, 549

b)只是现在产生了下面这个问题,这完全是自然的:又是什么规定了这种脱氧化的程度?——我们在上文中(第2小节)预设了,肯定性本原并非**同等地**作用于所有器官的,而由此便产生了它们对于否定性本原的某种**特殊的**容量。但人们会问,那么什么规定了**肯定性**本原对那些器官所起作用的程度呢?而我们如果希望回答**这个**问题,就会看到自己陷入某种不可避免的循环中,然而这种循环对我们而言却不能说完全是出乎意料的。我们的研究的对象是**生命的本源**。但**生命**却在于某种循环,在于**各种反应过程构成**的那样一个**相继序列**,它不断回到其自身之内,这样一来就不可能指明究竟是哪一个反应过程**激起**了生命,哪个反应过程**更早些**,哪个反应过程**更晚些**。每个有机体都是一个在自身内封闭的整体，在这个整体中所有要素都**同时**存在，而且在这里，机械的解释方式彻底离我们而去，因为在这样一个整体中不可能有任何**前**和任何**后**。

因而我们所能做的不过就是主张，**那些相互对立的反应过程中没有任何一个是规定了另一个的**，而是**它们双方相互规定**，双方相互维持平衡。

II, 550

现在如果说肯定性本原受否定性本原规定，否定性本原也受肯定性本原规定，那就自动得出了如下命题：一个器官对于肯定性本原的容量越小，它对于否定性本原的容量也就越小，反之一个器官对于否定性本原的容量越大，它对于肯定性本原的容量也就越大。

问题是，一个器官对于肯定性本原和否定性本原的容量要照什么标准来估算呢？

肯定性本原通过神经对应激的器官发生作用。**因而神经向一个器官运行得越少，这器官对于氧的容量就越小，而它对于氧的容量越小，它内部就越是必然会发生脱氧化过程**（这过程就越是不服从自由选择），**它的应激性就越是不眠不休**。

在心脏中，通过动脉血的涌入，结合状态的平衡就不断被打破，因为它对于否定性本原的容量是极小的；因而与之对立的反应过程就不由自主地不断在它内部运行着，而这肌肉本身因此便称作某种**不由自主的肌肉**。——**心脏**的神经极其薄弱和稀少，以致人们不久前甚至开始怀疑它们的存在了(**贝伦德**①:《证明心脏脱离神经而获通过的博士论文》,收于**路德维希**②:《普通神经病学文选》,第 III 部分,第 1 页起)。大自然通过这个工具达到的效果是,这里的肌肉唯独只服从动物的脉动,因为一滴经过氧化的血液就能打破它的结合状态的平衡。因为下面这种想法虽说巧妙周全,却并不合乎事实,即肋间神经节的分支进入心脏中,这些神经节会使这里的肌肉免受自由选择的影响,此时这些神经节作为次一级的脑髓(untergeordnete Gehirne),打破了肌肉与大脑的整体关联;因为即便通向那些服从自由选择的肌肉的神经,也不是没有这样的神经节。

但现在看来,相反的命题也说得通:**神经长进某个器官的数量越多,规模越大,这器官对于氧的容量就越大,而它对于氧的容量越大,它的应激性的表现形式中蕴含的必然性和非任意性就越小**(氧就是被这些表现形式分解的)。长进那些最服从自由选择的器官中的神经的数量最多,规模最大。**哈勒尔**已经注意到,光是长向拇指的神经,就比长向不停应激的心脏的更多。如果说那些不服从自由选择的肌肉因为极其微小的一点氧就应激而活动起来(一阵微风常常就能使从一个动物身上切除下来的心脏重新活跃起来),那么与此相反,一定量的那种本原对于维持自觉的运动似乎必不可少,由此便有了那些服从自由选择的器官的**疲劳**,有了**静养**的必要,以及在**睡眠**中暂时消除所有自觉运动的现象。

如果说大自然使**不服从自由选择的**那些肌肉的应激性取决于

---

① 生平不详。——译者注
② 路德维希(Christian Friedrich Ludwig, 1757—1823),德国物理学家和自然科学家。——译者注

动物的反应过程,那么反过来,它就使**动物的反应过程**取决于**服从自由选择的**那些器官的应激性。——**瘫痪的**肢体会干枯、松弛,眼看着就萎缩下去。因为通过肌肉的每一次运动,器官对于否定性本原的容量被增大,而这本原每一次从血液中发散出去时都有局部的凝固现象与之伴生,那么这就可以解释为什么在锻炼得最多的器官(比如右臂、右脚等)中,不仅肌肉,甚至动脉和所有其他部分也都变得更结实、更大和更强壮。

最后,由于大自然可以使这些运动取决于动物的反应过程,那么这种运动的原因必定被置于某种更高的、独立于动物反应过程之外的特质(敏感性)之中。

注释。比这里已做的工作更严格地来看,服从自由选择的器官和不服从自由选择的器官之间是不能相互对立起来的,因为即便对于不服从自由选择的器官,比如心脏,激情状态下的自由选择也能发挥某种影响,而与此相反,服从自由选择的器官(或许是因为它们对于否定性本原的容量被大幅度减小了)在重病的情形下也就转变为不服从自由选择的器官了。

然而如果我们保持在**生命**概念的辐射范围内,现在我们看到,不服从自由选择的那些运动是由否定性本原**激发起来**的,而服从自由选择的运动那里则发生了相反的情况:但双方却是由于相互对立的本原才成为可能的。心脏的收缩现象与此完全相符:各心室并非在血液涌入之后就立马收缩。这一观察(**哈勒尔**在这一观察上居功厥伟)真真切切地证明,**并非**(血液的)否定性本原自顾自地造成了收缩,为了真正造成收缩,反而必须有另一种(肯定性)本原的作用加入进来。

倘若单是氧就成了心脏的应激性的根据,那么这里的肌肉最终必定承载过多的氧。但氧的功劳仅仅在于使心脏**适合于收缩**。通过每一次收缩(收缩的原因要到某种远远更高的本原中去寻找),它又失去了氧,这样一来,同一个反应过程就可能一再被重复,因为否则的话,即如果没有一种对立的反应过程与它维持平衡,它立马就会停止。

4

如今很明确的一点是,应激性是相互对立的本原的共同产物,但还不明确的一点是,这些本原是如何在应激性中起作用的。

倘若人们只想将一个器官的收缩想象成某种化学上的还原(大约就像金属石灰通过电火花而还原),那么人们以此虽然能解释应激器官的体积的某种减小,却不能解释器官收缩时的那种弹性。

由此看来,是时候丢开那些僵死概念了,那些概念抓住燃素反应过程这类术语,就好似发现了应激性的本源,激动不已。

a)氧在此发挥了积极的作用,凭此根本不能证明在应激性中发生了一种燃素反应过程,就像不能证明在电中发生了一种燃素反应过程那样,因为生气在此一同起作用了。此外,在上文中已经注意到的一点是,氮这一所有应激器官的基础,根本不是什么本身**易燃的**材料,即这种材料并不像那些真正易燃的实体一样与氧相结合;由此自动就得出,在应激性中这两种材料之间的关系很可能要

II, 553

远高于燃素反应过程中二者之间的关系。——氮所特有的那种特质无疑蕴含着那个问题的根据,即为什么它几乎成了动物物质所独有的那个部分。

从下面的这些注释来看,这一点也无可争议地得到了澄清。所有白色器官——比如神经——的基础都是**胶体**,它们不包含任何氮,并且最可能正因此而成了那样的器官,大自然使之与作为应激性之基地的肌肉**相对立**。与此相反,**蛋白质**作为膜片、肌腱、软骨的基础,则更容易受氧影响,也可以通过酸而凝固。最后,血液的纤维状部分作为肌肉的基础,包含了最大部分的氮,这样一来肌肉就形成了对氧的某种完全独特的容量,而且成了应激性的真正基地。

此外,要注意到动物物质经过一个层级序列逐步达到应激性,这并不困难。人们在那些液体部分(那些部分无疑要归功于氮的存在)的**可凝固性**中就已经看出了这种禀赋,在一个更高的层级上,它表现在布鲁门巴赫无疑已经设定了的**细胞组织的可收缩性**中,最终在最高层级上表现在肌肉的**应激性**中。

并非毫不可能的是,那作为僵死的氧而与动物物质的最初基础颇有渊源的生命的否定性本原,逐渐形成了**负电**,作为负电它属于肌肉——作为应激性的真正本原——的实体。

II, 554　　　　**注释**。无机自然中的某种现成的本原究竟如何能在动物器官中成为它们**特有的**一些现象(比如应激性)的原因,这当然是很难理解的,要是人们不假定下面这一点的话,即它要和动物材料之间保持某种完全特有的和特殊的比例关系。比如现在看来,应激性本原就与动物材料有这样一种完全独特的比例关系,这一点甚至得到了经验的证实。**洪堡**先生发现,所有霉菌类(即含有许多**氮**的那种植物),以及在腐烂状态下从自身中发出一种**动物腐尸**气味的东西,都能像真正的动物器官一样在电流链条中充当同样完美的导体。它们的导流力并不归功于它们的潮湿,这一点**洪堡**先生已经无可置疑地确定下来了。他在《**关于应激的肌肉纤维与神经纤维**》这部著作第 173 页中说道:"它们并不像湿亚麻布和所有含水分的实体那样导流,而是**由于**它们的纤维**那种特有的结合状态**,由于它们那种近乎于动物淋巴的本性。"——正是这位自然科学家发现了一种我以为最值得重视的规律,而且通过实验证实了一点,即一种植物的或动物的流体越是**有活力**,**即它们的各种元素越是不按我们认识到的化学亲合性规律结合起来**,这种流体似乎就越能有效地充当电疗法的导体(见前引书,第 151 页)。我认为,当人们就像那些在这方面远高于化学生理学家们并为**生命力**辩护的人一样,赋予在活的有机体中得到普遍扩展的自然本原一种和它在无机自然中完全不同的效果时,照前述种种发现来看这就不过是虚构罢了。但恰恰由此也可以得出,为了解释动物的生命,我们没有必要虚构一些未知的本原或隐秘的质。

b)现在进一步做出如下推论是很容易也很自然的:应激性是**相互对立的器官**——因而无疑也是**相互对立的本原**——的共同产物。因为现在在无机自然中也有各种本原之间的某种普遍的二元结构起着支配作用,这样一来,如果应激性只有**一**个本原为人所知,那么我们就可以大大方方地推论出它的对立本原。如果说现在有否

II, 555

定性本原源出于生命的普遍介质,那么肯定性本原很可能也被它扩展开了。

许多现象都显示出大气中相互对立的本原的定在(Daseyn)。仅举一例,由于**负**电源于大气,也就可以猜想**正**电有类似的本源。实际上这样的类比可以扩展很远。就其本身而言,已经很难相信的是,在**电的二元结构**中无疑展现出来了的(见上文第451页起)大气各元素之间的异质性,与**应激性**的各种相互对立的**本原**并没有什么关联,这样一来,那在大气中得到扩展的肯定性本原就像——比如说——被摩擦的机理改造为 +E 一样,它在动物身体中也被改造为应激性的肯定性本原。

只是我们必须承认,所有这些猜想都是极不确定的,而且迄今为止被经验证明的除了下面这一点之外就什么都没有了,即**应激性**的每一种**表现**都是**由应激器官的某种化学变化**相伴随的,然而这种变化的条件迄今为止都还没被研究过。

注释。电流现象的最终根据就在应激器官本身中,这一点现在似乎已经由**洪堡**的实验确定下来了,这样一来,**加尔瓦尼**①的伟大发现便又平添了其尊严,而**沃尔塔**的敏锐洞察原本是有可能夺走这种尊严的。

电流引起的抽搐由器官**在化学方面的**某种**变化**相伴随,这一点由许多经验确定下来了,因为比如说,那些先前不起作用的刺激因素,经过有效运用后,一旦反应过程发生,就又能引起抽搐了,

---

① 加尔瓦尼(Luigi Galvani, 1737—1798),意大利医生、解剖学家和自然科学家,尤精于生理物理学。——译者注

而且有电流的那些部分要比没有电流的部分更早腐烂。——如果人们现在知道只将这种变化解释成特定的电疗法形式下造成的结果,那么他们便可以设想,在此有某种**引力在对立方向上**发生了,而如果人们要求给这样一种引力的作用提供明确的例证,那么他们可以看看化学,那里他们可以找到大量的情形表明,直到第三个物体加入进来起作用之前,两个物体都不会相互分解。下面**洪堡**(第473页)所引用的这种观察,对于电疗法虽然没有直接的关涉,却有间接的关涉,这种观察可以充当例证。"两块被水打湿的同质的锌板叠加起来就不会对水产生任何作用了。如果人们以同样的方式将锌和银叠到一起,水就会被锌**分解**。"——这里位于相互对立的金属之间的那种(具有异质元素的)水,便是位于双方之间的那种(在自身内部异质的)动物器官;正如器官一样,水也在双方之间被分解或电镀,因为两个词是同义的。

II, 556

如果人们还愿意惠允我说出对这些现象的看法,那么我希望人们暂且坚守那些最明确和最明显的实验,并依它们来评判不那么明显的实验,而非反过来依后者来评判前者。现在这些实验中最明显的很可能就是,最异质的那些金属在肌肉和神经之间激起最剧烈的抽搐。——**这些金属是如何起作用的?**——这是个大问题,对它的回答无疑会给出对一切情形都普遍适用的公式。——金属对于器官,可能

a)不是通过**传播**而起作用,以致它们可以在器官中为相互对立的电导流。因为除了金属的这样一种特有的电无法证明之外,事实上也很难理解,通过用**潮湿的**、**能导流的**实体进行结扎,电的运

行如何就能被阻断。

b)金属也不能通过那样的方式起作用,即将肌肉与神经中**现成已有的**相互对立的本原**结合**起来(比如依照博洛尼亚学派的瓶子理论认为的那样),因为否则的话**异质**金属的作用就不会**强于**同质金属了。**后面这种情形**必须**首先**得到解释。一种理论如果不满足这个要求,就什么都解释不了;**沃尔塔**的理论满足了这个要求,只是依照**洪堡**的新发现来看,它还是很可疑的,而**洪堡**自己的理论则基于某种单纯的**可能性**之上,而且事实上**根本没能**解释多少现象。

c)剩下的可能性只有,金属是通过那种方式起作用的,

aa)即它们**才刚唤醒器官本身**中的某种东西;

bb)即它们在肌肉和神经中**唤醒**了**相互对立的一些本原**,那么人们现在根本就没有必要设想某种往外涌动的电流了。

然而这样一种**唤醒**的可能性——当然依照原子论哲学来看,一个物体**一般而言**当然只能通过**传播**才对另一个物体起作用——依照**韦尔**①和**洪堡**的实验来看是再也无法否认了,那些实验甚至**将金属本身电镀**了,亦即通过另一种金属而赋予这一种金属刺激力(参见前引书,第242页);或者说难道人们会认为,这里一种金属也将某种闻所未闻的材料传播给了另一种金属?——难道人们不是必定认为,锌和银通过一段弧形金属连接起来后,会相互引起它们在那个被锁闭于它们之间的器官(舌头或肌肉)中所引起的那同一种改变吗,虽然这种改变并不通过运动表现出来?物体通过单纯的接触能相互引起哪些改变,这一点我们在大部分情形下还看不出

---

① 生平不详。——译者注

来,因为我们既没有能向我们显明这一点的工具,也没有那样的器官:在这种情况下能向我们显明这一点的是所有器官中最应激的那个。

因而电疗法要远比人们通常设想的更普遍。——类比会自动延续下去。如果人们将一块(很薄的)能摩擦生电的平板的一面与羊毛摩擦,而在摩擦的同时将它的另一面放在手指上,那么平板的一面会带**正**电,另一面会带**负**电。这样一来,如果电流链闭合了,电疗法(请大家原谅我们还使用这个术语,我们用这个术语只是为了表明我们自己的意思)的各环节就会在神经和肌肉上分散开,就像在应激性的相互对立的两极上分散开一样。①——

下面这个命题必定可以作为本原,成为所有进一步的研究的基础:**异质的金属在神经和肌肉中唤醒了相互对立的特质**——(各种本原所构成的一种二元结构)——**或者将生命中不断被分离开的东西再次分离开**(《自然哲学的理念》,第 64 页 [本卷第 137 页])。因为**各种器官的**(那种不会被任何中项消除的)**原初的异质性**——由于这种异质性,各种器官才能相互激发——中的电流现象的最终根据是尚待寻找的,这就使得下面这一点容易理解了:即使在只有一些**同质的**金属或潮湿的部分将神经与肌肉之间的链条闭合上的时候(在这种情况下,这些金属或部分就仅仅充当了神经和肌肉的延伸),或者在神经借助某种起隔离作用的实体而被回掷到裸露的肌肉上的时候(这个实验几乎总是成功,或者经常是长时间成功的),或者即便在没有任何链条将神经和肌肉结合起来的时候,

II, 558

---

① 第一版附释:"每个钢夹,只要它的两端接触磁体的对立的两极,就会被**电镀**。"——原编者注

比如当**单一**且被隔离的神经在某个点上只与锌或银相接触的时候（这个实验经常成功，洪堡的那些实验 [图 9 起] 在没有链条的情况下就只是上述实验的一些变体形式）——我要说的是，在所有这些情形下都**可能**发生抽搐，因为神经的这种最微小的变化可能又会在神经和肌肉中激发起各种本原的二元结构，由此又会激发起那样一个反应过程，那个反应过程甚至常常会自动发生，如果那放任自身的器官在缺乏外部刺激的情况下仿佛自动就爆发了，陷入抽搐之中的话。

只有弄清楚电疗术的这些普遍本原后，才是勤勉探究这些现象中的**质料性因素**的时候，在这个问题上现在首先可以纳入考量的是那些**刺激物**（人们必须将它们与单纯的**导体**准确地区分开来）的对立的化学特质，比如它们与氧和电的对立比例，因为如今依照**洪堡**先生就此说过的意思（他那部常被引用的著作的第 124 页），即便软锰矿也再不能作为那个规则（即没有任何与氧没有亲缘关系而又导电的物体可以充当电疗法的**刺激物**）的例外被引证了。最接近目标的做法必定是，依照类比的方式虚构出刺激物自身来（比如在神经那里虚构出硫肝石，在肌肉那里虚构出盐酸），**洪堡**在这方面开了一个很好的头，因为他发现了碱和酸对神经和肌肉产生对立的作用（当然这一发现照我自己的实验来看还不算太清楚），这里人们对各种本原形成的二元结构仿佛触手可及了——在大气中有氧本原和碱本原（principe oxygène und alcaligène），每当舌头上方有银或锌的时候，电疗法就在舌头上激起酸味和碱味；原因在于，一些人只把那由银激发起来的碱味当作较弱的酸味，这种现象源自一种幻觉,因为实际上一旦取消接触,那种味道就会变为对立的味道,其理由无疑和下面这种现象的理由相同,即当银和神经,以及锌和肌肉**取消接触**时,就像它们**接触**时一样,会产生抽搐。——**普法夫**(《论动物的电》,第74页)已经发现了下面这个规律:那些安在神经上的装置与它们的对立物一道时所起的作用要比**后者**被安在神经上时所起的作用弱一些,它们即便当肌肉的刺激物与它们取消接触时也会激发抽搐——这个命题即便在闪光实验中也得到证实,因为当锌位于舌头上方,银在上唇间时,即便取消接触,即便金属仅在初次接触时调换次序,也会有闪光出现——在这个命题中,我看到了将来的某种电疗术理论的萌芽(这理论一定会实现的),这个命题还与其他一些命题处在严密的整体关联中,比如那些与氧最有亲缘性的刺激物在神经上便会造成最剧烈的抽搐,如果在舌头上有与之对立的金属,在上唇间就会造成最强的闪光,但如果那些装置经常被**混淆**,抽搐持续极长时间,情况就反过来了,比如锌在神经上,银在肌肉上——如果它们不被混淆的话——才会激发起最剧烈的抽搐,很快就会将应激性耗尽。——

II, 560

如果允许我这么说的话,在带着纯洁的感官于研究中前行的那种没有成见的头脑看来,这样一些细微的、极容易被忽略的观察中便有简单而纯粹的真理,那真理一旦面世,就会给整个生理学带来一缕新鲜的、几乎出人意料的光芒。

5

应激性仿佛是那样一个中点,所有有机的力量都聚拢到它周围;找出它的原因,就意味着揭示生命的奥秘和揭下大自然的面纱。

a)如果说大自然以**应激性**(*Irritabilität*)**与动物的反应过程相对立**,那么它便又以**敏感性**(*Sensibilität*)**与应激性相对立**。敏感性不是动物本性的任何**抽象**特质,它只有作为**应激性的对立面**①才是可以设想的。因而没有应激性是不带有敏感性的,正如没有敏感性是不带有应激性的。

敏感性一般而言只能从某种外部刺激在生命体中引起的那些特有的和自发的运动中**推论**出来。外部的东西对生命体起作用不同于对死物起作用,光只有对**眼睛**而言才是光;某种外部刺激对生命体所起的作用的这种特殊性只能从在此之后发生的**运动的特殊性**中推论出来。因而对动物而言,通过**可能的运动的领域**,可能的**感觉的领域**也就被规定了。动物能进行的自发运动有多少种,能形成的感性印象也有多少种,反之亦然。因而对动物而言,通过它的应激性的领域,它的敏感性的领域就被规定了,反之通过它的敏感性的领域,它的应激性的领域就被规定了。

一言以蔽之,生命体和死物也正是由此区别开来的,即生命体虽然能产生**每一种**印象,但对它而言,**它特有的那些印象形成的**一个特定的领域就**预先由它自己的本性规定**了。

这就是说,在动物内部有一种运动的**本能**,但这种本能的**方向**原本是**不确定的**。只有就运动的本能原本存在于动物内部而言,它才有敏感性,**因为敏感性不过就是那种本能的否定性东西**。

---

① 第一版中为:"作为**否定性东西**。"——译者注

由此看来，随着运动的本能一道熄灭的还有敏感性（在睡眠中），而反过来说，随着敏感性的复苏，运动的本能也就重新有了方向。睡梦是**觉醒**的先兆。健康之人的睡梦都是**晨梦**。——因而只有当动物内部有运动的本能时，在它内部才有敏感性。但这种本能最初（就像一切本能一样）针对的却是某种**不确定的东西**。对于它而言，它的方向只有通过外部刺激才得到确定。因而最初作为**动物的反应过程**的**否定性东西**的应激性，现在则是**敏感性的肯定性东西**。

我们终于在**一个**概念中概括了应激性和敏感性，于是就产生了**直觉**概念（因为受到敏感性规定的运动本能就是**直觉**），而这样一来，我们就通过对动物内部的各种相互对立的特质逐步进行分离和再结合，达到了最高的综合，在那种综合里，动物的各种功能中服从自由选择的因素和不服从自由选择的因素、偶然的因素和必然的因素就被完美地结合在一起了。

注释。由于我们当前的研究采取了纯粹生理学的立场，这里就不能进行比下面这个命题更细致的阐述了："敏感性只是反过来看的应激性"——比起一些人最初希望见到的来，这个命题在哲学上达到了更深广的把握。动物只是凭它的直觉在看和听。（**莱布尼茨**在某处说过，即便动物也有更崇高的表象，因为它们容易感受**光**的印象；只是光对于动物而言不过是它的**直觉**的介质罢了，而且它只对一种更高的感官才显现为**如其所是**的样子。）同样地，人借助某种更高的直觉才看和听他所看到和听到的东西，那种直觉尤其针对伟大和美好，叫作**天才**；一般来说，一切认知都是某种（被预设

II, 562

的)肯定性东西的否定性东西;人只能认知他的**本能**驱使他去认知的东西;试图向人们讲清他们根本没有兴致去理解的东西,是徒劳的。——这样看来,最终而言大自然的每一个生物中杂多的因素都是在**直觉**中聚集起来的,这直觉是使一切活起来的灵魂,没有它的推动,就不会有任何自身完满的整体实现出来。

b)一般而言敏感性不能被表象为动物本性的**绝对**特质,除此之外,经验也不仅仅表明,敏感性损害了动物的反应过程,也表明在单个个体中随着不自然的应激性的发生(在热病的情况下),敏感性也就失去了,或者被损害了,而且即便在生物的序列中,敏感性也与应激性成反比地增加或减弱。

如果说依据上文中(第551页)提出的规律,一个器官内部的运动的自主性随着它的神经的数目的增加和形状变大而增长,那么很明显,索梅林①所发现的那个规律,即随着神经的厚度和大小成比例地增加,理智的禀赋会减少(**索梅林**:《**论脑炎的基础**》②,第17页;《**论黑人与欧洲人的身体差异**》,第59页),这个规律所说的无非是,**敏感性与应激性成反比地增加和减弱**。

因而大自然当其看似将运动完全交付给了自由选择时,却通过**提高敏感性**重又**避开了自由选择**;因为最敏感的那些动物的运动又是最不服从**自由选择**的,反之,运动最服从**自由选择**的情形则发生在那些惰性的造物身上。依此看来,随着神经体系的敏感性

---

① 索梅林(Samuel Thomas von Soemmerring, 1755—1830),德国解剖学家、人类学家、古生物学家和发明家。——译者注

② 谢林有所节略,全书名为《论脑炎的基础和颅骨中行进的神经的根源》(*De Basi Encephali et originibus nervorum cranio egredientium*)。——译者注

的提高,运动对自由选择(斟酌考量)的服从则贯穿有机体的整个序列,甚至在同一个种类的各个个体中(依照性别、气候、温度等的差异),合乎规则地减弱。

c)现在因为应激性的提升和下降与敏感性的下降和提升相伴相生,而且依此看来**后者**只不过是反过来说的**前者**,那么当应激性只有物质性本原被找到时,敏感性也同样只有物质性本原被找到,这也是被直接的经验证实了的,因为产生了动物运动的这个原因(比如电流的刺激)也造成了感觉。

注释。如今人们就敏感性的原因已经说过的最普遍的一点就是,即便在这些原因中也必定有各种本原之间的某种二元结构在起支配作用,而这样一来从**光**开始——光在每一条光线那里都表现出两面(**牛顿**:《光学》III,问题26),并且在相异的两边就像对立的两极一样分开——(依据**歌德**的《**光学论集**》)直到大自然所达到的最高级别(敏感性),这是**一条**规律——在相互对立的各种本原中有**一种**普遍的分离在支配着。

自然科学家们似乎对于以实验的方式突进到大自然内部的这个圣地心生忌惮(我们对于那个将人提升到动物反应过程之上的最高贵器官的认识还少得可怜),在穿透这个器官的本性和结合状态时无疑对参与这个器官的活动的做法持中立态度(很防备),似乎向来就坚决准备好了向思维的那个真正的基地进发。这个初看之下显得与某个无机的团块很相似的内脏的形成和组织在极微小之处都非常稳定和均衡,使得人们预先就有理由期待它注定会完成极其多样的功能。

II, 564

但人们在经验之路上之所以对这个部位还极少进行研究，其主要根据却无疑是一种偏见，即这样一个对象对于人类精神而言根本是不能研究的。关于这一点只说这么多：

依据先验哲学的那些本原来看，关于表象如何对那些物质器官——比如大脑——起作用，就像关于那些物质原因如何反过来对理智产生影响一样，不太可能有什么易于理解的概念。那些认为通过如下模式就讲清了精神与身体之间的交互作用的人，即他们使这交互作用在两种精细的以太物质之间作为介质出现，真正说来并不比那样一些人聪明分毫，那些人以往认为当人们在走一条非常远的弯路时，最终必定会到达陆地——英国。——哲学厌倦了为懒惰开脱的这类托辞，恰恰因此便挣脱了经验论，并开始**以纯粹先验的方式**考察理智的各种功能。留给物理学家们[①]做的事情，无非就是再从他们的角度出发，**以纯粹生理学的方式**考察动物生命的各种功能而已。**他们**所关心的，并不是事物的这个完全对立的面向最终会如何与某种人所共知的面向结合起来。

当我提出敏感性是**应激性的对立面**时，我想将有关动物的敏感性的研究限制在这个纯粹生理学的面向上，因为只有当敏感性是这个对立面时，人们才有希望最终将它的那些功能回溯到**各种运动**上去，虽说人们一向都在这方面进行尝试——但总是徒劳的。

[①] 这里当是从古典含义上说的物理学家(Physiker)，即从物质的角度出发从事研究的自然科学家，包括生理学家在内。——译者注

6

因为依照到此为止得到的结论来看不可否认的是,在生命体内部,各种功能构成了一个等级序列,因为大自然以应激性与动物反应过程,以敏感性与应激性相抗衡,而这样各种力量就形成了一种对抗结构,那些力相互维持平衡,即一种提升时,另一种下降,反之亦然;这样一来,人们就被引导到下面这种思想上了,**即所有这些功能都只是同一种力的分支,而且大自然的一个本原(我们必须假定其为生命的原因)在它们中不过就像在它的各种现象中一般出现**,这正如同一个得到普遍扩展的本原在光、电等等之中无疑只不过就像在不同的现象中那样展示出来。

注释。由于伟大的自然科学家们在另一条道路上达到了同样的结果,那么人们就愈发大大方方地表达对这个理念的信赖了。这个理念尤其被对有机体**序列**中的**各种有机力量前进不已的发展**的考察证实了,就此我要推荐读者参阅**基尔迈尔**①先生在1793年就已出版的有关这个主题的演讲,自从有了这个演讲,未来的时代无疑将属于一个全新的自然史纪元了。

7

在最深的层级上,这个本原将会在普遍的**构形本能**中展示出来,我们必须将这种本能预设为一切有机体的本原;因为单凭僵死物质也具有的那种**构形力**,只能产生出一些**僵死的**产物。物质最

---

① 基尔迈尔(Karl Friedrich Kielmeyer, 1765—1844),德国医生、自然科学家、化学家和理论生物学家。——译者注

原初的那种组织禀赋自然就在**如其本然的物质便具有的**那些构形力中，因为如果没有那些力量，就无法设想一种可以通过形象与凝聚力区别开来的物质有任何本源了。但恰恰因为构形力也在无机自然中起支配作用，在有机自然中就必须有一种能使之高于无机自然的本原加入进来。——问题在于，物质的**普遍构形力**是如何过渡为**构形本能**的？

在**构形本能**概念中蕴含着一点，即构形并非盲目的，亦即单纯通过**如其本然的物质**本有的那些力量就发生了，而是除了这些力量中蕴含的**必然的东西**之外，还有某种外来作用中的**偶然的东西**加入进来，当外来的作用限制缓和①物质的种种构形力时，还迫使其产生某种**特定的**形态。在这种并不将物质交付给物质自身的特有的形态中，恰恰蕴含着每一个有机体都具备的**偶然的东西**，而**构形过程中的这种偶然的东西**真正说来是通过构形**本能**概念表现出来的。

因而一旦在构形力的僵死作用之外还加入了某种偶然的东西，比如某个外来本原的扰乱性影响，构形**力**就成了构形**本能**。

现在看来，这个外来本原不能再是一种**力**了；因为力一般是某**种僵死的东西**；但各种单纯的力中蕴含的这种僵死的东西在这里恰恰不会被排除在外。依此看来，**生命力**概念就是一个完全空洞的概念。这个本原的一个辩护者甚至有那样一种奇思妙想，即将它看作类似于**重力**的某种东西，他说对于重力，人们也同样不能进一步解释了！然而**生命的本质**一般而言并不在于某种**力**，而在于

---

① 第一版中为："扰乱。"——原编者注

各种力的某种**自由游戏**,这种游戏不断通过某种外来的作用被维持着。

生命中**必然的东西**是各种普遍的自然力,它们在此进行游戏;而通过其作用这种游戏才得到维持的那种偶然的东西则必定是某种**特殊**的东西,换言之,必定是某种**物质性本原**。

有机体和生命一般而言并不表达任何**在其自身**便持存的东西,而是只表现出存在的某种特定的**形式**,表现那**出自更多协同作用着的原因的某种共同的东西**。因而生命的本原只是存在的某种特定**形式**的原因,而不是存在本身的原因(因为那样一种原因根本无从设想)。

因而在生命过程中游戏着的那些力根本不是任何**特殊的**、为有机自然**本有**的力;但使那些自然力进入**游戏**(这游戏的结果是**生命**)的东西,必定是某种**特殊的**本原,它仿佛是有机自然从普遍自然力的层面挑出来的,并且将原本只能成为各种构形力量的僵死产物的东西置于生命这个更高的层面上了。

单是这样看的话,**一切**有机体的本源似乎都成了**偶然的**,正如依照各种有机体的**概念**所应当是的那样;因为大自然并非**必然**会将它们产生出来;在有机体产生的地方①,大自然就**自由地**行动了;只有就有机体是大自然的**自由**(大自然的一种自由游戏)的产物而言,它才能激起**合目的性**的种种理念,而且只有就它激起这些理念而言,它才是**有机体**。

---

① 这里原文为"wo sie entsteht",疑为"wo sie entstehen"之误,因为前者并无阴性单数名词与这里的"sie"对应。——译者注

那种本原由于是生命的**原因**,现在就不能再充当生命的**产物**了。因而它必定与生命最初的器官处在**直接的**关联中。它必定得到了普遍的扩展,虽说它只有碰到了某种特定的接受性的时候才会起作用。这样看来,磁的原因是到处临在的,然而它只对少数物体起作用。磁场在开放空旷的湖面上会和在封闭的房间里一样有效地找到不起眼的指针,而当它找到指针时,就会使它指向极点所在的方向。这样看来,生命的洪流将从它的来处碰上对其敏感的那些器官,并在碰上它们的地方赋予它们生命的活跃性。

现在看来,这个本原单就它的各种作用而言,受到了它与其融为一体的那种材料的接受性的限制,而按照这种接受性的不同,必定会有不同的有机体产生。恰恰因此,那个本原虽说对所有形式都敏感,其自身原本却是**无形式的**(ἄμορφον),而且在任何地方都没有呈现为**特定的**物质。这样看来,生命的那种普遍的本原就能在**单个生物中个体化**,仿佛通过那贯穿所有世代的传承,与所有生物保持着不间断的整体关联似的。——生命的本原不是从外部进入有机物质中的(比如通过注射)——这是一种毫无精神气息却又得到广泛传播的表象——而是相反,这个本原**自己形塑了**有机物质。这样看来,当它在单个生物中个体化,而又赋予这些生物以个体性时,它就成了一种无法以有机体本身解释清楚的本原,这本原的作用仅仅作为某种越来越活跃的**本能**对个体的感觉显示出来。

这种本原由于是生命的**原因**,现在就不能作为**组成部分**进入生命过程之中了;它并不服从于化学上的任何亲缘性,它就是每一个有组织的东西中的**不变的东西**(ἄφθαρτον)。——当然问题的关键不可能是,这个本原**消除**了生命体中物质的各种僵死力量,倒很可能是,它(1)赋予这些僵死力量一种**方向**,这方向是它们在一种**自由而不受干扰的构形**中放任自身时原本不会接受的;(2)它一再激起并不断维持这些放任自身且原本立即就会进入平衡和死寂状态的力量之间的**冲突**。

由于这个本原作为生命的**原因**,避开了所有眼睛的观看,而这样一来就在它自身的作品中隐匿起来了,因而它只能在它于其中得以显现出来的那些现象中被认识了,而这样一来对无机自然的考察正如对有机自然的考察一样就在那未知的东西前面止步了,而最古老的哲学已经猜测过,大自然最初的力就蕴藏在那未知的东西之中。

生命和植物的一切功能都与大自然的种种普遍变化处在这样一种整体关联中,使得人们必须到**同一种原因**中去寻找双方的共同本原。我们看到,**光**的更充沛的流注在有机自然中引起了一种普遍的运动,对于这种普遍的运动,就我们对光的各种力量的认识而言,人们却不能将它归结为光本身的直接影响,毋宁可以将它归结为那样一个本原,它得到了**普遍的**扩展,而且光或许只有通过一些未知的运行才从这个本原中被**产生**出来,仿佛**这光**又致力于不断重新激发起那个本原似的。至少极为引人瞩目的一点是,且不考虑光的来源不会耗竭,而且空气和气候的特质并没有先行发生任何明显的变化,在一些年份里还是普遍歉收,植物生长过程还是受阻了。气象学上的种种变化的原因还是乏人问津,而那些原因无疑是要到一些更高的反应过程中去寻找的;现在看来,这些变化恰恰在敏感的身体上展现出某种作用,人们并不知道以空气在化学方面或测湿计方面的特质去解释这种作用。——因而要假定的一点是,在大气的那些可以由我们在化学上描绘出来的成分之外,在它之中还有一种特别的介质扩展开来了,通过这种介质,大气的所有变化都是活的身体可以感觉到的。——如果大气中的电荷过多,几乎所有动物都会显示出某种特别的不安,而在雷雨期间电流实验就会更成功,亨特尔①闪光更亮,不用任何理由就应当相信,电就是这些现象的**直接**原因。随着天空颜色的变化,一些动物的沮丧状态甚至悲号都预示着大地震的爆发,似乎使地动山摇并将岛屿提升到海面之上的那同一种原因也在鼓动着动物肺部的呼吸——要是不假定**大自然的所有原因之间的普遍连续性**,以及**某种共同的介质**(单是通过这种介质,大自然的所有力量就可以对敏感的生物起作用了),人们是无法解释上述这些经验的。

现在看来,由于这个本原维持着无机世界和有机世界之间的连续性,并将整个大自然与某种普遍的有机论关联起来了,那么我们就在它之中重新认出了那样一种东西,最古老的哲学因预感到那东西是**大自然的共同灵魂**而表示欢迎,而那个时代的一些物理学家则将其等同于起着塑造和构形作用的以太(对最高贵的那些本性的分有)。

---

① 可能指英国解剖学家和外科医生亨特尔(John Hunter,1728—1793),亨特尔闪光又叫亨特尔实验,是通过声音和光刺激肌肉做出反应的一种生理学实验。——译者注

附录　第一部分的补遗和证据

补充至第400页。**里希特**①先生在他的燃素测量法中假定**燃素**是光的否定性物质,并认为颜色出自光素(Lichtstoff)与燃素之间不同的比例关系;他甚至以字母函数表达过这些比例关系,现在看来他这种做法也仿效了**福格特**②发表于**格伦**③主编的《**杂志**》④上的《论有色光及其他》一文。因为物体的颜色与它们的燃素特质的等级是高度相符的,这样一来人们就看到,这两种表象方式各有千秋,只是我们的表象方式以确定的氧代替了假设性的**燃素**。⑤

补充至第404页。我认为下面这个问题实际上还没有弄清

---

① 里希特(Jeremias Benjamin Richter, 1762—1807),德国化学家,曾从康德学习哲学。——译者注
② 福格特(Johann Heinrich Voigt, 1751—1823),德国数学家、天文学家和物理学家。——译者注
③ 格伦(Friedrich Albrecht Carl Gren, 1760—1798),德国化学家、物理学家和医生,自1794年起任《物理学杂志》(后更名为《物理学编年》)编辑。——译者注
④ 应指《物理学杂志》。——译者注
⑤ 在第一版中,后面还有下面这段补遗文字:"**补充至同一页**。没有任何在两个棱镜中被分离的光线能进一步被改变,这个现象长久以来维持着人们关于光是由七种不同的原光聚合而成的信念,而且这种表象颇有吸引力,因为它似乎扩大了我们关于大自然的多样性(即便在看似最单纯的东西中也是如此)的概念。只是在真正的物理学中,绝对单纯性的概念本身已经错了。此外如果有色光相互之间只是通过量上的不同比例区别开来的,那么每一种有色光必定还是被视作聚合而成的,因而也必定被视作可在棱镜中分离的,即便这种可分性无法在直观中描绘出来,也是如此。"——原编者注

楚,即有色光是否也并非人们通常并不算作磷的那些物体所**特有的**一种光。因为在大自然中只会发生**等级式的**差异,那么不难想象,有色物体只有通过某种更低等级的磷光才与所谓的光磁体区别开来,而且只有以黑色物体才能终止磷光的特质。既不存在绝对的光,也不存在绝对的暗。即便在最黑暗的晚间,物体也微微发亮。如果说我们的眼睛不能将这些微光聚拢起来看到,白化病人、夜莺、食肉动物等等的眼睛还是能做到这一点的。剧烈而突然地受惊一场,往往会很快让我们的眼睛变成**感光物**,使它能看到所有被照亮的对象,甚至能分辨出最细微的对象来(《**物理学前沿杂志**》①,第 II 卷,第 155 页)。——光改变了大部分物体的颜色,一部分是当它最初将它们的表面轻微**氧化**的时候(那总会使颜色变得更明亮),一部分是当它将它们**燃素化**的时候(因为光依照物体特质的不同而对它们产生完全不同的作用)。——许多物体在被煅烧到某个特定的程度时才显现出磷光。就是这样,牡蛎壳在以硝酸处理(通常也可以仅以火处理)后,就呈现出棱镜的色彩,比彩虹更鲜艳。——如今依照**威尔逊**②的看法很明白的是,一般而言,在人造的黑暗中几乎每个物体都能发出磷光。——这种特有的光的来源在大气中,这一点从**舍雷尔**③的《〈新化学理论的基本特征〉补遗》(第 86 页起)中搜集起来的一些经验中就可以看出来。

---

① 全名为《物理学与自然史前沿杂志》(*Magazin für das Neueste aus der Physik und Naturgeschichte*),1781—1798 年间由福格特在哥达出版的杂志。——译者注
② 威尔逊(可能是 Benjamin Wilson,1721—1788),英国画家和科学家,他在电荷问题上的观点与富兰克林的观点相反。——译者注
③ 舍雷尔(Alexander Nicolaus Scherer,1772—1824),德国(一说俄国)化学家。——译者注

现在由于有许多其他的现象,比如真正被反射的(在和光线的入射角相等的角度上抛光了的表面反射过来的)光与有色光之间的差异(因为否则的话,前面那种光为什么不也是**有色的**呢?——**表面被抛光**,这只能解释它为什么不往所有的方向散射,而不能解释它为什么不成为**有色的**了)——进一步看,透明物体的折射光和反射光之间的差异,这种差异已经促使**牛顿**假设某种与光不同的(以太)介质,这些现象得到下面这一点的支持,即对颜色的感知不是由从物体表面反射过来的**外来的**光,而是由完全不同的另一个中介激发起来的(这尤其是因为依照**牛顿**的看法,反射如同折射一样并不发生于**表面**本身之上),——所有这些合起来看,可见下面这一点是极有可能的,即被阳光激发起来的是某种特有的、渗透大气扩展开了的介质;就这种介质而言,地球是**一个**巨大的光磁体,而且人们可以将其看作所有光现象的真正原因,只需通过它,物体在远处就可以看见了。——**梅奥**①已经假定了某种类似的东西,参见他的《五论》②第205页。

　　补充至第413页。物体的热容量与氧一道增加——**洪堡**先生已经提出了这个规律,正如我从他的《**论电疗术**》一书第120页中所见的那样。——至于这位作者是否也指明了这个规律的**根据**(如在当前这部著作中所见的那样),这我不知道。

　　补充至第435页起。**有一些实验涉及电物质的本性。**

---

① 梅奥(John Mayow, 1640—1679),英国医生、化学家和生理学家。——译者注
② 全名为《医疗体检五论》(*Tractatus Quinque Medico-Physici*)。——译者注

A. 关于稀释气体和不同类型气体中的通电现象的实验

I. 稀释气体中的实验

首次在气泵的钟形罩下实现通电,这个荣誉是著名的**赫拉弗桑德**[①]应得的,在这一点上马伦追随了他。大家可参见马伦的《**论通电**》,德译本,第69页起。

后者的实验确定下来的一点是:**空气虽然高度稀释了,还是能激发起电的**。其他许多经验都与这个命题相符;但人们并不能由此推导出与我们有关电现象的本原的假说相反的任何东西,我之所以确信这一点,是出于如下这些理由:

a)**空气**只能被稀释**到某个特定的程度**。

b)在完全没有空气的空间里不可能激发起任何电来,气压计证明了这一点,因为只要气压计中达到了真空,它就不发亮了。

c)**马伦**自己注意到,电火花在稀释的空气中不像在开阔的空气[②]中出现得那么**频繁**,但在前一种环境中它们**更持久**,也更多地**以单个光束的形式扩散开来**。(这里大家可以想想**传播开来的**电在稀释的空气中的表现,比如那样一个玻璃管,它内部的空气被稀释了,它只要一个以单光束形式出现的小火花就可以完全充满了,如此等等)。很有可能的是,这种扩展的原因就是被稀释的空气具有更大的导电力。

[①] 赫拉弗桑德(Willem Jacob 's Gravesande,1688—1742),荷兰天文学家、哲学家、物理学家和数学家。——译者注
[②] 意谓不受限于实验环境,因而不被稀释的自然空气。——译者注

d)还有一些经验证明,只有空气稀释到某个**特定**的程度时,才能允许火花的出现。**布鲁尼亚泰利**①的《化学编年》这样叙述道:"在意大利最有名望的那些自然科学导师的见证下,**巴莱蒂**②重复了霍克斯比③、布申布吕克④和诺莱的实验,而且发现**在完全真空的空间里**,钢在石头上摩擦不出任何**火花来**,最多只有**一点黯淡的光亮**出现,没有任何**铁石灰**出现。"参见舍雷尔的《〈新化学理论的基本特征〉补遗》,第207页。**皮克泰**(《火的实验》,德译本,第189页)将钟形罩下的空气稀释到了让气压计的水银柱只能升到4格线的地步。他最初以为,两个在开阔空气中能激发出火花并显示出射线束的实体(一块淬火硬化过的钢壳和一块金刚石)要是用来摩擦,就永远激发不出**光**来,更不用说激发出**火花**了;然而这时他在彻底黑暗的环境下将实验又做了一次,他在那些接触点上只看到**像磷火一样的光泽**,就像人们在黑暗中撞击几块硬石头时看到的那种光泽。

II, 574

II. 不同类型气体中的实验

1)如果说电物质只是分解了的氧,那么它在生气中必定远比在普通大气中被激发得更强烈。

2)如果说在通电的时候有任何一种别的物质,比如氮,在起作用,那么在**纯净的**生气中就**不能激发起任何**电。

---

① 布鲁尼亚泰利(Luigi Valentino Brugnatelli, 1767—1818),意大利化学家,意大利语《化学编年》(*Annali di chimica*, 1790—1805,共出22卷)的编者。——译者注
② 生平不详。——译者注
③ 可能是指老弗朗西斯·霍克斯比(Francis Hauksbee der Ältere, 1666—1713),英国科学家,以其在电学领域,尤其是在静电学方面的研究而知名。——译者注
④ 生平不详。——译者注

3)如果说为了通电,生气的在场是必不可少的,那么电在那些霉烂的气体中肯定不可能激发起来。

人们会自行得出这三个命题。

马伦做了在不同的介质中激发电的第一批实验。非常可惜,他的那些实验没有达到人们如今有了最精确的**燃烧**实验作为范本之后有资格要求的那种精密性;比如说,对于他以某种特定类型的气体充满气泵的钟形罩的那种方式,人们不确定大气是否完全被排净了。这仍然是保证这些实验的精确性的一个必备条件,这样一来这些实验当然就麻烦得多了。

因此依据**马伦**的实验来看总是很可疑的是,如果说通电现象**不**被任何一种气体阻碍的话,那么这种现象的根据是否并不在于那种类型的气体中混进了大气。因此毫不奇怪的是,他得出的结果是自相矛盾的,比如他自己(在第96页)从一些实验中得出结论说,所有酸性的气体如果与普通空气混合在一起,就会阻碍电物质的唤醒,但在另一个试验中却又发生了电物质在碳酸气(固定气体)中像在普通空气中一样顺利地被唤醒的现象。然而这些实验的不完善之处是有目共睹的,因为它们表明了人们多么有理由期待更完善的实验。因此我将引用其中最引人瞩目的一些实验。

1. 以酸性气体进行的实验

a)以碳酸气进行的实验

aa)**马伦**将"泥炭火中取来的气体"注入抽空了的钟形罩中。那时钟形罩中**部分**空间充满了这种气体,还是有一些电力被唤醒的,不管这电力是否很难达到同一个机器在空阔的空气中所得到的电力的六分之一①;但当钟形罩**完全**充满这种气体后,**就再也唤不醒任何电力了**。——顺便提一下,马伦此前还确信,这种气体根本不是电物质的**导体**。

bb)**马伦**将他通过把硫酸液浇到石灰上得到的某种气体注入抽空了的钟形罩中。依据他的描述来看十分可疑的是,他在做实验时是否成功地将普通空气完全排空了。结果便是,**这种气体中唤醒电的情形完全和在大气中一样**(因而也和在大气中一样强?)。因而这里就产生了相互矛盾的一些结果。

b)以硫酸蒸气做的实验

马伦在大钟形罩下——下面有摩擦电机②——放置"蒸发着的硫酸",并看见"**电物质的唤醒因此迅速被减少。一分钟后,唤醒已经减少了一多半,三分钟内就已经完全被阻拦了**,传输摩擦工具的电的那个盖子已经不能在极短的距离外吸引哪怕一点点亚麻丝了"。顺便提一下,马伦原本确信硫酸蒸汽是不**导电**的。

c)以高盐酸气进行的实验

结果和前一个实验中是一样的;这个气体表明自身不是电物质的一个导体;但它就像盐酸蒸发形成的蒸汽一样迅速而彻底地抵制电物质的唤醒。

II, 576

---

① 原文直译为"第六部分"(den sechsten Theil)。——译者注
② Elektrisirmaschine,一种产生并传导摩擦电的机器。——译者注

2. 以易燃气体进行的实验

由于这个实验的结果引人瞩目，我想引用**马伦**自己对此的叙述。

我们尽可能地将钟形罩下的气体稀释，罩中有摩擦电机，后来以易燃的（从浸了硫酸的铁屑中挥发出来的）气体充进去。但由于这种混合气体明显是热的，那么将硫黄稀释了的水分就会形成许多蒸汽，这蒸汽会与铁屑形成的可燃气一道袭入钟形罩中，使罩的内壁发霉。

我们将整个装置放到火前面，同时在离火远的那一面放上一个装了炭的器皿。但即使持续进行了整整两个小时，我们还是不能使钟形罩内处处都摆脱湿气。由于我们根本无望达成目的，就认为晚间让钟形罩接触一下冷空气（华氏温度计显示13度）应该是很好的，以为就像所有同样潮湿的气体受寒后变干燥一样，应该也可以通过这种方式使我们的钟形罩内部摆脱湿气。——到了第二天早晨，当我小心翼翼地打量钟形罩的四周，我在那里再也看不到任何湿气了；我马上就想试着了解一下，随着这种气体中电物质的唤醒，发生了什么变化，而当我将垫片翻转了三四次后就看到，**在这个垫片四周产生了一种微弱的蓝色火焰，当火焰瞬间扩展到整个钟形罩中时爆发强力，将后者击碎了**，这种冲击力不管是否同样发生在高层房间中，都以同样大的力量将整个房子的玻璃窗，甚至还将地窖的玻璃窗动摇了，仿佛是大量火药被点燃一般。

人们从前引著作第77页起还可以读到其他一些情形。

我注意到的只有这些。——这种气体能自燃,这就足以证明它混合有大气,因为只有这样一种混合物才能造成某种爆炸。①

B. 关于电的作用的实验

I. 对不同类型气体的作用

在马伦于其《对哈勒姆的泰勒博物馆中的大型摩擦电机的描述》中讲过的所有实验中,我觉得这些有关电光束对不同类型的气体的作用的实验似乎远胜其他,是最富教益的。

1. 对生气和氮气的混合物的作用

在1785年,**卡芬迪施**②使下面这一点大白于天下,即通过电火花,可以从这样一种混合物中沉淀出一种**弱硫酸**。马伦后来做的那些实验在主要的事实方面与这一发现相符合(见前引《描述》,**第一续篇**,第38页)。——对这个实验的解释已经广为人知。

2. 对纯净生气的作用

锁住钟形罩的水银被**钙化**了,生气成比例地继续减少(同上

---

① 第一版附释:"马伦的叙述对未来的那些实验必定是一个巨大的警示,如果下面这一点是真的,那就更是如此了,即**每个**物体都不断在其四周维持着一个特有的气层,因而也很可能在非混合状态的可燃气体中引起一场爆炸。"——原编者注
② 卡芬迪施(Henry Cavendish, 1731—1810),英国自然科学家,氢元素的发现者。——译者注

书,第39页)。

II, 578　　引人瞩目的是,这种气体在以**水**锁住之后,同样极大地——只是慢一些——被电光束减少了(第40页)。会不会正电物质在穿过生气的过程中才吸收氧？这个预设听起来极有说服力。

如果说通电是燃烧的一种,那么电火花击穿的纯净生气就被**必定燃素化**了。只是在前面引证的那些试验中剩下的那种气体在用测气管化验的时候,并**没有**显示出与不带电的气体有**任何显著的**——(那么毕竟还是有一些吗？——是哪些呢？)——差异(同上书,第41页)。

电光束贯穿纯净生气15分钟,并将它的体积从2.5寸减少到了2.125寸,而用来锁住气体的石蕊浸剂上却没有发生丝毫变化(同上)。

因而电物质既不能像一些作者认为的那样带有某种已经成形的酸,也不能带有那样一种材料,它——比如说——在发生电爆炸的瞬间才被氧化。只有当电火花被氧气与带有可酸化基础的气体构成的混合气体导流时,才会产生某种酸。

3. 对纯净氮气的作用

电火花是以**膨胀**的方式对纯净氮气起作用的。人们可能不相信这里发生了这种气体的**元素**的增加,因为那些元素后来又聚合成它们原有的体积那么大了(同上)。同样的情形在碳酸气上也发生了(见同上书,**第一部分**,第27页)。

将电火花使之膨胀的氮气放到测气管中化验(它在那里是否

又会聚合起来？），再看看是否并没有磷光在它内部闪耀,那将会很有趣。

4. 对氮气的作用

II, 579

电对氮气的作用是充当了某种**分解工具**。硝酸气体看起来被还原为单纯的氮气了(同上书,第42页)。

5. 对易燃气体的作用

当光束穿透这种气体10分钟之后,人们在用来锁住钟形罩的石蕊浸剂上还是看不出丝毫变化(第42页)。

电并**不减小**易燃气体的体积(正如当它——比如说——与后者一道接触**水**时必定会发生的那样)。——毋宁说依据马伦的看法(同上),这种气体也会因电光束的作用而膨胀。

但非常引人瞩目的是,电似乎会**以脱燃素化的方式**对易燃气体起作用。通过电光束的作用,这种气体会在15分钟内从3寸增加到10寸:**如此这般膨胀了的气体就完全失去了易燃性**(同上书,第43页)。这种经验似乎迄今都没有得到解释,但在进一步考究之下却可能变得很重要。

II. 对金属的作用

1. 金属在不同类型气体中钙化

大部分具有特定厚度和长度的金属丝线,在被贯穿放电后都化为一团浓雾,同时人们在这浓雾中还能看见有丝线和絮状物升腾，可以亲眼见到它们是从金属灰中产生的。

就金属被电钙化的难易程度而论，人们观察到了如同它们被火钙化的那样一个等级序列。最容易钙化的是铅和锡，铁、黄铜、铜就难一些，更难的是银。

不同等级的氧化，即金属吸收更大量还是更少量的氧，这是由它们在钙化后呈现的或在纸上留下的不同颜色相伴随的。下面这些命题对于达成我们当下的目标是最重要的：

a)**如果没有伴之以从空气里吸收氧，一种金属是不会通过电产生任何钙化的。**——这个命题没有显示出任何反对如下预设的迹象，即氧是电物质的一个组成部分；因为金属对于氧的容量通过电火花得到增强之后，它们自然会从空气中吸收更多的氧。实际上人们注意到，

b)**金属通过电被氧化的程度要高于通过火被氧化的程度**：人们是从下面这些现象中看出这一点的

aa)通过电荷形成的小金属丸的炽热程度要远高于同一些金属通过火能具有的炽热程度(可参见前引**马伦**书，第10页)。

bb)通过电氧化过的金属呈现的颜色，要远比它们在火中被钙化时带有的颜色更明亮。众所周知，金属的鲜艳程度与它们被氧化的等级成正比。(大家可以看看前引**马伦**著作中所附的铜的颜色。)倘若人们用天平检验用火和电钙化过的相同质量的金属，这个命题无疑也会得到证实。

cc)没有任何金属(铅是例外)在通过电钙化时，**在纯净生气中**要比在**普通**空气中**来得更强烈**。如果不假定下面这一点，这种现

象就无从解释,即电物质自身带着氧,或者它至少在普通空气中将所有的氧从氮那里分离开来,而且似乎将氧聚集在要被钙化的金属四周了。

我要重提在《**自然哲学的理念**》中提过的那个问题:在钙化现象中是否并未显示出负电与正电之间的任何区别?

c)**通过电,也没有任何金属能在不含有氧的气体中被钙化**。在氮气中,一种金属可以通过电被钙化,因为电将那种气体分解,并从它那里抽走了氧。——在**水**中同样是如此(如果人们将在开阔空气中能被钙化的金属总长度取来八分之一的话)。即便这里也发生了水的某种分解,这一点得到了(在不那么完善的一些实验中)保留下来的易燃气体的证明。

II, 581

在不与氧相结合的那些气体中,通过氧是否可能进行某种钙化,这还非常可疑。至少在氮气中**马伦**没有做到,即便当他只截取像大气中能被钙化的金属线长度的一半那么长的金属线时,也是如此(同上书,第25页)。这实验是不是在纯净的易燃气体中做的,这我就不知道了。——或许用**正**电做不到的,用**负**电却能做到。——或许那位甚至希望在易燃气体中将铂和金钙化的物理学家**查理**①,实验时用的是负电?——

2. 金属的还原

问题在于,在无氧的气体中,比起在其他气体中来,金属通

---

① 查理(Jacques Alexandre Cesar Charles, 1746—1823),法国物理学家、数学家和发明家。——译者注

过电是否并非**更容易**被还原？我不知道有任何能确定这一点的实验。

金属如何通过电被**钙化**，这比起它如何通过电被**还原**的问题来，更容易解释。然而正电物质在这里所做的，实无异于光所做的，只是更慢些。众所周知，金属的半酸体（Halbsäuren）通过与光接触就会逐渐被脱氧化。

难道金属不是通过**负**电更容易被**钙化**，通过正电更容易被**还原**吗？

3. 金属的熔化

看起来金属被电熔化的方式和被火熔化的方式有所不同。马伦发现金属对于电的不同的可溶性，与它们对于火的不同的可溶性并不那么一致（大家可参见前引著作，第 4 页）。

补充至第 439 页[①]。**一些实验足以使人对其打消疑虑或将其驳倒。**然而在这个新版本出版的那一年，在关于这些对象的一些远比如下观点更高的观点得到科学和经验的极为明确的展示之后，即这类实验所能做的其实远不止于为研究电的激发的外部的和否定性的条件服务，哥廷根皇家科学协会将在不同类型的气体中唤醒电作为一项有奖竞赛的主题了。

补充至第 442 页。这里提出的本原，由于"更具亲缘性"这个表达的不确定性——这个表达能说出的意思无非就是：更容易燃烧，或者毋宁说是：能吸收更大量的氧——必定需要大力修改，这

---

① 指原书页码，见本书边码，下同。——译者注

一点是不言而喻的。但哪种关于物体在电上的比例关系的规律通过加尔瓦尼—沃尔塔的那些电流实验表现出来了,这个问题不是太过熟知,就是就其有可能不是如此,有可能还存疑而言,太过泛泛,不值得在这里阐明了。①

补充至第459页。我写下这行字时还觉得很成问题的那一点,即气候的变化是否由测气管中大气的两种基本成分之间的比例的变化表现出来,在此期间却已显得可能了。在**察赫**②先生的《**地理星历表**》的"1798年4月"栏下(第497页起),记录了**洪堡**先生的一些与这里相关的观察,我在这里将他的原话照录如下:

水是大气中氧的成分的主要来源;我发现在雾中这种成分极多,**降露水**的时候同样如此——依据**哈森弗拉茨**③的看法,雪水在其间隙中包含几近纯净的生气。   II, 583

相反,水是由大气中的气体构成的——雪或雨——,这样一来我的测气管同样显示出**更少的生气**。——没有生长植物的海水由于蒸发和水的分解而有着最纯净的气体,而在潮湿的伦敦,空气要比托斯卡纳的田间含有更多的氧。

因而如今通过这些实验,下面这一点似乎也说得通,即雨是一

---

① 这个段落和它之前的那个段落(即补充至第439页和第442页的两个段落)是在更晚的版本中添加进来的。——原编者注
② 冯·察赫(Franz Xaver von Zach, 1754—1832),奥地利—德国天文学家、大地测量师、数学家、科学史家和军官。——译者注
③ 哈森弗拉茨(Jean-Henri Hassenfratz, 1755—1827),法国矿物学家、物理学家、化学家和政治家。——译者注

种更高的大气反应过程。——由于气压计刻度通常随着降雨而下降,那么现在看来这种下降似乎轻易就可以用大气中氧的减少来解释了(参见同上书,第459页),倘若气压计的变化明显遵循的(第473页)那个极性规律不是指向了某种更高的东西的话。

现在看来,其他一些现象也解释了大气中氧的成分的某种减少,也解释了两种气体的分解,比如空气(在没有雾和湿气的情况下)的那种通常变化极快的**透明性**,就预设了下面这一点,即空气的透明性要归功于氧(同上书,第398页)。当撒哈拉热风袭来时,所有星体都在摇曳,光线的折射就减少了:实际上当撒哈拉热风袭来时,大气中含有更多的氮,氧的含量通常减少百分之三。——当太阳落山,空气越来越**冷**时,光线的折射就越来越强了(这总是表明空气中氧的集结,同上书,第459页)。在我们这个地区,南风通常因为将空气加热(空气中氧的比例下降了),就使它更不透明了。——或许依据这些观察,人们再也不用怀疑**所有**气象变化都要从比迄今为止惯于采纳的原因更高的一些原因出发来解释了。

人名索引

（条目后面的页码是指德文版《谢林全集》的页码，即本书正文中的边码。——译者注）

A

Achard, Franz Carl 阿哈德 II, 441

Aepinus, Franz Ulrich Theodor 埃皮努斯 II, 458, 488

B

Baader, Franz von 巴德尔 II, 499, 546

Baco 巴克 II, 460

Barletti 巴莱蒂 II, 573

Behrend 贝伦德 II, 550

Bernoulli, Daniel 贝尔努利 II, 482

Black, Joseph 布莱克 II, 417

Blumenbach, Johann Friedrich 布鲁门巴赫 II, 522, 553

Boerhaave, Herman 布尔哈弗 II, 495

Bouguer, Pierre 布盖 II, 542

Brandis, Joachim Dietrich 布兰迪斯 II, 389, 535, 539, 541, 548

Brown, John 布朗 II, 505

Brugmann 布鲁格曼 II, 478

Brugnatelli, Luigi Valentino 布鲁尼亚泰利 II, 573

Buffon, Georges-Louis Leclerc de 布丰 II, 487

Busschenbroek 布申布吕克 II, 573

C

Cavallo, Tiberius 卡瓦略 II, 442

Cavendish, Henry 卡芬迪施 II, 577

Charles, Jacques Alexandre Cesar 查理 II, 581

Crawford, Adair 克劳福德 II, 412, 413

Crell, Lorenz (Florens) Friedrich von 克雷勒 II, 429, 484

D

Darwin, Charles Robert 达尔文 II, 535

Delamethrie 德拉梅特里 II, 402

Deluc, Jean-André 德吕克 II, 385, 429, 455, 464, 465, 467, 468, 472

Des Cartes, René (Cartesius, Renatus) 笛卡尔 II, 359, 389

Deyeux 德耶 II, 537, 538

E

Euler, Leonhard 欧拉 II, 386, 387

Eschenmayer, Carl August von 埃申迈耶尔 II, 435

F

Franklin, Benjamin 富兰克林 II, 436, 437

Fourcroy, Antoine François Comte de 富克鲁瓦 II, 511, 538, 541

G

Galvani, Luigi 加尔瓦尼 II, 555

Girtanner, Christoph 格尔坦纳 II, 431, 536, 542

Goethe, Johann Wolfgang von 歌德 II, 533

Göttling, Friedrich August 戈特林 II, 452

Gravesande, Willem Jacob's 赫拉弗桑德 II, 572

Gren, Friedrich Albrecht Carl 格伦 II, 570

Guthrie 格思里 II, 458

H

Haller 哈勒尔 II, 502, 551, 552

Halley, Edmond 哈雷 II, 462

Hamilton, William 汉密尔顿 II, 538

Hassenfratz, Jean-Henri 哈森弗拉茨 II, 583

Hawkesbee 霍克斯比 II, 573

Hedwig, Johann 黑德维希 II, 495

Herschel, Friedrich Wilhelm 赫舍尔 II, 387-388

Hewson, William 休森 II, 537

Homer 荷马 II, 369

Humboldt, Alexander von 亚历山大·冯·洪堡 II, 453, 483, 554, 555, 556, 557, 558, 559, 572, 582

Hunter 亨特尔 II, 569

Huygens, Christiaan 惠更斯 II, 389

J

Jensen 詹森 II, 483

K

Kant, Immanuel 康德 II, 392, 536

Kepler, Johannes (Keplerus, Ioannes) 开普勒 II, 392

Kielmeyer, Karl Friedrich 基尔迈尔 II, 565

L

Lambert, Johann Heinrich 兰贝特 II, 392

Lavoisier, Antoine Laurent de 拉瓦锡 II, 419, 432, 451

Leibniz, Gottfried Wilhelm 莱布尼茨 II, 562

Lichtenberg, Georg Christoph 利希滕贝格 II, 388, 489

M

Mayow, John 梅奥 II, 572

Murray, Johan Andreas 默里 II, 483

N

Newton, Isaac 牛顿 II, 386-387, 396, 572

Nollet, Jean-Antoine 诺莱 II, 449, 573

P

Parmentier, Antoine Augustin 帕尔芒捷 II, 537, 538

Pfaff, Christoph Heinrich 普法夫 II, 504, 544, 559

Pictet-Turrettini, Marc-Auguste 皮克泰 II, 425, 437, 438, 573

Pignotti 皮尼奥蒂 II, 473

Platon 柏拉图 II, 370

Ploucquet, Wilhelm Gottfried 普卢奎特 II, 510

Prévost, Pierre 普雷沃 II, 481, 488, 523

Priestley, Joseph 普里斯特利 II, 447, 449

R

Reil, Johann Christian 赖尔 II, 497, 537, 538, 542, 545

Richter, Jeremias Benjamin 里希特 II, 570

S

Saussure, Horace-Bénédict de 索绪尔 II, 401, 403, 455, 456, 457, 458, 459, 465, 466, 471, 472, 479, 481, 482, 484, 486, 487, 542, 543

Scherer, Alexander Nicolaus

舍雷尔 II, 571, 573

Soemmerring, Samuel Thomas von 索梅林 II, 562

Spinoza, Baruch de 斯宾诺莎 II, 359

Stahl, Georg Ernst 斯塔尔 II, 504

Swinburne, Henry 斯温伯恩 II, 484

Symmer, Robert 西默尔 II, 437, 445

T

Thompson, Sir Benjamin 汤姆森爵士 II, 423

Trembley, Abraham 特朗布莱 II, 482

U

Ugolino 乌戈里诺 II, 526

V

Vairo 瓦伊罗 II, 483

van Marum, Martinus 马伦 II, 437, 449, 572-581

Vauquelin, Louis-Nicolas 沃克兰 II, 538, 542, 543

Voigt, Johann Heinrich 福格特 II, 570

Volta, Alessandro Giuseppe Antonio Anastasio 沃尔塔 II, 455, 555, 557, 582

von Zach, Franz Xaver 冯·察赫 II, 582

W

Well 韦尔 II, 557

Wilson 威尔逊 II, 571

Winterl, Jacob Joseph 温特尔 II, 352

主要译名对照

A
Abbild 摹本
Abdruck 刻印物
Abhandlung 论著
Absolute, das 绝对者
Accidens 偶然
Activität 主动性
Aeolipile 汽转球
Aetherluft 以太气
das All 大全,全
All-Copula 全体－纽带
allgemeine Bewegung 普遍性运动
Allheit 全体,全体性
allgegenwaertig 处处临在的
andeuten 刻画

Animalisation 动物化
Anlage 禀赋
Annahme 假定
Ansatz 萌芽
Antagonismus 对抗
Antiphlogistiker 反燃素论者
Antithese 对照
Anziehung 引力,吸引力
Anziehungskraft 引力,吸引力
Assimilationskraft 同化力
Atmosphäre 大气,气氛
Attraktivkraft 吸引力
Aufeinanderfolge 相继序列
Ausdehnbarkeit 可延展性
ausdehnen 延展,膨胀
ausdehnende Kraft 延展之力

Ausdehnung 广延
Auseinander 分离
ausfüllen 充塞
Azote 氮／氮气

B
Band 纽带
begreifen 概念性把握
Beschaffenheit 特质／性状
Bestand 持存
Bestandteil 组成部分
Bestreben 态势
Betrachtung 考察
Bezug 关联
bilden 构形,形成
Bildung 构形
Bleibende, das 持留之物
Bildungskraft 构形力
Bildungstrieb 构形本能
Bologner Schule 博洛尼亚学派

C
Capacität 容量

Centro 核心
chemische Operation 化学运行
Cohärenz 内聚性,连贯性
Conflikt 冲突
Consistenz 稠度
construiren 构造
Continuität 连续性
Contraktilität 收缩性

D
Daseyn 定在
Dauer 绵延
dephlogistisch 脱燃素的
dephlogistisiren 脱燃素化
desoxydiren 脱氧化
Dichtigkeit 密度
Dualismus 二元论,二元结构
Dualität 二元性
Dunkel 幽暗
durchdringen 穿透,渗透
Duplicität 双重性
dynamisch 动力的,动态的

E

eigen 本有的,特有的
Eigenschaft 特质
Eine, das 一
Einheit 统一性
Eins 元一,一体
Eins-sein 一体状态
Elasticität 弹力
Elektricität 电
Elektrisiren 通电
Element 元素
Endliche, das 有限者
Entgegensetzung 对立
entmischen 离解,分解
Entwicklung 发展,发散
Entwurf 草案
Entzweiung 分化
Erfahrung 经验
erfüllen 充实,充塞
Erklärungsgrund 解释根据
Erregbarkeit 应激性
Erregung 激发
erreichen 抵达,达到

Erscheinung 现象
Erstattungskraft 恢复力
Eudiometer 测气管
Evolutionstheorie 进化论
Ewigkeit 永恒,永恒性
Expansivkraft 扩张力

F

Feste, das 坚固之物
Festigkeit 坚固性
Fluidum 液体,流体
Flüssigkeit 流体,流动性
Folge 序列
Form 形式
Formung 成形
Fortgang 进展
Fortpflanzung 传播,繁殖
für sich 自顾自

G

Ganze, das 整体
Ganzheit 整体性
Gegenbild 映像

Gegend 地区

Gegensatz 对立, 矛盾

gegenwärtig 临在的

Gemeinschaft 共同体

Gemenge 混合物

Genie 天才

Gestaltung 造型

Gewalt 强大力量

gezwungen 被抑制的

Glanz 华丽

gleichförmig 均衡的

Gleichgewicht 平衡

Gleichheit 相同性

gleichsetzen 等量齐观

Grad 等级, 程度, 强度

Gravitation 万有引力

Grenze 界限

Grundsatz 公理

Grundstoff 元素

H

Halbsäure 半酸体

Himmel 天界

Himmelsstrich 天带

Hypothese 假说

I

Ideale, das 观念东西

Identität 同一性

Impuls 推力

Inbegriff 总概念, 总括

Inoculation 芽接

Intelligenz 理智

Irritabilität 应激性

Instinkt 直觉

K

Klang 声音

Klasse 级别

Knospe 蓓蕾

Kraft 力量, 力

Kreislauf 环形运动

L

latente Wärme 潜伏热

lebendig 生机勃勃的

Lebendige, das 有生命者
Lebendigkeit 生机
Lebensblick 生命目光
Lebenskraft 生命力
Lebensluft 生气
Lebensprocess 生命过程
Leitungskraft 导流力
Licht 光
Lichtmagnet 光磁体
Lichtmaterie 光物质
Lichtwesen 光明
Luft 气体, 空气
Luftkreis/Luftgegend/Luftregion 空域

M

Magnet 磁体
Magnetismus 磁
Mannichfaltigkeit 多样性
Masse 质量, 团块
Materie 物质
Maxime 准则
Mechanismus 机理 / 机械论

Medium 介质
Metamorphose 形变
Mikrokosmus 小宇宙
Minus 负数
Mischung 结合状态
Mittel 中介, 工具, 手段
Modification 变异, 更改

N

Nacheinander 相续
Nahrungssaft 营养液
Natur 大自然, 自然, 本性
Naturlehre 自然学说
Naturlehrer 自然科学导师
Naturforscher 自然科学家
Negative, das 否定性东西
Nervenprincip 神经本原
neutralisirte 中和的
Neutralisirung 中立化
Neutralitätsverhältniß 中性比例
Nichts 虚无
Nutrition 营养
Nutritionsprocess 营养过程

O

offenbaren 显示

Operation 运行

Organisation 有机体

Organismus 有机论,有机体

P

Parallelismus 并行关系

Period 周期

partielle Bewegung 局部性运动

permanenter Zustand 持久状态

Phänomen 现象

phlogistisiren 燃素化

Phosphor 磷,磷光

Polarität 极性

Pore 微孔

Positive，das 肯定性东西

postuliren 认定,悬设

Präcipitation 沉淀作用

Princip 本原

Process 反应过程

Produkt 产物

Produktivität 生产力

Prozeß 反应过程,过程

Q

Qualität 质

R

reagieren 被动反应

Reaktion 反作用

Reale, das 实在东西

Realität 实在性,实在

Receptivität 接受性

Recipient 承受器

Rediuum 残余物

Reduktion 还原

reduciren 还原

Reizbarkeit 应激性

Reproduktionskraft 再生力

Repulsivkraft 排斥力

S

Satz 命题,句子

Sauerstoff 氧,氧气

Schematismus 图式论

schlechthin 绝对，不折不扣
Schöpfung 创生现象
Schwere 重力，重量
Selbständigkeit 自主性
selbstleuchtend 自我显明的
Sensibilität 敏感性
Sich 自身
Sich selbst 其自身
Simultaneität 同时并存
Sonne 太阳，恒星
Sphäre 层面
Spielraum 游戏空间
Starre，das 僵硬之物
Stoff 材料，质料，物质
Stoß 碰撞
Strahl 光线
Streit 争执
Strukturphysiologie 结构生理学
Stufe 层级
Substrat 基体
Succession 连续系列

T
Thätigkeit 活动
Totalitaet 总体性
Trägheit 惯性
Transcendentalphilosophie 先验哲学
Trieb 本能
Triplicität 三重性
Tropfbarkeit 液态化能力

U
Umtrieb 回路
Unendliche, das 无限者
Universum 宇宙
Unphilosophie 非哲学
Urbild 原型
Urform 原初形式
Urmaterie 原初物质
Ursprung 本源
ursprünglich 原初的

V
Vehikel 工具

Veränderung 变迁, 变化
Verbindung/Verknuepfung 结合
verbreiten 扩展
Verbrennlichkeit 易燃性
Verbundene, das 被结合者
vereinigen 结合为一
Verglasung 玻化
Verhältniß 比例, 比例关系, 格局
Verkettung 联结
Vermengung 混合
Vernunftwissenschaft 理性科学
Verwirrung 迷误
Viele, das 多
Volatilität 不稳定性
vollkommen 完备的
Volumen 体积
voraussetzen 预设
Vorstellung 表象
Vorstellungsart 表象方式

W

Wahlanziehung 亲合性
Wärmeprincip 热本原
Wärmestoff 热素
Wechsel 更替变换
Weingeist 酒精
Weltbau 世界构造
Weltkörper 天体
Weltordnung 世界秩序
Weltraum 宇宙空间
Weltseele 世界灵魂
Weltsystem 世界体系
Wesentlichkeit 本质性
Widerstand 阻力
Widerstandskraft 抗阻力
Willkür 自由选择
Wirksamkeit 效果

Z

Zerlegung 分解
Zurückstoßung 排斥
zusammengesetzt 聚合而成的
Zusammenhang 整体关联
Zustand 状态
Zweiheit 二重性